Q&A
法人登記の実務
事業協同組合

吉岡誠一 著

日本加除出版

はしがき

　これまで、「法人登記の実務シリーズ」として、NPO法人、学校法人、社会福祉法人、医療法人、農事組合法人、農業協同組合について刊行されてきましたが、同シリーズの一環として、今般、「事業協同組合」を刊行することとしました。

　事業協同組合の設立根拠法である中小企業等協同組合法及び事業協同組合の組織変更手続等について定める中小企業団体の組織に関する法律は、平成18年の「会社法の施行に伴う関係法律の整備等に関する法律」の施行により、役員の任期伸長規定及び理事全員の同意がある場合の理事会決議の省略制度の導入や代表理事規定の創設等、会社法施行等に伴う規定の整備がされ、平成19年には、「中小企業等協同組合法等の一部を改正する法律」により、役員（理事・監事）の任期の変更、役員の資格要件の創設をはじめとする中小企業組合の運営に関する制度の見直しがされ、会社法の株式会社の運営にならった諸制度が導入されているとのことです。また、共済事業に関する定義が創設される等、共済事業の健全性を確保するための新たな制度が導入されています。

　さらに、平成24年には、火災共済事業を含めた全ての共済事業を1個の事業協同組合等で行うことができるようにするため、火災共済協同組合の類型が廃止され、事業協同組合等が行うことができる火災共済事業の範囲の拡大等の措置が講じられています（平成24年法律第85号。平成26年4月1日施行予定）。

　本書では、上記で述べた改正内容をふまえ、改正に伴って変更された登記手続についてQ＆A形式でわかりやすく解説するとともに、申請書、添付書類等のひな形を掲載し、また、行政庁への認可手続についても、その様式を掲げて説明しています。

本書が、関係者の皆様、また、法務局の登記官、司法書士、行政書士の方々の執務の参考図書として、既に刊行されている「Q＆A法人登記の実務」と同様に、お役に立てるところがあれば望外の幸せです。

　本書の発刊に当たり、司法書士の朝倉保彦氏には、資料の収集等で大変お世話になりました。ここに衷心より感謝申し上げます。

　平成 25 年 11 月

　　　　　　　　　　　　　　　　　　　　　吉　岡　誠　一

目　　次

第1章　総　説 ——————————————— 1

1　中小企業等協同組合・事業協同組合 ………………… 1

- Q1　中小企業等協同組合法に基づき設立される中小企業等協同組合にはどのような組合がありますか。……… 1
- Q2　事業協同組合とは、どのような組合ですか。……… 1
- Q3　事業協同組合の名称には、何か制限がありますか。……… 2
- Q4　特定共済組合については、何か名称制限がありますか。……… 3
- Q5　事業協同組合が行うことができる事業には、どのようなものがありますか。……… 3
- Q6　事業協同組合以外の中小企業等協同組合について、その概要を説明してください。……… 5

2　事業協同組合の組合員 ……………………………… 7

- Q7　事業協同組合の組合員の資格には、どのような要件がありますか。……… 7
- Q8　組合員の出資義務について、教えてください。……… 8
- Q9　事業協同組合が備えていなければならない基準として、組合法は、組合員が組合へ任意に加入することができること、又は脱退することができることを要件として挙げていますので、組合員の加入及び脱退について、説明してください。……… 8
- Q10　事業協同組合の法定脱退事由である組合員の除名について、説明してください。……… 11
- Q11　組合員名簿の作成及び開示について、教えてください。……… 11

第2章　中小企業等協同組合法の一部を改正する法律（平成24年法律第85号）による改正内容 ── 13

Q12　組合法の一部を改正する法律により、火災共済協同組合の類型が廃止されたとのことですが、どのように改正されたのか、その概要を教えてください。……… 13

Q13　改正法により火災共済協同組合の類型が廃止されることに伴い、事業協同組合等が行うことができる火災共済事業の範囲が拡大されたとのことですが、どのように変わりましたか。…………………… 14

Q14　中小企業等協同組合法の一部改正により、火災共済に関する事業を行う組合の所管行政庁はどのように変わったのですか。…………………… 15

Q15　火災等共済組合の地区について、説明してください。…………………… 15

Q16　改正前組合法の規定による火災共済協同組合であって、改正法の施行の際現に存するものは、改正法の施行の日以後はどのようになるのですか。……… 16

第3章　事業協同組合の機関 ── 19

1　総会 …………………………………………………… 19

Q17　事業協同組合の総会の招集手続及び総会の決議事項について、説明してください。……………… 19

Q18　総会の議事録の作成、備置き及び閲覧等はどのようになっていますか。…………………… 21

Q19　総代会とはどのようなものですか。……………… 23

2　役員・機関 …………………………………………… 25

Q20　事業協同組合の役員について、教えてください。……… 25

Q21　役員の欠格事由について、説明してください。……… 26

Q22　役員の任期はどのようになっていますか。……………… 26

目　次

Q23　監事の職務権限について、説明してください。 ………… 27
Q24　代表理事について、説明してください。 ……………… 28
Q25　理事会の招集手続及び権限等はどのようになっていますか。 …………………………………………………… 28
Q26　理事会の決議方法について、教えてください。 ………… 30
Q27　理事会の議事録の作成、備置き及び閲覧について、説明してください。 …………………………………… 30
Q28　理事会の決議があったものとみなされた場合における議事録の作成について、教えてください。 ………… 32
Q29　事業協同組合の参事及び会計主任について、説明してください。 ………………………………………………… 33

第4章　所管行政庁の監督 ─────────── 35

Q30　事業協同組合の行政庁とはどのようなものですか。 …… 35
Q31　事業協同組合に対する行政庁の監督権限はどのようなものですか。 …………………………………………… 36
Q32　行政庁に対してする「認可の申請」又は「届出」について、説明してください。 ……………………………… 37

第5章　登記申請の手続及び方法 ─────────── 41

Q33　登記申請書の提出先及び提出方法について、教えてください。 ………………………………………………… 41
Q34　主たる事務所の所在地においてする登記と従たる事務所の所在地においてする登記を一括申請することができますか。 ……………………………………… 43
Q35　登記上、事業協同組合の名称に使用可能な文字には、どのようなものがありますか。 ……………………… 45

5

第6章　設立の登記 ──────────── 47

1　設立の手続 ………………………………………… 47
- Q36　事業協同組合を設立したいのですが、その手続を教えてください。 ……………………………………… 47

2　定款の作成 ………………………………………… 49
- Q37　事業協同組合の定款の記載事項には、どのようなものがありますか。 …………………………………… 49
- Q38　発起人が作成した定款について、創立総会で修正することができますか。 ……………………………… 53
- Q39　発起人は、行政庁から設立の認可を受けたときは、その事務を理事に引き渡さなければならないとされていますが、発起人から理事への設立事務の引渡しとはどのようなことですか。 ………………………… 53
- Q40　事業協同組合の設立認可の申請手続について、教えてください。 ……………………………………… 54

3　設立の登記 ………………………………………… 56
- Q41　事業協同組合は、いつ成立するのですか。 ……… 56
- Q42　事業協同組合の設立登記の手続を教えてください。 …… 57
- Q43　組合の設立に際して従たる事務所を設置した場合の、従たる事務所の所在地においてする事業協同組合の設立の登記について、教えてください。 ……… 84
- Q44　印鑑の提出とはどのようなことですか。また、その手続について、教えてください。 …………………… 85

第7章　名称・事業・地区又は公告方法等の変更の登記 ── 89

1　定款の変更手続 …………………………………………… 89

Q45　定款の変更手続について、説明してください。………… 89

2　名称等の変更の登記手続 ………………………………… 91

Q46　名称を変更したときの登記手続について、教えてください。…………………………………………………… 91

Q47　事業を変更したときの登記の手続を教えてください。……………………………………………………… 96

Q48　公告方法を変更して、電子公告を組合の公告方法とする場合の登記手続を教えてください。…………… 101

Q49　存続期間の設定、変更又は廃止する場合の登記について、説明してください。……………………………… 106

第8章　出資1口の金額及びその払込の方法並びに出資の総口数及び払込済出資総額の変更登記 ── 113

1　出資の総口数及び払込済出資総額の変更 …………… 113

Q50　事業協同組合の出資の総口数及び払込済出資総額に変更が生ずる原因には、どのようなものがありますか。……………………………………………………… 113

Q51　出資の総口数及び払込済出資総額の変更の登記の手続について、教えてください。………………………… 113

2　出資1口の金額の変更の登記 …………………………… 117

Q52　出資1口の金額を変更する場合の手続を教えてください。……………………………………………………… 117

Q53　出資1口の金額を増加したときの変更登記の手続について、教えてください。………………………………… 119

7

Q54 出資1口の金額を減少し、払込済出資総額が変更された場合の登記手続について、教えてください。……… 125

第9章　事務所の移転等の登記 ─────── 135

1　主たる事務所の移転（管轄区域外への移転）の登記 ……… 135

Q55 主たる事務所を登記所の管轄区域外に移転する場合の手続を説明してください。………………………… 135

Q56 主たる事務所を登記所の管轄区域外に移転する場合の登記手続について、教えてください。…………… 135

2　主たる事務所の移転（管轄区域内への移転）の登記 ……… 145

Q57 主たる事務所を同一登記所の管轄区域内で移転する場合の登記手続について、教えてください。………… 145

3　従たる事務所の所在地における登記手続 ……………… 150

Q58 従たる事務所の所在地において、主たる事務所の移転の登記をしたいのですが、その手続を教えてください。………………………………………………………… 150

4　従たる事務所の設置の登記 ……………………… 152

Q59 従たる事務所を設置したいのですが、その手続を教えてください。………………………………………… 152

Q60 従たる事務所を設置した場合の登記手続について、教えてください。……………………………………… 152

5　従たる事務所移転の登記 ………………………… 160

Q61 従たる事務所を移転した場合の登記手続について、教えてください。……………………………………… 160

6　従たる事務所廃止の登記 ………………………………	169
Q62　従たる事務所を廃止した場合の登記手続について、教えてください。………………………………………	169
7　行政区画等の変更に伴う主たる事務所の変更の登記 ………	175
Q63　行政区画等の変更に伴い地番が変更された場合の変更登記の手続について、説明してください。 …………	175
8　住居表示の実施による主たる事務所の変更の登記 …………	178
Q64　住居表示の実施により、主たる事務所の所在場所に変更があった場合の登記手続について、説明してください。 …………………………………………………	178

第10章　代表理事の変更登記 ─────── 183

1　理事の選任手続 ………………………………………………	183
Q65　理事・代表理事の選任手続について、教えてください。 ………………………………………………………	183
Q66　理事及び監事の任期はどのようになっていますか。……	184
2　代表理事の変更 ────────────────	184
Q67　代表理事を新たに就任した場合や、代表理事が退任した場合には、登記事項である、代表理事の氏名、住所及び資格に変更があった場合に該当し、その変更の登記をしなければなりませんが、代表理事の退任事由について、教えてください。 ………………	184
Q68　事業協同組合の代表理事に変更が生じた場合の変更登記について、説明してください。 ………………	185
Q69　代表理事の氏名又は住所に変更が生じたときの登記手続について、教えてください。 …………………	201

3　行政庁に対する役員変更の届出 ･････････････････････ 203
　　Q70　行政庁に対する役員の変更等の届出について、説明してください。 ･･ 203

第11章　参事に関する登記 ―――――――――――― 205

1　参事の選任の登記 ･････････････････････････････････ 205
　　Q71　事業協同組合の参事について、説明してください。 ･･･ 205
　　Q72　事業協同組合が参事を選任した場合の登記手続について、教えてください。 ･･････････････････････････････ 206

2　参事の代理権消滅の登記 ･･･････････････････････････ 210
　　Q73　参事の代理権の消滅とは、どのようなことですか。 ･･･ 210
　　Q74　参事の代理権消滅の登記について、教えてください。 ･･ 211

3　参事を置いた事務所の移転等の登記 ････････････････ 215
　　Q75　参事を置いた組合の事務所を移転、変更又は廃止した場合には、どのような登記をすればよいのですか。 ･･･ 215

第12章　合併の登記 ――――――――――――――― 219

1　総　説 ･･･ 219
　　Q76　事業協同組合の合併について、説明してください。 ･･･ 219

2　吸収合併の手続 ･･･････････････････････････････････ 220
　　Q77　事業協同組合の吸収合併の手続について、教えてください。 ･･ 220

Q78　事業協同組合の吸収合併についての行政庁の認可
　　　　　手続について、教えてください。·················· 225

　3　吸収合併の登記手続 ································ 227
　　Q79　事業協同組合の吸収合併の登記手続について、教
　　　　　えてください。······························· 227
　　Q80　吸収合併により消滅する組合の解散の登記手続に
　　　　　ついて、教えてください。······················· 234

　4　新設合併の手続 ···································· 237
　　Q81　事業協同組合の新設合併の手続について、教えて
　　　　　ください。··································· 237
　　Q82　事業協同組合の新設合併についての行政庁の認可
　　　　　手続について、教えてください。·················· 240

　5　新設合併の登記手続 ································ 242
　　Q83　事業協同組合の新設合併の登記手続について、教
　　　　　えてください。······························· 242

第13章　事業協同組合の株式会社への組織変更の登記　257

　1　組織変更の手続 ···································· 257
　　Q84　事業協同組合の組織変更とはどのようなことです
　　　　　か。·· 257
　　Q85　事業協同組合の組織変更手続について、教えてく
　　　　　ださい。····································· 257
　　Q86　組織変更に反対する組合員の持分払戻請求権につ
　　　　　いて、教えてください。························· 260
　　Q87　組織変更後の株式会社に設置される機関について、
　　　　　教えてください。······························ 261

2 組織変更の登記手続 262

Q88 事業協同組合の組織変更の登記手続について、教えてください。 262

Q89 事業協同組合から株式会社への組織変更による株式会社の設立登記については、登録免許税法の適用があるのですか。組織変更による組合の解散登記については、どうですか。 264

第14章 協業組合、事業協同組合又は商工組合への組織変更 ——— 275

Q90 中小企業団体の組織に関する法律及び中小企業等協同組合法に基づく組合間で、組織変更が認められるのは、どのような組合間においてですか。 275

Q91 事業協同組合の協業組合への組織変更の手続について、説明してください。 276

Q92 商工組合から事業協同組合への組織変更の手続はどのようにするのですか。 277

Q93 事業協同組合から商工組合への組織変更の手続について、教えてください。 279

第15章 解散・清算等に関する登記 ——— 283

1 解散及び清算人 283

Q94 事業協同組合は、どのような事由によって解散しますか。 283

Q95 組合は、解散したときはその旨を行政庁に届け出なければならないとされていますので、その手続について教えてください。 284

Q96 清算人の選任手続について、説明してください。 285

Q97 清算人及び代表清算人の退任手続について、教えてください。 287

2 解散及び清算人の登記手続 ……………………………… 287
Q98 事業協同組合の解散及び清算人の登記手続について、教えてください。……………………………………… 287

3 清算人の変更登記 ………………………………………… 296
Q99 代表清算人が変更したときの登記手続について、教えてください。………………………………………… 296

4 清算結了の登記 …………………………………………… 302
Q100 清算結了の登記手続について、教えてください。…… 302

参考資料
○中小企業等協同組合法（抄）……………………………… 310

第1章 総　説

1　中小企業等協同組合・事業協同組合

Q1 中小企業等協同組合法に基づき設立される中小企業等協同組合にはどのような組合がありますか。

　中小企業等協同組合法（昭和24年法律第181号。以下「組合法」という。）により設立される中小企業等協同組合には、事業協同組合、事業協同小組合、火災共済協同組合、信用協同組合、協同組合連合会及び企業組合があります（組合法3条）。

　中小企業等協同組合とは、組合法に基づく組合の総称であって、存在する組合は、上記の6種類のものがあります。

　組合法は、中小規模の商業、工業、鉱業、運送業、サービス業その他の事業を行う者や、勤労者その他の者が相互扶助の精神に基づき、協同して事業を行うために必要な組織について定めています（組合法1条）。

（注） 中小企業等協同組合のうち、火災共済協同組合については、平成24年法律第85号により火災共済協同組合の類型が廃止され、組合法3条1号の3の規定が削除されました。改正法は、平成26年4月1日から施行されます。

Q2 事業協同組合とは、どのような組合ですか。

　事業協同組合とは、組合法に基づき、組合員である中小事業者が行う事業に関して、相互扶助の精神に基づき、協同して事業を行うことにより、中小事業者の経営の合理化と取引条件の改善等を図るものです。事業協同組合は協同組合の代表的なものであり、最も利用され普及しています。

　事業協同組合の組合員となれる者は、組合の地区内において商業、工

業、鉱業、運送業、サービス業その他の事業を行う小規模の事業者です。事業協同組合を設立するには、組合員になろうとする者4人以上が発起人となり、定款を作成し、創立総会の開催等所要の手続を経て、定款並びに事業計画書等所定の書面を主務省令で定めるところにより行政庁に提出して、行政庁の認可を受けることが必要です（組合法24条、27条、27条の2）。

事業協同組合は、主たる事務所の所在地において設立の登記をすることによって成立します（組合法30条）。

Q3 事業協同組合の名称には、何か制限がありますか。

事業協同組合は、その名称中に、「協同組合」の文字を用いなければならないとされています（組合法6条1項1号）。この協同組合の文字は、名称の冒頭に付しても末尾に置いても差し支えないとされています。また、組合法によって設立された協同組合以外の者は、その名称中に、事業協同組合であることを示す文字を用いてはならないとされています（同条2項）。

なお、組合の名称については会社法の規定が準用されていますので、不正の目的をもって、他の組合であると誤認されるおそれのある名称を使用してはならず、その使用によって事業上の利益が侵害され又は侵害されるおそれがある組合は、侵害する者又は侵害しようとする者に対し、その侵害の停止又は予防を請求することができるとされています（組合法6条3項、会社法8条）。また、他の事業協同組合が既に登記した名称と同一の名称を用い、かつ、その主たる事務所が当該他の事業協同組合の主たる事務所の所在場所と同一であるときは、その名称の登記をすることができないとされています（組合法103条、商業登記法27条）。

組合法6条3項において準用する会社法8条1項の規定に違反して、不正の目的をもって、他の組合であると誤認されるおそれのある名称を使用した場合には、10万円以下の過料に処せられます（組合法115条の2第1号）。

Q4 特定共済組合については、何か名称制限がありますか。

　事業協同組合は、その名称中に、「協同組合」の文字を用いなければならないとされています（組合法6条1項1号）が、共済事業を行う事業協同組合若しくは事業協同小組合であって、その組合員の総数が政令で定める基準（1,000人）を超えるもの又は組合員たる組合が共済事業を行うことによって負う共済責任の再共済若しくは再共済責任の再再共済の事業を行う事業協同組合（特定共済組合）及び協同組合連合会であって、会員たる組合の組合員の総数が政令で定める基準（1,000人）を超えるもの又は再共済事業若しくは再再共済事業を行うもの（特定共済組合連合会）は、その名称中に共済協同組合若しくは共済協同小組合又は共済協同組合連合会若しくは共済協同小組合連合会の文字を使用しなければならないとされています（全国中小企業団体中央会編「中小企業等協同組合法逐条解説」16頁（第一法規））。

　なお、共済事業とは、組合法9条の2第1項3号を根拠として実施される事業であり、組合員その他の共済契約者から共済掛金の支払を受け、共済事故の発生に関し、共済金を交付する事業であって、共済金額その他の事項に照らして組合員その他の共済契約者の保護を確保することが必要なものとして一の被共済者当たりの共済金額が10万円を超える共済契約の締結を行う事業をいいます（組合法9条の2第7項、同法施行規則5条）。

Q5 事業協同組合が行うことができる事業には、どのようなものがありますか。

　事業協同組合は、組合員である中小事業者が行う事業に関して、相互扶助の精神に基づき協同に事業を行うことにより、中小事業者の経営の合理化と取引条件の改善を図るものです。そのため、事業協同組合は、次の事業の全部又は一部を行うことができます（組合法9条の2第1項）。

1 生産、加工、販売、購買、保管、運送、検査その他組合員の事業に関する共同事業（組合法92条の2第1項1号）

　　この協同事業は、組合の行う事業のうちで一般的、かつ基本的なものであり、組合員の事業に関するものである限り、協同事業用の機械設備、建物を運営して行う事業活動はもちろん、これらの物的施設を手段としない一般の経済行為を含むものとされています（中小企業庁創業連携推進課監修「中小企業等協同組合法逐条解説」（以下「逐条解説」という。）30頁）。

　① 共同生産・加工事業
　　　組合員である中小企業者では所有できない高額・新鋭設備を組合が購入し、組合員の必要とするものを生産・加工し、組合員に供給する事業
　② 共同販売事業
　　　組合員が取り扱う製品を組合がまとめて販売する事業
　③ 協同購買事業
　　　組合員が必要な資材等を組合がまとめて購入し、組合員に供給する事業
　④ 協同検査事業
　　　品質の維持・改善、規格の統一等を図るため、組合員が生産・加工した製品、あるいは設備、原材料等の品質・性能などを検査する事業
　⑤ 共同受注事業
　　　組合が受注し、組合員が仕事を分担し、組合が納品する事業

2 組合員に対する事業資金の貸付け（手形の割引を含む。）及び組合員のためにするその借入れ（同項2号）
3 組合員の福利厚生に関する事業（同項3号）
4 組合員の事業に関する経営及び技術の改善向上又は組合事業に関する知識の普及を図るための教育及び情報の提供に関する事業（同項4号）

　　この事業を行う組合は、その事業の費用に充てるため、毎事業年度の剰余金20分の1以上を翌事業年度に繰り越さなければならないとされています（同法58条4項）。

5 組合員の新たな事業の分野への進出の円滑化を図るための新商品若しくは新技術の研究開発又は需要の開拓に関する事業（組合法9条の2第

1項5号)
6　組合員の経済的地位の改善のためにする団体協約の締結（同項6号）

Q6 事業協同組合以外の中小企業等協同組合について、その概要を説明してください。

　中小企業等協同組合は、中小企業等協同組合法に基づいて設立された法人で、事業協同組合のほか、事業協同小組合、火災共済協同組合、信用協同組合、協同組合連合会及び企業組合があります。協同組合連合会以外の組合を設立するには、その組合員（企業組合にあっては特定組合員以外の組合員）になろうとする4人以上の者が発起人となることを要します（組合法24条1項）。事業協同組合を除いた組合の概要は次のとおりです。

1　**事業協同小組合**

　事業協同組合とその目的、事業についてはほぼ同じですが、組合員になれる資格が、異なっています。すなわち、事業協同小組合の場合は、組合の地区内において主として自己の勤労によって商業、工業、鉱業、運送業、サービス業その他の事業を行う事業者であって、常時使用する従業員の数が5人以下（商業・サービス業は2人以下）の事業者に限られています（組合法8条2項）。

2　**火災共済協同組合**

　火災共済協同組合は、火災共済事業（火災により又は火災及び破裂、爆発、落雷その他の主務省令で定める偶然な事故の全部若しくは一部を一括して共済事故としこれらのもののいずれかにより財産に生ずることのある損害を埋めるための共済事業）、これに附帯する事業及び保険会社の業務の代理又は事務の代行の事業を行う組合であり、その他の事業を行うことは認められていません（組合法9条の7の2）。

　この火災共済協同組合について定める組合法の規定は、中小企業等協同組合法の一部を改正する法律（平成24年法律第85号（平成26年4月1日施行））により改正され、改正法では、火災共済事業を含めた全ての共済事業を一個の事業協同組合又は協同組合連合会で行うことができる

ようにするため、火災共済協同組合の類型の廃止、事業協同組合又は協同組合連合会が行うことができる火災共済事業の範囲の拡大等の措置が講じられています（改正組合法9条の7の2）。

3　信用協同組合

　信用協同組合は、組合員に対する資金の貸付け、手形の割引、組合員の預金又は定期積金の受入れ等の信用事業等を行う組合です（組合法9条の8）。信用協同組合の組合員の資格については、地区内の小規模事業者のほか、地区内に住所若しくは居所を有する者又は地区内において勤労に従事する者にも組合員資格があります（同法8条4項）。

4　協同組合連合会

　次に述べる企業組合を除く協同組合の連合体です（組合法9条の9）。協同組合連合会を設立するには、その会員になろうとする2以上の組合が発起人となることが必要です（同法24条1項）。

5　企業組合

　企業組合は、個人事業者や勤労者などが4人以上集まり、個々の資本と労働を持ち寄り、組合の事業に従事し、組合自体が一つの企業体となって事業活動を行う組合です。企業組合は、総組合員の2分の1以上の数の組合員（特定組合員を除く。）が組合の行う事業に従事しなければならないとされ、さらに、組合の事業に従事する者の3分の1以上は組合員でなければならないとされています（同法8条6項、9条の10、9条の11）。

　企業組合の組合員たる資格を有する者は、定款で定める個人及び組合事業関連企業をはじめとする法人等です（同法8条6項）。

　なお、組合法8条6項2号又は3号に規定する組合事業関連企業をはじめとする法人等については、特定組合員といい、特定組合員は、企業組合の総組合員の4分の1を超えてはならないとされています（同法8条の2）。

2 事業協同組合の組合員

(1) 組合員の資格等

Q7

事業協同組合の組合員の資格には、どのような要件がありますか。

　事業協同組合の組合員たる資格を有する者は、組合の地区内において、商業、工業、鉱業、運送業、サービス業その他の事業を行う組合法7条1項若しくは2項に規定する小規模の事業者又は事業協同小組合で定款で定めるものであるとされます（組合法8条1項）。

　組合法7条1項に掲げる小規模の事業者とは、①資本金の額又は出資の総額が3億円（小売業又はサービス業を主たる事業とする事業者については5千万円、卸売業を主たる事業とする事業者については1億円）を超えない法人たる事業者、②常時使用する従業員の数が300人（小売業を主たる事業とする事業者については50人、卸売業又はサービス業を主たる事業とする事業者については100人）を超えない事業者であるとされています（同法8条1項、7条1項）。

　なお、組合法7条2項では、組合員たる事業者が、小規模の事業者としての上記の基準を超えていても、業界においては、小規模の事業者であると認められるものもあるところから、事業協同組合にあって、上記基準を超えるものが組合に加入している場合には、その組合としての資格の適格、不適格は具体的事案において判断することとされ、その認定は、公正取引委員会に委ねられています。

　事業協同小組合については、組合員になれる資格が、従業員5人以下（商業・サービス業は2人以下）の事業者に限られています（組合法8条2項）。

(2) 組合員の出資義務

Q8
組合員の出資義務について、教えてください。

　組合が事業を行うためには資本を必要とします。組合法では、組合員に少なくとも1口以上の出資義務を課しています（組合法10条1項）。出資1口の金額は、定款に記載しなければならないとされ（同法33条1項7号）、出資1口の金額は、均一でなければならないとされています（同法10条2項）。なお、1組合員の出資口数は、原則として、出資総口数の100分の25を超えてはならないとされています（同条3項）。

　組合員資格を有する者は、定款に定められた出資をすることにより、組合員資格を得て、組合員としての権利を取得することになります。

　組合員の組合に対する責任は、その出資額を限度とする有限責任であるとされています。したがって、組合員は、組合債権者に対して直接の責任を負うことはなく、その出資額を限度として責任を負うことになります。

(3) 組合員の加入・脱退

Q9
事業協同組合が備えていなければならない基準として、組合法は、組合員が組合へ任意に加入することができること、又は脱退することができることを要件として挙げていますので、組合員の加入及び脱退について、説明してください。

1　基準

　組合法は、同法に基づいて設立される事業協同組合が備えていなければならない基準として、次のような要件を掲げています（組合法5条1項）。

① 組合員の相互扶助を目的とすること（同項1号）
② 組合員が任意に加入し、又は脱退することができること（同項2

③ 組合員の議決権及び選挙権は、出資口数にかかわらず、平等であること（同項3号）
④ 組合の剰余金の配当は、主として組合事業の利用分量に応じてするものとし、出資額に応じて配当をするときは、その限度が定められていること（同項4号）

2 加入・脱退の自由

事業協同組合は、1で述べたように相互扶助を目的とする組織であることから、組合への加入及び組合からの脱退は任意でなければならないとされています（組合法14条、18条）。

(1) 加入制限の禁止

組合法は、組合員たる資格を有するものが組合に加入しようとするときは、組合は正当な理由がないのに、加入を拒み、又は加入につき現在の組合員が加入の際に付されたよりも困難な条件を付してはならない旨を定めています（組合法14条）。この規定に違反した場合には、組合の役員は20万円以下の過料に処せられます（同法115条1項8号）。

(2) 組合への加入

組合員たる資格を有する者が組合に加入しようとする場合には、定款の定めるところによって、その加入することにつき組合の承諾を得なければならないとされています。この場合において、組合に加入しようとする者は、引受出資口数に応じた金額の払込み及び組合が加入金を徴収することを定めた場合には、その払込みをしなければなりません（同法15条）。

また、組合に加入しようとする者は、定款の定める手続に従い組合の承諾を得て、既に組合員になっている者から、その持分の全部又は一部を承継することにより組合に加入することができるとされています（同条後段）。死亡した組合員の相続人で、組合員たる資格を有する者は、組合に対して定款で定める期間内に加入の申出をすることができ、加入の申出をしたときは、相続開始の時に組合員になったものとみなすとされています（同法16条1項）。

(3) 組合員の脱退

組合からの脱退には、自由脱退と法定脱退があります。

ア　自由脱退

組合員が脱退しようとするときは、事業年度末日の 90 日前までにその旨を組合に予告して脱退することができるとされています（組合法 18 条）。この場合には、組合の承諾を必要としないとされています。脱退の時期は、事業年度の終わりです（同条）。なお、予告期間は、定款で延長することができますが、その期間は 1 年を超えてはならないとされています（同条 2 項）。

イ　法定脱退

組合員は、次の事由によって脱退するとされています。すなわち、組合員は、法定事由に該当するに至ったときは、組合員の意思に関わらず、直ちに組合員の資格を失い、組合から脱退することになります（組合法 19 条 1 項）。

① 組合員たる資格の喪失（同項 1 号）
② 死亡又は解散（同項 2 号）
③ 除名（同項 3 号）
④ 組合法 107 条から 109 条までの規定による公正取引委員会の確定した排除措置命令（組合法 19 条 1 項 4 号）

ウ　脱退者の持分の払戻し

組合員は、組合法 18 条の規定により自由脱退をしたとき又は同法 19 条 1 項 1 号から 4 号までの規定により法定脱退をしたときは、定款の定めるところにより、その持分の全部又は一部の払戻を請求することができるとされています（同法 20 条 1 項）。

脱退した組合員の持分は、その脱退した事業年度の終わりにおける組合財産によって算定されます（同条 2 項）。

Q10 事業協同組合の法定脱退事由である組合員の除名について、説明してください。

1　除名の原因

　組合は、次のような組合員について除名することができるとされています（組合法19条2項）。

① 　長期間にわたって組合の事業を利用しない組合員（同項1号）
② 　出資の払込み、経費の支払その他組合に対する義務を怠った組合員（同項2号）
③ 　その他定款で定める事由に該当する組合員（同項3号）

2　除名の手続

　組合は、当該組合員に対し、総会の会日の10日前までに除名する旨を通知し、総会において弁明する機会を与えた上で、特別決議（総組合員の半数以上が出席し、その議決権の3分の2以上の多数による議決。組合法53条）によって除名することができるとされています（組合法19条2項、53条3号）。

　なお、除名は、除名した組合員にその旨を通知しなければ、当該組合員に対抗することはできないとされています（組合法19条3項）。

Q11 組合員名簿の作成及び開示について、教えてください。

1　組合員名簿の作成

　組合は、各組合員について、次の事項を記載又は記録した組合員名簿を作成しなければならないとされています（組合法10条の2第1項）。

① 　氏名又は名称及び住所又は居所
② 　加入の年月日
③ 　出資口数及び金額並びにその払込みの年月日

2　組合員名簿の備置き及び閲覧等

　組合は、組合員名簿を主たる事務所に備え置かなければならないとされ（組合法10条の2第2項）、組合員及び組合の債権者が閲覧・謄写の請求をした場合には、組合は、正当な理由がないのにこれを拒むことはできないとされています（同条3項）。

　なお、組合員名簿が電磁的記録（磁気ディスクその他これに準ずる方法により一定の情報を確実に記録しておくことができる物をもって調製するファイルに情報を記録したもの（同法施行規則53条））をもって作成されているときは、電磁的記録に記録された事項を紙面又は映像面に表示したものの閲覧又は謄写の請求をすることになります（組合法10条の2第3項2号、同法施行規則54条）。

第2章
中小企業等協同組合法の一部を改正する法律（平成24年法律第85号）による改正内容

Q12

組合法の一部を改正する法律により、火災共済協同組合の類型が廃止されたとのことですが、どのように改正されたのか、その概要を教えてください。

　中小企業等協同組合法の一部を改正する法律（平成24年法律第85号。以下「改正法」という。）が公布され、平成26年4月1日から施行されます（改正法附則1条）。本改正により、火災共済事業を含めた全ての共済事業を一個の事業協同組合又は協同組合連合会で行うことができることとされたのに伴い、中小企業等協同組合の種類から、火災共済協同組合の類型が廃止されました。

　改正法による改正前の中小企業等協同組合法（以下「改正前組合法」という。）では、事業協同組合、事業協同小組合、火災共済協同組合、信用協同組合、協同組合連合会及び企業組合の6種類の団体が中小企業等協同組合として定められていました。

　事業協同組合は、共同生産・共同加工、共同販売、共同受注、福利厚生、資金の貸付け等を行う組合ですが、火災共済協同組合は、火災共済事業（火災により又は火災及び破裂、爆発、落雷その他の主務省令で定める偶然な事故の全部若しくは一部を一括して共済事故としこれらのもののいずれかにより財産に生ずることのある損害を埋めるための共済事業）、これに附帯する事業及び保険会社の業務の代理又は業務の代行を行う組合であり、その他の事業を行うことは認められていません（改正前組合法9条の7の2）。なお、事業協同組合においても、共済金額の総額が30万円を超えない火災共済事業については、福利厚生事業の一環として行うことが認められていました（改正前組合法9条の2第2項）。

　改正法では、前述したように、火災共済事業を含めた全ての共済事業を

1個の事業協同組合又は協同組合連合会で行うことができるようにするため、火災共済協同組合の類型の廃止（改正法3条、9条の7の2等）、事業協同組合又は協同組合連合会が行うことができる火災共済事業の範囲の拡大等が講じられています。

Q13
改正法により火災共済協同組合の類型が廃止されることに伴い、事業協同組合等が行うことができる火災共済事業の範囲が拡大されたとのことですが、どのように変わりましたか。

1　改正法により、火災共済事業を含めた全ての共済事業を一個の事業協同組合又は協同組合連合会で行うことができるようにされることに伴い、中小企業等協同組合の種類から、火災共済協同組合の類型が廃止されました（組合法3条、9条の7の2）が、この改正に伴って、資格を有する組合員の総数が政令で定める基準（1,000人）を超えること、出資の総額が1,000万円以上であること、その他の要件を備える事業協同組合は、行政庁の認可を受けて、火災共済事業であって、共済契約に係る共済金額の総額が共済契約者1人につき主務省令で定める金額（30万円）を超えるものを行うことができることとされました（改正法9条の7の2第1項）。

2　事業協同組合は、行政庁の認可を受けようとするときは、定款、事業計画、火災共済規程（火災共済事業の実施方法、共済契約、共済掛金及び責任準備金の額の算出方法に関して主務省令で定める事項を記載した書面をいう。）、常務に従事する役員の氏名を記載した書面、その他主務省令で定める書面を行政庁に提出しなければならないこととされました（同条2項）。

3　組合法9条の7の2第1項の規定に違反して、行政庁の認可を受けないで火災共済事業を行ったときは、事業協同組合の役員、会計監査人又は清算人は、20万円以下の過料に処せられることとなりました（改正組合法114条の6第1項の2の2）。

Q14
中小企業等協同組合法の一部改正により、火災共済に関する事業を行う組合の所管行政庁はどのように変わったのですか。

　改正前組合法では、各都道府県の火災共済協同組合及び火災共済協同組合連合会は、経済産業大臣と内閣総理大臣の共管となっており、内閣総理大臣の権限は金融庁長官に委任されていました（改正前組合法111条1項3号）。

　改正法においては、火災共済に関する事業を行う組合の所管行政庁について、火災等共済組合（行政庁の認可を受けて火災共済事業を行う事業協同組合）であってその地区が都道府県の区域を超えないものは、都道府県知事、その他の火災等共済組合、火災等共済組合連合会及び火災共済事業の再共済を行う協同組合連合会は、それぞれの組合の組合員の資格として定款に定められる事業の所管大臣とされています（改正法111条1項）。すなわち、所管行政庁は、組合の事業ではなく、組合員資格として定款に定められる事業である組合員の業種の所管区分によって決定されることとなります（伊藤慎一郎「火災共済事業を含めた全ての共済事業を1個の事業協同組合等で行うことが可能に」『時の法令』1931号38頁）。

Q15
火災等共済組合の地区について、説明してください。

　火災等共済組合の地区については、小規模の事業者又は事業協同小組合を組合員の資格とするものにあっては一又は二以上の都道府県の区域の全部とされ、定款で定める一の業種に属する事業を行う小規模の事業者又は事業協同小組合を組合員の資格とするものにあっては全国とされています（組合法26条1項）。

　そして、都道府県の区域を地区とする火災等共済組合の地区は、他の都道府県の区域を地区とする火災等共済組合の地区と重複するものであって

はならないとされています（組合法26条の2）。

Q16 改正前組合法の規定による火災共済協同組合であって、改正法の施行の際現に存するものは、改正法の施行の日以後はどのようになるのですか。

　改正法により、火災共済協同組合の類型が廃止されることから、改正前組合法の規定による火災共済協同組合であって、改正法の施行の際現に存するものは、改正法の施行日以後は、火災等共済組合として存続することになるとされています（改正法附則2条1項）。

　この場合において、改正前組合法の規定による火災共済協同組合の定款、規約、火災共済規程、事業計画、組合員、出資1口及び持分を、改正法の規定により存続する火災等共済組合の定款、規約、火災共済規程、事業計画、組合員、出資1口及び持分とみなすとされています（同附則2条2項）。

　また、改正前の組合法の規定による火災共済事業の再共済の事業を行う協同組合連合会であって改正法の施行の際現に存するものは、改正後の組合法9条の9第1項3号の事業（火災共済事業の再共済）を行う協同組合連合会とみなすとされています（改正法附則3条）。

　なお、中小企業等協同組合法の一部を改正する法律（昭和32年法律第186号）附則2条の規定により共済金額の総額が30万円を超える火災共済事業を行うことが認められていた事業協同組合又は協同組合連合会であって、改正法の施行の際現に改正後の火災共済事業を行っているものは、改正法の9条の2第2項及び9条の7の2の規定にかかわらず、なお従前の例によることとされました（同附則5条）。

〔参考〕（昭和32年11月25日法律第186号附則）
（共済金額制限の特例）
第2条　この法律の規定による改正後の中小企業等協同組合法（以下「新法」という。）第9条の2第2項（同法9条の9第4項において準用す

第 2 章　中小企業等協同組合法の一部を改正する法律（平成 24 年法律第 85 号）による改正内容

る場合を含む。）の規定は、この法律施行の際現に中小企業等協同組合法第 9 条の 2 第 1 項第 3 号又は第 9 条の 9 第 1 項第 4 号の規定により火災共済事業を行つている事業協同組合又は協同組合連合会については、適用しない。

第3章 事業協同組合の機関

1 総会

Q17

事業協同組合の総会の招集手続及び総会の決議事項について、説明してください。

1 総会の招集手続

(1) 事業協同組合の総会は、組合員全員によって構成される機関であり、通常総会と臨時総会があります（組合法46条、47条）。代表理事（理事長）は、少なくとも毎事業年度1回、通常総会を招集しなければならないとされ（同法46条）、必要があると認めるときは、定款の定めるところにより、いつでも臨時総会を招集することができるとされています（同法47条1項）。

(2) 通常総会の招集通知には、決算関係書類（財産目録、貸借対照表、損益計算書、剰余金処分案又は損失処理案）、事業報告書、監査報告書等を提供しなければならないとされていますので、これらの資料を全て添付することになります（組合法40条7項）。なお、組合からの書面をもってする総会招集通知は、組合員名簿に記載又は記録された組合員の住所にあてて発すれば足りるとされ、通知は、通常到達すべきであった時に到達したものとみなされています（同法50条）。

　また、総会の招集手続を、電磁的方法によって行う場合には、定款にその旨を定めることが必要です。この場合には、上記の決算関係書類等については、電磁的方法によって提供することができます。

(3) また、組合員は、総組合員の5分の1以上の同意を得て会議の目的である事項及び招集の理由を記載した書面を理事会に提出して総会の招集をすることができるとされ、この請求があったときは、理事会は、その請求のあった日から20日以内にその請求に係る臨時総会を

招集すべきことを決しなければならないとされています(組合法47条2項)。なお、この総組合員の5分の1の割合については、定款でこれと異なる割合を定めることができるとされています(同項括弧書)。

組合員が総組合員の5分の1以上の同意を得て臨時総会の招集をしたにもかかわらず、代表理事が、請求をした日から10日以内に招集手続をしないときは、その組合員は、行政庁の承認を得て、臨時総会を招集することができるとされています(同法48条)。また、理事の職務を行う者がいない場合にも、組合員は、総組合員の5分の1(これを下回る割合を定款で定めた場合にあっては、その割合)以上の同意を得て、かつ、行政庁の承認を得た場合には、臨時総会を招集することができるとされています(同条)。

上記臨時総会の招集の請求については、これを書面の提出に代えて、当該書面に記載すべき事項及び理由を電磁的方法により提供することができるとされています(同条3項)。電磁的方法により行われた当該書面に記載すべき事項及び理由の提供は、理事会の使用に係る電子計算機に備えられたファイルへの記録がなされたときに、当該理事会に到達したものとみなされます(同条4項)。

(4) 総会を招集する場合において、総会の招集の通知は、その総会の日の10日前までに、その会議の目的である事項を示し、定款で定めた方法に従ってしなければならないとされています(同法49条1項)。

なお、総会は、組合員の全員の同意があるときは、招集の手続をとらずに開催することができるとされています(同条3項)。

2 総会の議決事項

次に掲げる事項は、総会の議決を経なければならないとされています(組合法51条1項)。

① 定款の変更

定款の変更については、行政庁の認可を受けなければ、その効力を生じないとされています。

② 規約及び共済規程又は火災共済規程の設定、変更又は廃止
③ 毎事業年度の収支予算及び事業計画の設定又は変更
④ 経費の賦課及び徴収の方法
⑤ その他定款で定める事項

総会の議事は、出席者の議決権の過半数で決するのを原則とし、可否同数のときは、議長の決するところによるとされています（同法52条1項）。なお、議長は、総会において選任することとされています（同条2項）。

ただし、次の事項は、事業協同組合の総組合員の半数以上が出席し、その議決権の3分の2以上の多数による特別の議決を必要とされています（組合法53条）。

① 定款の変更
② 組合の解散又は合併
③ 組合員の除名
④ 事業の全部の譲渡
⑤ 組合員の出資口数に係る限度の特例
⑥ 組合法38条の2第5項の規定による責任の免除

このほか、新設合併による設立委員の選任については、組合法53条の規定が準用されていますので、特別決議によらなければなりません（同法64条4項）。

Q18 総会の議事録の作成、備置き及び閲覧等はどのようになっていますか。

総会の議事の経過やその結果については、その後の登記の申請手続や総会の効力を争う訴訟等の証拠書類となる重要な書類ですので、明確に記録して作成する必要があります。

1 作成方法及び記載内容

総会の議事録は、書面又は電磁的記録により作成しなければならないとされています（組合法53条の4、同法施行規則139条2項）。

議事録の記載内容は、次に掲げる事項を内容とするものでなければならないとされています（同法施行規則139条3項）

(1) 総会が開催された日時及び場所（同項1号）
(2) 総会の議事の経過の要領及びその結果（同項2号）

(3) 総会において述べられた意見又は発言があるときは、その意見又は発言の内容の概要（組合法施行規則 139 条 3 項 3 号）
　ア　監事が、監事の選任若しくは解任又は辞任について述べた意見（組合法 36 条の 3 第 3 項、40 条の 2 第 3 項、会社法 345 条 1 項）
　イ　辞任した監事が辞任後最初に招集される総会に出席して述べた辞任した旨及びその事由（組合法 36 条の 3 第 3 項、40 条の 2 第 3 項、会社法 345 条 2 項）
　ウ　監事が、理事が総会に提出しようとする議案、書類その他主務省令で定めるものを調査して、法令若しくは定款に違反し、又は著しく不当な事項があると認めた結果を総会に報告した内容（組合法 36 条の 3 第 3 項、会社法 384 条）
　エ　監事が、監事の報酬等について述べた意見（組合法 36 条の 3 第 3 項、会社法 387 条 3 項）
　オ　監事が理事が総会に提出しようとする会計に関する議案、書類その他の主務省令で定めるものを調査し、その調査の結果を総会においてした報告（組合法 36 条の 3 第 5 項、会社法 389 条 3 項）
　カ　共済事業を行う組合であってその事業の規模が政令で定める基準を超えるものにおいて、決算関係書類及び連結決算書類が法令又は定款に適合するかどうかについて会計監査人が監事と意見を異にするときに会計監査人が通常総会に出席して述べた意見（組合法 40 条の 2 第 3 項、会社法 398 条 1 項）
　キ　共済事業を行う組合であってその事業の規模が政令で定める基準を超えるものにおいて、通常総会において会計監査人の出席を求める決議があったときに、会計監査人が通常総会に出席して述べた意見（組合法 40 条の 2 第 3 項、会社法 398 条 2 項）
(4) 総会に出席した役員の氏名又は名称（組合法施行規則 139 条 3 項 4 号）
(5) 総会の議長の氏名（同項 5 号）
(6) 議事録の作成に係る職務を行った理事の氏名（同項 6 号）

2　備置き及び閲覧等
　議事録は、総会の日から 10 年間、主たる事務所に備え置かなければならず（組合法 53 条の 4 第 2 項）、従たる事務所には、議事録が電磁的

記録により作成され主務省令で定める措置をとっている場合を除き、議事録の写しを5年間、備え置かなければならないとされています（同条3項）。

　組合員及び組合の債権者は、組合の業務時間内は、いつでも、組合に対して、議事録又はその写しの閲覧又は謄写の請求をすることができるとされ、組合は、正当な理由がないのにこれを拒んではならないとされています（同条4項）。

Q19
総代会とはどのようなものですか。

1　総代会の設置

　200人以上の組合員を有する事業協同組合は、定款の定めるところにより、総会に代わるべき総代会を設けることができるとされています（組合法55条1項）。組合は、組合員の全てをもって構成される総会によって、その最高意思の決定をなす事を原則としていますが、組合員数が多く、全ての組合員を招集して総会を開催することは容易でない場合があるので、組合員の中から選挙した総代をもって組合の意思を決定する総代会が認められています（全国中小企業団体中央会編『中小企業等協同組合法　逐条解説』260頁（第一法規））。

　総代会については、総会に関する規定が準用されています（同条6項）。ただし、総代会においては、原則として、総代の選挙（補欠の総代の選挙を除く。）、又は組合の解散又は合併（以下「合併等」という。）、事業の全部の譲渡については、議決することはできないとされています（同条7項）。また、総代会においても、代理人をもって議決権を行うことが認められていますが（同条6項、11条2項）、この場合には、総会の場合とは異なり、代理人は他の組合員のみでなければならないとされ、代理し得る人数についても、2人以上の総代の代理をすることはできないとされています（組合法55条6項）。

2　総代の選挙等

　総代は、定款の定めるところにより、組合員のうちから、その住所、

事業の種類等に応じて公平に選挙されなければならないとされています（組合法55条2項）。総代の選挙は無記名投票により行うものとされています（同条3項）。

総代の定数は、定款で定めることになりますが、その数は、その選挙の時における組合員の総数の10分の1以上でなければならないとされています。ただし、組合員の総数が1,000人を超える組合にあっては、総代の定数は、最低100人でよいとされています（同条3項）。総代の任期は、3年以内において定款で定める期間とされています（同条5項）。

3 総代会の特例

組合の解散又は合併若しくは事業の全部の譲渡の議決については、総会の議決事項であり、総代会ではこれを議決することはできないとされていることは前述したとおりですが、共済事業を行う事業協同組合においては、特例が設けられており、総代会で合併等の議決をすることができるとされています（同法55条の2第1項）。総代会において合併等の議決をしたときは、組合は、その議決をした日から10日以内に、議決の内容を組合員に通知しなければならないとされています（同条2項）。

なお、通知を受けた組合員は、総代会の議決の日から30日以内に当該通知に係る事項を会議の目的として、総組合員の5分の1以上の同意を得て理事会に総会の招集を請求することができ、理事会はその請求のあった日から20日以内に臨時総会を招集することを決しなければならず（同法55条の2第3項、47条）、理事が10日以内に招集手続をしないときは、組合員は行政庁の承認を得て総会を招集することができるとされています（同法55条の2第3項、48条）。招集された総会で総代会の議決事項を承認しなかった場合は、総代会における議決は効力を失うものとされています（同法55条の2第4項）。

2　役員・機関

(1)　役　員

Q20　事業協同組合の役員について、教えてください。

　事業協同組合には、役員として、理事及び監事を置かなければならないとされています（組合法35条1項）。また、理事の定数は3人以上とされ、監事の定数は1人以上とされています（同条2項）。

　組合の役員は、定款の定めるところにより、総会において選挙しますが、設立当時の役員は、創立総会において選挙することとされています（同条3項）。なお、理事の定数の3分の2は、組合員又は組合員たる法人の役員でなければならないとされ、設立当時の理事の定数についても、その3分の2は、組合員になろうとする者又は組合員になろうとする法人の役員でなければならないとされています（同条4項）。

　また、事業年度開始の時に組合員数が1,000人を超える組合（大規模組合）の場合は、監事のうち最低1人は、組合員以外の者（員外監事）であることが必要です（同条6項）。大規模組合で選出しなければならないとされる員外監事は、当該組合の組合員又は当該組合の組合員たる法人の役員若しくは使用人以外の者であって、その就任の前5年間当該組合の理事若しくは使用人又はその子会社の取締役、会計参与、執行役若しくは使用人でなかったものでなければならないとされています（同項）。

　なお、組合は、理事会の決議により顧問、参事及び会計主任を置くことができるとされていますが、顧問等は組合の役員ではありません（組合法43条、44条）。

Q21
役員の欠格事由について、説明してください。

1　組合法は、事業協同組合の役員（理事及び監事）となることができない者として、次の5つを掲げています（組合法35条の4）。
　(1)　法人（同条1項1号）
　　　会社法でも、法人は取締役になることができないとされています（会社法331条1項1号）。
　(2)　成年被後見人、被保佐人又は外国の法令上これらと同様に取り扱われている者（組合法35条の4第1項2号）
　(3)　組合法、会社法、一般社団法人及び一般財団法人に関する法律の規定に違反し、又は民事再生法、破産法の罪を犯し、刑に処せられた者は、その執行を終わり、又はその執行を受けることがなくなった日から2年を経過しない者（同項3号）
　(4)　組合法、会社法等上記3以外の法令の規定に違反し、禁錮以上の刑に処せられ、その執行を終わるまで又はその執行を受けることがなくなるまでの者（刑の執行猶予中の者を除く。）（同項4号）
　(5)　破産手続開始の決定を受けて復権を得ない者は、共済事業を行う組合の役員にはなれない（同条2項）。
2　欠格事由に該当する者を役員に選任する決議は、決議の内容の法令違反として決議無効事由に該当し、選任後に役員が欠格事由に該当するにいたったときは、その役員は資格喪失により、当然に役員の地位を失うことになると解されています（前田庸『会社法入門』393頁参照）。

Q22
役員の任期はどのようになっていますか。

　理事の任期は、原則として2年以内において定款で定める期間とされています（組合法36条1項）。また、監事の任期については、4年以内において定款で定める期間とされています（同条2項）。ただし、定款により、

その任期を任期中の最終の決算期に関する通常総会の終結の時まで伸長することができるとされています（同条4項）。

設立当時の役員の任期は、創立総会において1年を超えない範囲内で定めた期間としなければならないとされています（同条3項）。

なお、組合法又は定款で定めた役員の員数が欠けた場合には、任期満了又は辞任により退任した役員は、新たに選任された者が就任するまで、なお役員としての権利義務を有するとされています（組合法36条の2）。

ところで、監事の権限については、原則として業務監査権限（理事の職務執行の監査）が付与されます（同法36条の3第2項）が、組合員数が1,000人以下の組合では、定款に定めることで、その監事の監査の範囲を会計に関するものに限定することができます（同条4項、同法施行令18条）。監事の監査の範囲を会計に関するものに限定する旨の定款の定めを廃止する定款の変更をした場合には、監事の任期は、当該定款の変更の効力が生じた時に満了するとされています（同法36条5項）。

Q23 監事の職務権限について、説明してください。

組合法36条の3第2項は、「監事は、理事の職務を監査する。」と規定して、組合の監事には、原則として業務監査権限が付与されています。ただし、組合員数が1,000人以下の組合では、定款にその旨を定めることで、監事の権限を会計に関する監査に限定することができます（組合法36条の3第4項、同法施行令18条）。

業務監査権限に関する規定については、平成18年の組合法の改正（平成18年法律第75号）により設けられたものであり、これにより、監事の権限は、理事や使用人等に対する組合事業の報告請求、業務・財産や総会提出議案の調査権限が与えられるほか、組合と理事間の訴訟の際に組合を代表する権限が与えられています（組合法36条の3）。

なお、監事については兼職禁止の規定により、監事は、理事又は組合の使用人であってならないとされています（組合法37条1項）。

Q24 代表理事について、説明してください。

　組合は、理事会の決議により、理事の中から組合を代表する理事（以下「代表理事」という。）を選定しなければならないとされています（組合法36条の8第1項）。

　代表理事は、組合の業務に関する一切の裁判上又は裁判外の行為をする権限を有し（同条2項）、この権限に加えた制限は、善意の第三者に対抗することができないとされています（同条3項）。組合は、代表理事がその職務を行うについて第三者に加えた損害を賠償する責任を負い、代表理事以外の理事が代表権を有すると認められる名称を付した場合には、当該理事がした行為について、善意の第三者に対してその責任を負うものとされています（組合法36条の8第5項、一般社団法人及び一般財団法人に関する法律78条、会社法354条）。

　代表理事が欠けた場合又は定款で定めた代表理事の員数が欠けた場合には、任期の満了又は辞任により退任した代表理事は、新たに選任された代表理事が就任するまで、なお代表理事としての権利義務を有するとされています（組合法36条の8第5項、36条の2）。

　組合にあっては、代表権を有する者の氏名、住所及び資格が登記事項とされていますので（同法84条2項）、代表理事の氏名、住所及び資格を登記します。資格は、「代表理事」と登記することになります。

(2) 理事会

Q25 理事会の招集手続及び権限等はどのようになっていますか。

1 理事会の権限

　事業協同組合は、全ての理事で組織する理事会を置かなければならな

いとされています（組合法36条の5第1項・2項）。

　理事会は、組合の業務の執行を決定する権限を有しています（同条3項）が、その決定した事項の執行は、理事会が選定した代表理事によって行われます。

　また、理事会は、組合法上その決議事項として明記された事項についても、これを決定する権限を有します。例えば、①代表理事の選定（組合法36条の8第1項）、②顧問の選任（同法43条）、③参事、会計主任の選任、解任（同法44条、45条）、④総会招集の決定（同法47条2項）、④理事と組合との取引等の承認があります。

2　理事会の招集及び議事

　理事会の招集権者及び招集手続については、会社法の規定が準用されています（組合法36条の6第6項）。理事会は、各理事が招集権を有します。ただし、定款又は理事会で招集すべき理事を定めたときはその者が招集権を有することになります（組合法36条の6第6項、会社法366条1項）。招集権者が特定の理事に限定されている場合に、その理事が招集しないときは、他の理事は、招集権者に対し、理事会の目的たる事項を示して理事会の招集を請求することができます（組合法36条の6第6項、会社法366条2項）。招集権者と定められた理事がそれに応じて理事会を招集したときは、それで招集を請求した理事の目的は達せられますが、招集権者が、請求があった日から5日以内にその請求の日より2週間以内の日を会日とする理事会の招集の通知を発しなかったときは、その請求をした理事が自ら理事会の招集をすることができるとされています（組合法36条の6第6項、会社法366条3項）。

　また、監査権限限定組合（組合法27条8項を参照）の組合員は、理事が組合の目的の範囲外の行為その他法令若しくは定款に違反する行為をし、又はこれらの行為をするおそれがあると認めるときは、理事会の招集を請求することができるとされています（組合法36条の6第6項、会社法367条1項）。

　理事会を招集する者は、会日より1週間前（これを下回る期間を定款で定めた場合はその期間）に各理事（監査権限限定組合以外の組合にあっては、各理事及び監事）に招集通知を発することを要します（組合法36条の6第6項、会社法368条1項）。また、理事（監査権限限定組合

以外の組合にあっては、理事及び監事）の全員の同意があるときは、招集手続を経ないで開くことができるとされています（組合法36条の6、会社法368条2項）。

Q26 理事会の決議方法について、教えてください。

理事会の決議は、議決に加わることができる理事の過半数（これを上回る割合を定款又は規約で定めた場合にはその割合以上）が出席して、その理事の過半数（これを上回る割合を定款又は規約で定めた場合にはその割合以上）をもって行われます（組合法36条の6第1項）。理事会決議につき特別の利害関係を有する理事は、決議に参加することはできません（同条2項）。

理事会の決議については、特に定款で定めた場合には、理事は、書面又は電磁的方法によって参加することができるとされています（同条3項）。

また、組合は、理事が理事会の決議の目的である事項について提案をした場合において、その提案につき理事（その事項について議決に加わることができるものに限る。）の全員が書面又は電磁的記録により同意の意思表示をしたとき（監査権限限定組合以外の組合にあっては、監事が当該提案について異議を述べたときを除く。）は、その提案を可決する旨の理事会の決議があったものとみなす旨を定款で定めることができるものとされています（同条4項）。

Q27 理事会の議事録の作成、備置き及び閲覧について、説明してください。

1 議事録の作成方法

理事会の議事については、主務省令で定めるところにより議事録を作成しなければならないとされています（組合法36条の7第1項、同法施

行規則66条)。

理事会の議事録については、書面又は電磁的記録をもって作成しなければならないとされ、議事録が書面をもって作成されているときは、出席した理事及び監事は、これに署名し、又は記名押印しなければならないとされています（組合法36条の7第1項、同法施行規則66条2項）。議事録が電磁的記録をもって作成されている場合は、主務省令で定める署名又は記名押印に代わる措置をとらなければならないとされています（同法36条の7第2項）。なお、主務省令で定める署名又は記名押印に代わる措置は、電子署名とされています（同法施行規則67条1項）。

2　議事録の記載内容

理事会の議事録は、次に掲げる事項を内容とするものでなければならないとされています（同法施行規則66条3項）。

(1) 理事会が開催された日時及び場所（同項1号）
(2) 理事会が次に掲げるいずれかのものに該当するときは、その旨（同項2号）
　ア　組合法36条の3第3項において準用する会社法383条2項の規定による監事の請求を受けて招集されたもの（同号イ）
　イ　組合法36条の3第3項において準用する会社法383条3項の規定により監事が招集したもの（同号ロ）
　ウ　組合法36条の6第6項において準用する会社法366条2項の規定による理事の請求を受けて招集されたもの（同号ハ）
　エ　組合法36条の6第6項において準用する会社法366条3項の規定により理事が招集したもの（同号ニ）
　オ　組合法36条の6第6項において準用する会社法367条1項の規定による組合員の請求を受けて招集されたもの（同号ホ）
　カ　組合法36条の6第6項において準用する会社法367条3項において準用する同法366条3項の規定により組合員が招集したもの（同号ヘ）
(3) 理事会の議事の経過の要領及びその結果（組合法施行規則66条3項3号）
(4) 決議を要する事項について特別の利害関係を有する理事があるときは、当該理事の氏名（組合法施行規則66条3項4号）

(5) 次に掲げる規定により理事会において述べられた意見又は発言があるときは、その意見又は発言の内容の概要（組合法施行規則66条3項5号）
　ア　組合法36条の3第3項において準用する会社法382条（同号イ）
　イ　組合法36条の3第3項において準用する会社法383条1項本文（同号ロ）
　ウ　組合法36条の6第6項において準用する会社法367条4項（同号ハ）
　エ　組合法38条3項（同号ニ）
(6) 理事会に出席した役員等又は組合員の氏名又は名称（同項6号）
(7) 理事会の議長の氏名（同項7号）

3　議事録の備置き及び閲覧等

　組合は、理事会の日から10年間、議事録をその主たる事務所に備え置かなければならないとされ（組合法36条の7第3項）、従たる事務所には、議事録が電磁的記録により作成され主務省令で定める措置をとっている場合を除き、議事録の写しを理事会の日から5年間、備え置かなければならないとされています（同条4項）。

　組合員及び組合の債権者は、組合の業務取扱時間内はいつでも組合に対して、①議事録が書面をもって作成されているときは、議事録又はその写しの閲覧又は謄写の請求ができ、②議事録が電磁的記録をもって作成されているときは、電磁的記録に記録された事項について、主務省令で定める方法により表示したものの閲覧又は謄写の請求をすることができるとされています（同条5項）。

Q28

理事会の決議があったものとみなされた場合における議事録の作成について、教えてください。

　理事が理事会の決議の目的である事項について提案をした場合において、当該提案につき理事（当該事項について議決に加わることができるものに限る。）の全員が書面又は電磁的記録により同意の意思表示をしたと

き（監査権限限定組合以外の組合にあっては、監事が当該提案について異議を述べたときを除く。）は、当該提案を可決する旨の理事会の決議があったものとみなす旨を定款で定めることができるとされています（組合法36条の6第4項）。理事会の決議があったものとみなされる場合には、決議があったものとみなされた事項の内容等を内容とする議事録を作成しなければならないとされています。議事録には、次に掲げる事項を内容とするものを記載することとされています（組合法36条の6第4項、同法施行規則66条4項1号）。

① 理事会の決議があったものとみなされた事項の内容
② ①の事項の提案をした理事の氏名
③ 理事会の決議があったものとみなされた日
④ 議事録の作成に係る職務を行った理事の氏名

(3) **参事・会計主任**

Q29

事業協同組合の参事及び会計主任について、説明してください。

1　事業協同組合は、理事会の決議により参事及び会計主任を選任することができるとされ、その主たる事務所又は従たる事務所において、その業務を行わせることができるとされています（組合法44条1項）。

　参事については、会社法の支配人の規定が準用されており、組合に代わってその事業に関する一切の裁判上又は裁判外の行為をする権限を有するものとされ（組合法44条2項、会社法11条1項）、その代理権に加えた制限は、善意の第三者に対抗することができないとされています（組合法44条2項、会社法11条3項）。

　また、参事は、組合の許可を得なければ、自ら営業を行ったり、自己又は第三者のために組合の事業の部類に属する取引をしてはならないとされています（組合法44条2項、会社法12条）。参事がこの規定に違反して組合の事業の部類に属する取引をしたときは、当該取引によって得

た利益の額は、組合に生じた損害の額と推定されます（組合法44条2項、会社法12条2項）。

　なお、組合員は、総組合員の10分の1（これを下回る割合を定款で定めた場合にあっては、その割合）以上の同意を得て、組合に対し、参事又は会計主任の解任を請求することができるとされています（組合法45条1項）。

2　組合が参事を選任したときは、2週間以内に、その主たる事務所の所在地において、参事の氏名及び住所並びに参事を置いた事務所を登記しなければならないとされています（組合法88条）。また、参事を置いた事務所の移転、変更及び廃止、参事の氏名、住所等参事の登記事項に変更が生じたとき、あるいは、参事の辞任、解任又は死亡等により参事の代理権が消滅したときは、参事の変更又は参事の代理権消滅の登記をしなければならないとされています（同条）。

第4章
所管行政庁の監督

Q30
事業協同組合の行政庁とはどのようなものですか。

　事業協同組合の行政庁とは、事業協同組合の認可権及び監督権を持つ行政機関をいいます。例えば、事業協同組合を設立するには、組合員になろうとする4人以上の者が発起人となり（組合法24条1項）、発起人は、創立総会終了後遅滞なく、定款並びに事業計画、役員の氏名及び住所その他必要な事項を記載した書面を、主務省令で定めるところにより、行政庁に提出して、設立の認可を受けなければならないとされています（同法27条の2第1項）。

　また、事業協同組合は、毎事業年度行政庁に決算関係の書類を提出しなければならないとされていますし（同法105条の2第1項）、行政庁は、事業協同組合の業務若しくは会計が法令や定款等に違反していたり、運営が著しく不当である疑いがあると認めるときは、同組合から報告を徴したり（同法105条の3第2項）、検査を行うことができるとされています（同法105条の4第1項）。さらに、必要があれば、業務改善命令や解散命令も行うことができるとされています（同法106条）。

　さらに、組合法では共済事業の健全性等の確保及び組合員その他の共済契約者の保護の観点から、多くの監督上の処分が定められています。

　事業協同組合の行政庁は、定款に定める組合の地区によって決まります。すなわち、①事業協同組合の地区が都道府県の区域を超えないものであって、その組合員の資格として定款に定められる事業が財務大臣の所管に属する事業又は国土交通大臣の所管に属する事業（政令で定めるものに限る。）以外のものにあっては、その主たる事務所の所在地を管轄する都道府県の知事とされ、②その地区が都道府県の区域を超えないものであって、その組合員の資格として定款に定められる事業が財務大臣の所管に属する事業又は国土交通大臣の所管に属する事業とその他の事業とであるも

のにあっては、財務大臣又は国土交通大臣及びその管轄都道府県知事とされ、③その他のものにあっては、その組合員の資格として定款に定められる事業の所管大臣であるとされています（組合法111条1項1号）。

なお、火災共済協同組合の行政庁に関する組合法の規定は平成24年法律第85号により改正されており、同改正法により、改正前の「火災共済協同組合及び第9条第1項第3号の事業を行う協同組合連合会については、経済産業大臣及び内閣総理大臣とする。」と定めている同法111条1項3号の規定が削除されています。同改正法は平成26年4月1日から施行されます。

改正法においては、火災共済に関する事業を行う組合の所管行政庁について、火災等共済組合であってその地区が都道府県の区域を超えない組合は都道府県知事、その他の火災等共済組合は、その組合員の資格として定款に定められる事業の所管大臣とされています（改正後の組合法111条1項1号）。

Q31 事業協同組合に対する行政庁の監督権限はどのようなものですか。

組合法においては、行政庁は、以下のとおり、法令違反等一定の場合において、組合に対し報告を徴したり、検査を実施し、また、場合によっては改善措置を求めたり、組合の解散を命ずることができるとされています。

1 決算関係書類の提出義務

事業協同組合は、毎事業年度、通常総会の終了の日から2週間以内に、行政庁に対し、決算関係書類（事業報告書、財産目録、貸借対照表、損益計算書及び剰余金の処分又は損失の処理の方法を記載した書面）を提出しなければならないとされています（組合法105条の2第1項）。

2 報告の徴収及び検査

行政庁は、事業協同組合の業務若しくは会計が法令若しくは法令に基

づいてする行政庁の処分若しくは定款に違反する疑いがあり、又は組合の運営が著しく不当である疑いがあると認めるときは、その組合に対しその業務又は会計に関し必要な報告を徴し、又は検査をすることができるとされています（同法105条の3第2項、105条の4第1項）。

3　改善命令

行政庁は、上記の報告を徴し、又は検査をした場合において、組合の業務若しくは会計が法令若しくは法令に基づいてする行政庁の処分若しくは定款に違反し、又は組合の運営が著しく不当であると認めるときは、その組合に対し、期間を定めてその改善のために必要な措置を採るべきことを命ずることができるとされています（同法106条1項）。

4　解散命令

行政庁は、組合が上記3の命令に違反したとき、又は組合が正当な理由がないのにその成立の日から1年以内に事業を開始しなかったり、引き続き1年以上その事業を停止していると認めるときは、その組合に対し、解散を命ずることができるとされています（同条2項）。

5　共済事業に係る監督

行政庁は、共済事業を行う組合の業務の健全性の確保、また、組合員その他の共済契約者の保護を図るため必要があるときは、組合に対して、定款、規約、共済規定若しくは火災共済規定に定めた事項の変更又は業務執行の方法を変更すべきことを命ずることができるとされ、その他監督上の処分をすることができるとされています（同法106条の2）。

Q32

行政庁に対してする「認可の申請」又は「届出」について、説明してください。

事業協同組合が、行政庁に対して、認可の申請又は届出をしなければならない主な事項は、次のとおりです。

1　認可申請をしなければならない事項

(1) **設立認可の申請**（組合法27条の2第1項）

組合の設立の認可を受けようとする者は、申請書2通に、それぞれ

次の書類を添付して提出しなければならないとされています（組合法施行規則57条1項）。
① 定　款
② 事業計画書
③ 役員の氏名及び住所を記載した書面
④ 設立趣意書
⑤ 設立同意者がすべて組合員たる資格を有する者であることを発起人が誓約した書面
⑥ 設立同意者がそれぞれ引き受けようとする出資口数を記載した書面
⑦ 収支予算書
⑧ 創立総会の議事録又はその謄本

(2) **定款変更認可の申請**（組合法51条2項）

　定款の変更は、行政庁の認可を受けなければ、その効力を生じないとされています（同法51条2項）。定款の変更は、総会の議決を経なければならないとされ、その議決は、総組合員の半数以上が出席し、その議決権の3分の2以上の多数による特別の議決が必要とされています（同法53条）。

　組合の定款の変更の認可を受けようとする者は、申請書2通に、それぞれ次の書類を添付して提出しなければならないとされています（同法施行規則136条1項）。

① 変更理由書
② 定款中の変更をしようとする箇所を記載した書面
③ 定款の変更を議決した総会又は総代会の議事録又はその謄本

（注1） 組合の定款の変更が事業計画又は収支予算に係るものである場合には定款変更後の事業計画書又は収支予算書が必要です（同条2項）。

（注2） 組合の定款の変更が出資1口の金額の減少に係るものである場合には、財産目録、貸借対照表、組合法56条の2第2項による公告及び催告をしたことを証する書面、異議を述べた債権者があったときは、組合法56条の2第5項による弁済若しくは担保の提供若しくは財産の信託をしたことを証する書面が必要です（同法施行規則136条3項）。

(3) **合併認可の申請**（組合法66条1項）

　事業協同組合は、総会の議決を経て、他の組合と合併をすることができます（組合法63条）。

　合併には、吸収合併と新設合併があります。組合の合併については、行政庁の認可を受けなければ、その効力を生じないとされています。

　組合の合併の認可を申請しようとする者は、申請書2通に、それぞれ次の書類を添付して提出しなければならないとされています（同法施行規則178条）。

① 合併の理由書
② 合併後存続する組合又は合併によって設立する組合の定款
③ 合併契約の内容を記載した書面又はその謄本
④ 合併後存続する組合又は合併によって設立する組合の事業計画書
⑤ 合併後存続する組合又は合併によって設立する組合の収支予算書
⑥ 合併の当事者たる組合が合併に関する事項につき議決した総会の議事録
⑦ 合併の当事者組合が作成した最終事業年度末日における財産目録及び貸借対照表
⑧ 合併の当事者組合が公告及び催告をしたこと並びに異議を述べた債権者があるときは、当該債権者に対し弁済、相当の担保の提供又は相当の財産の信託をしたことを証する書面
⑨ 合併によって組合を設立しようとする場合にあっては、合併によって設立する組合の役員の氏名及び住所を記載した書面並びにこれらの役員の選任及び設立する組合の定款、事業計画書及び収支予算書等の作成が組合法64条2項の規定による設立委員によってなされたものであることを証する書面

2　届出をしなければならない事項

(1) **役員変更の届出**（組合法35条の2）

　事業協同組合は、役員の氏名及び住所に変更があったときは、変更の日から2週間以内に行政庁にその旨を届け出なければならないとされています。この届出義務に違反したときは、組合の役員は20万円以下の過料に処せられることとされています（同法115条1項11号）。

組合の役員の氏名又は住所の変更を届け出ようとする者は、届書に、変更した事項を記載した書面並びに変更の年月日及び理由を記載した書面を添付して提出しなければならないとされています（組合法施行規則61条1項）。

　また、通常総会において新たな役員を選挙又は選任した場合を除き、新たな役員を選挙若しくは選任した総会又は理事会の議事録又はその謄本を提出しなければならないとされています（同条2項）。

(2) **決算関係書類の提出**（同法105条の2）

　事業協同組合は、毎事業年度、通常総会の終了の日から2週間以内に、事業報告書等の決算関係書類を行政庁に提出しなければならないとされています。この提出義務に違反して書面を提出せず、又は虚偽の書面を提出したときは、組合の役員は20万円以下の過料に処せられることとされています（同法115条1項31号）。

　組合の決算関係書類を提出しようとする者は、提出書に、次の書類を添付して提出しなければならないとされています（同法施行規則187条1項）。

① 事業報告書
② 財産目録
③ 貸借対照表
④ 損益計算書
⑤ 剰余金の処分又は損失の処理の方法を記載した書面
⑥ 上記書類を提出した通常総会の議事録又はその謄本

(3) **解散の届出**（組合法62条2項）

　事業協同組合は、組合法62条1項で定める解散の事由のなかで、総会の決議（1号）又は定款で定める存続期間の満了又は解散事由の発生（4号）により解散したときは、解散の日から2週間以内に、その旨を行政庁に届け出なければならないとされています（同法62条2項、同法施行規則171条）。

第5章
登記申請の手続及び方法

Q33

登記申請書の提出先及び提出方法について、教えてください。

1 申請書類等の提出先

　事業協同組合の登記については、その事務所の所在地を管轄する法務局若しくは地方法務局又はこれらの支局若しくはこれらの出張所が管轄登記所になります（組合法97条1項）。ただし、法務局及び地方法務局においては、商業法人登記に係る管轄を法務局若しくは地方法務局のいわゆる本局等に集中させていますので、申請する際には留意する必要があります。

2 登記申請書類の提出方法

　登記の申請は、当事者又はその代理人が、①登記申請書及びその添付書類（以下「申請書類」という。）を登記所に持参して提出する方法、②申請書類を郵送により提出する方法、③インターネットを利用したオンラインによって登記申請情報を送信する方法があります（組合法103条、商業登記法17条、行政手続等における情報通信の技術の利用に関する法律3条、各種法人等登記規則5条、商業登記規則101条）。

　オンライン申請をする場合は、申請用ソフトを利用して作成した申請書情報とその登記の申請に必要な添付書面情報とを法務省の登記・供託オンライン申請システムに送信してすることになります。

3 登記事項の提出方法

(1) インターネットを利用したオンライン申請の方法

　　インターネットを利用したオンラインによる登記申請は、登記申請書に記載すべき事項に係る情報に申請人又は代理人が電子署名を付し、添付書面に代わるべき情報に作成者の電子署名が付されたものとともに、登記・供託オンライン申請システムを経由して、登記所に送

41

信します。なお、登記所に提出する添付書類が電磁化されていない場合は、添付書面情報の送信に代えて、電磁化されていない書類を、登記所に出頭して提出するか、郵送により提出することが認められています（各種法人等登記規則5条、商業登記規則102条2項ただし書）。

(2) **オンライン申請システムにより登記事項のみを提出する方法**

　登記・供託オンライン申請システムを利用して、登記すべき事項（登記事項）のみをあらかじめオンラインで登記所に送信することが認められています（平成23.7.13民商1680号民事局長通達）。この取扱いは、行政手続等における情報通信の技術の利用に関する法律3条1項に規定する電子情報処理組織を使用してする登記の申請ではなく、書面申請の一類型であると解されていますので、登記事項提出書の送信に当たり、電子署名を行うことを要せず、当該電子署名に係る電子証明書を併せて送信することも要しないとされています（民事月報66巻8号9頁参照）。

　この方式による場合には、磁気ディスク等に登記すべき事項を記録する必要はありません。

(3) **磁気ディスクに記録して提出する場合**

　書面による申請の場合でも、登記すべき事項（登記事項）については、登記申請書への記載に代えて、磁気ディスク（法務省令で定める電磁的記録に限ります。）であるCD-R又はFD（フロッピーディスク）に登記事項を記録し、これを登記所に提出することができます。この場合には、登記事項を登記申請書に記載する必要はありません（組合法103条、商業登記法17条4項）。

(4) **OCR用紙に記載して提出する方法**

　登記申請書の別紙として、OCR用紙に登記事項を記載することができます。この場合には、登記事項を申請書に記載する必要はなく、申請書の登記すべき事項欄に、「別添OCR用紙記載のとおり」と記載します。

(5) **登記申請書に記載して提出する方法**

　登記事項を直接、登記申請書の登記すべき事項欄に記載します。

Q34
主たる事務所の所在地においてする登記と従たる事務所の所在地においてする登記を一括申請することができますか。

1 主たる事務所の所在地と従たる事務所の所在地においてする登記の一括申請

　法務大臣の指定する登記所の管轄区域内に主たる事務所を有する法人の従たる事務所の所在地でする登記の申請は、その従たる事務所が、法務大臣の指定する他の登記所の管轄区域内にあるときは、所定の手数料（1件につき300円の収入印紙（登記手数料令12条））を納付して、主たる事務所の所在地を管轄する登記所を経由してすることができます（組合法103条、商業登記法49条1項・5項）。この場合、従たる事務所の所在地においてする登記の申請と主たる事務所の所在地においてする登記の申請は、同一の書面で同時に申請しなければなりません（組合法103条、商業登記法49条3項、各種法人等登記規則5条、商業登記規則63条1項）。なお、一括申請による従たる事務所の所在地においてする登記の申請には、添付書面に関する規定が適用されませんので、何ら書面の添付を要しません（組合法103条、商業登記法49条4項）。

　また、一括申請をする場合における登記申請書の従たる事務所の記載は、その所在地を管轄する登記所ごとに整理して記載しなければならないとされています（各種法人登記規則5条、商業登記規則63条2項）。

2 一括申請ができる登記の手続

　主たる事務所の所在地と従たる事務所の所在地においてする登記の一括申請には、次のようなものがあります。

(1) 設立の登記

　　事業協同組合の設立に際して、従たる事務所を設けた場合、主たる事務所の所在地を管轄する登記所（A）を経由して、従たる事務所の所在地を管轄する登記所（B）においてする設立の登記も一括申請することができます。

(2) 名称の変更の登記

　主たる事務所の所在地を管轄する登記所（A）に名称の変更の登記を申請する場合に、他の登記所（B）の管轄区域内に従たる事務所が登記されている場合は、主たる事務所の所在地を管轄する登記所（A）を経由して、従たる事務所の所在地を管轄する登記所（B）においてする名称の変更登記も一括申請することができます。

(3) 主たる事務所の移転登記

　主たる事務所を登記所（A）の管轄区域外である登記所（B）の管轄区域内へ移転した場合には、主たる事務所の新所在地（B登記所）及び旧所在地（A登記所）のほか、従たる事務所の所在地（C登記所）においても、主たる事務所の移転登記をする必要があります。

　この場合に、旧所在地（A登記所）における登記の申請書と新所在地（B登記所）における登記の申請書とを同時に旧所在地を管轄する登記所（A）に提出することが必要ですが（組合法103条、商業登記法51条1項・2項）、これと併せて、従たる事務所においてする主たる事務所の移転登記（C登記所の分）も、主たる事務所の旧所在地を管轄する登記所（A）経由で一括申請することができます。

(4) 従たる事務所の設置の登記

　事業協同組合の成立後に、主たる事務所を登記している登記所（A）の管轄区域外の登記所（B）の管轄区域内に従たる事務所を設けた場合、主たる事務所の所在地のほか、設置に係る当該従たる事務所の所在地においても、その登記をする必要があります（組合法85条1項、93条）。この場合には、主たる事務所の所在地を管轄する登記所（A）を経由して、従たる事務所の設置の登記を一括申請することができます。

(5) 従たる事務所の移転の登記

　従たる事務所を移転した場合には、移転後の従たる事務所の所在地を管轄する登記所においても、その登記をする必要があります。この場合には、その従たる事務所が、主たる事務所の所在地を管轄する（A）登記所の管轄区域外の（B）登記所の管轄区域内にあるときは、主たる事務所の所在地を管轄する（A）登記所を経由して、従たる事務所の所在地を管轄する（B）登記所においてする従たる事務所の移

転登記を一括申請することができます。
(6) 従たる事務所の廃止の登記

　従たる事務所が、主たる事務所の所在地を管轄する登記所（A）の管轄区域外の登記所（B）の管轄区域内にあるときは、主たる事務所の所在地を管轄する登記所（A）を経由して、従たる事務所の所在地を管轄する登記所（B）においてする従たる事務所の廃止の登記を一括申請することができます。

(7) 清算結了の登記

　事業協同組合について清算が結了したときは、決算報告書について総会の承認（組合法69条、会社法507条）があった後、主たる事務所及び従たる事務所の所在地において、清算結了の登記をしなければなりません（組合法92条、95条）。

　従たる事務所が、主たる事務所の所在地を管轄する登記所（A）の管轄区域外の登記所（B）の管轄区域内にあるときは、主たる事務所の所在地を管轄する登記所（A）を経由して、従たる事務所の所在地を管轄する登記所（B）においてする清算結了の登記を一括申請することができます。

Q35

登記上、事業協同組合の名称に使用可能な文字には、どのようなものがありますか。

　名称に使用可能な文字としては、日本文字のほかに次のものがあります（各種法人等登記規則5条、商業登記規則50条）。これらの文字は、事業協同組合の名称中に用いることができますし、そのまま登記することもできます。

(1) ローマ字（AからZまでの大文字及び小文字）

　ローマ字を用いて複数の単語を表記する場合、単語と単語の間に空白（スペース）を使用することができます。

　なお、組合が会社の略称である「Ltd，○○」等を使用することはできません。

(2)　アラビア数字（0123456789）

(3)　「&」（アンパサンド）

(4)　「'」（アポストロフィ）

(5)　「,」（コンマ）

(6)　「－」（ハイフン）

(7)　「.」（ピリオド）

(8)　「・」（なかてん）

(9)　「ー」（長音記号（長音符））

　長音記号（長音符）は、平仮名、片仮名の場合のみ可能です。また、上記(3)から(9)までの符号については、字間を区切る際の符号として使用する場合に限り使用できます。組合の種類を表す部分を除いた先頭又は末尾に使用することはできませんが、ピリオドについては、末尾に使用できます。

　なお、「（　）」（かっこ）は使用できません。

第6章　設立の登記

1　設立の手続

Q36

事業協同組合を設立したいのですが、その手続を教えてください。

事業協同組合の設立の手続は、次の図表のとおりです。

「図表―事業協同組合の設立手続」

```
1   発起人による定款の作成（組合法27条1項）
            ↓
2   創立総会の開催（同項）
            ↓
3   設立認可の申請（同法27条の2）
            ↓
4   発起人から理事への事務の引渡し（同法28条）
            ↓
5   出資の払込み（同法29条）
            ↓
6   設立の登記（同法30条）
```

1　発起人による定款の作成

　事業協同組合を設立するには、その組合員となろうとする4人以上の者が、発起人とならなければなりません（組合法24条1項）。

　発起人は、まず、定款を作成します（同法27条1項）。定款に必ず記載しなければならない絶対的記載事項はQ37を参照願います。発起人は、定款を作成した後、これを会議の日時及び場所とともに公告して、創立総会を開かなければなりません（同項）。この公告は、会議開催日

の少なくとも2週間前までにすることを要します（組合法27条2項）。

2　創立総会の開催

　創立総会においては、その議決により、発起人が作成した定款の承認、事業計画の設定その他設立に必要な事項の決定をしなければならないとされています（同条3項）。なお、創立総会において、定款のうち、地区及び組合員たる資格に関する規定を除き修正することができるとされています（同条4項）。

　創立総会の議事は、組合員たる資格を有する者で、その会日までに発起人に対し設立の同意を申し出たものの半数以上が出席し、その議決権の3分の2以上で決定するとされています（同条5項）。また、創立総会においては、設立当時の役員を選挙することとされています（同法35条3項ただし書）し、議事録を作成しなければならないとされています（同法27条7項）。

3　行政庁への設立認可の申請・認可後の理事への事務の引渡し

　次に、発起人は、創立総会終了後遅滞なく、定款、事業計画、役員の氏名及び住所その他必要な事項を記載した書面を行政庁に提出して、設立の認可を受けなければならず（同法27条の2第1項）、この認可があった場合には、遅滞なくその事務を理事に引き渡さなければならないとされています（同法28条）。

4　出資の第1回の払込み

　理事は、設立事務の引渡しを受けたときは、遅滞なく、出資の第1回の払込み（出資1口につき、その金額の4分の1を下ることはできない）をさせなければならないとされています（同法29条1項・2項）。なお、現物出資者は、第1回の払込みの期日に、現物出資の目的である財産の全部を給付しなければならないとされています（同条3項）。

5　設立の登記

　事業協同組合は、主たる事務所の所在地において設立の登記をすることにより成立します（同法30条）。

　設立の登記は、組合法29条の規定による出資の第1回の払込み又は出資の全額の払込みがあった日から2週間以内に、主たる事務所の所在地でしなければならないとされています（同法84条1項）。

2　定款の作成

Q37
事業協同組合の定款の記載事項には、どのようなものがありますか。

　組合の定款には、①組合法の規定により必ず定めなければならない「絶対的記載事項」、②その事項を定款に定めなければその効力が生じないとされる「相対的記載事項」、③組合法に規定がないが、必要な事項として定款に定めることができる「任意的記載事項」があります。

1　絶対的記載事項

　組合の定款には、次の事項を記載しなければならないとされています（組合法33条）。

(1)　事　業

　　組合法において事業協同組合が行うことが認められる事業であって、これらの事業の範囲内において組合が具体的に行う事業を定款に記載します（組合法9条の2等）。

(2)　名　称

　　事業協同組合の名称には、「協同組合」、組合法9条の2第7項に規定する特定共済組合に該当するものにあっては、「共済協同組合」の文字を使用しなければならないとされています（同法6条1項1号）。また、名称については、会社法8条の規定が準用されていますので、不正の目的をもって、他の組合であると誤認されるおそれのある名称を使用してはならないとされています（組合法6条3項、会社法8条）。その名称が、既に他人が登記した名称と同一であり、かつ、その他人の名称の登記に係る主たる事務所の所在場所と同一であるときは、その名称の登記をすることができないとされています（組合法103条、商業登記法27条）。

(3)　地　区

　　組合法は、事業協同組合の組合員たる資格を有する者は、組合の地区内において商業、工業等の事業を行う小規模の事業者であることを

要件としていますし（組合法8条）、事業協同組合の所管行政庁の決定の必要上（同法111条）から、地区が定款の絶対的記載事項とされています。地区を表示するには、原則として、行政区画をもってすべきものとされています。

(4) 事務所の所在地

　　主たる事務所の所在地のほか、従たる事務所を設ける場合には、その所在地をも定めなければなりません。事務所の所在地とは、事務所の所在する最小行政区画を意味するので、市、区、町、村まで記載すれば足り、地番まで記載することは必要ないとされています。

(5) 組合員たる資格に関する規定

　　事業協同組合の組合員の資格については、組合法8条で、組合の地区内で商業、工業、鉱業、運送業、サービス業その他の事業を行う小規模の事業者又は事業協同小組合で定款で定めるものとされていますので、定款では、その範囲内において、具体的に定める必要があります。

(6) 組合員の加入及び脱退に関する規定

　　組合員の加入・脱退については組合法で規律されています（組合法14条～22条）が、定款には、その具体的な手続等を定めることが必要です。

(7) 出資1口の金額及びその払込みの方法

　　組合法では、組合員は、出資1口以上を有しなければならないとされ、出資1口の金額は均一でなければならないとされています（組合法10条1項・2項）。そこで、定款には、出資1口の金額を何円にするか、出資の払込みは分割払込みにするか、払込みを全額一時払込みにするか等定める必要があります。

(8) 経費の分担に関する規定

　　事業協同組合は、定款の定めるところにより、組合員に経費を賦課することができるとされています（組合法12条1項・2項）。したがって、組合員は、定款にその旨の規定があるときは、経費負担の義務を負わなければならないことになります。

　　そこで、定款には、組合員に経費を分担させるか否かの基本的事項を記載することが必要です。

(9) 剰余金の処分及び損失の処理に関する規定

組合法は、組合は、定款で定める額に達するまでは、毎事業年度の剰余金の10分の1以上を準備金として積み立てなければならないとし、組合の剰余金の一部を積み立て、損失填補に充てさせることとしています（組合法58条1項・3項）。また、組合法は、剰余金の配当に関しても、配当しうる金額及び配当の方法については定款の定めるところによりしなければならないとされています（組合法59条1項・2項）し、組合は、未払込出資金がある場合には、組合員に配当する出資金を、定款に定めるところにより、出資の払込みに充てることができるとされています（同法60条）。

そこで、定款において、剰余金の内部留保に関する定め、剰余金の配当又は出資引当て等に関する定めを記載する必要があります。

(10) 準備金の額及びその積立の方法

準備金の積立額及び積立率等について記載します（組合法58条1項）。

(11) 役員の定数及びその選挙又は選任に関する規定

組合法では、役員の定数は、理事は3人以上、監事は1人以上とするとされていますので（組合法35条2項）、この定数を下らない範囲で具体的に定める必要があります。

役員の選出方法としては、選挙制と選任制があり、いずれをとるかは組合の選択によることになります。その方法としては、被選挙資格、単記式又は連記式の別等を定めることになります。

(12) 事業年度

(13) 公告方法

事業協同組合は、公告方法として、当該組合の事務所の店頭に掲示する方法のほか、①官報に掲載する方法、②時事に関する事項を掲載する日刊新聞紙に掲載する方法、又は③電子公告のいずれかを定款で定めることができるとされています（組合法33条4項）。

(14) 共済金額の削減及び共済掛金の追徴に関する事項

共済事業を行う事業協同組合は、共済金額の削減及び共済掛金の追徴に関する事項を定款に定めなければならないとされています（組合法33条2項）。

2 相対的記載事項

定款の相対的事項には、次のようなものがあります。

(1) 組合の存続期間又は解散の事由

事業協同組合は、存続期間又は解散の事由を定めることにより、存続期間の満了又は解散の事由の発生により解散することになります（組合法33条3項、62条1項4号）。

(2) **現物出資者の氏名、出資の目的たる財産及びその価格並びにこれに対して与える出資口数**

現物出資とは、金銭以外の財産である、動産、不動産、第三者に対する債権、有価証券、無体財産権（特許権、実用新案権等）等でする出資をいいます。現物出資の場合には、現物出資者の氏名、出資の目的たる財産、その価格並びにこれに対して与える出資口数を定款に記載しなければならないとされています（同法33条3項）。

(3) 組合の成立後に譲り受けることを約した財産がある場合には、その財産、その価格及び譲渡人の氏名

組合設立の段階で、発起人が、組合の成立を条件として、成立後に財産を譲り受ける契約をすることを財産引受といい、これがある場合には、その財産及びその価額並びにその譲渡人の氏名を定款に記載しなければその効力が生じないとされています（同項）。

(4) 上記のほか、次の事項が相対的記載事項に該当するものとされています。

　ア　書面又は代理人による議決権又は選挙権の行使（組合法11条2項）

　イ　使用料及び手数料の徴収（同法13条）

　ウ　組合員の自由脱退の予告期間の延長（同法18条2項）

　エ　組合脱退者の持分の払戻し（同法20条1項・3項）

　オ　役員の選挙（同法35条3項）

　カ　役員の任期（同法36条1項・2項・4項）

　キ　理事会における書面又は電磁的記録による決議（同法36条の6第3項）

　ク　理事会の招集期間の短縮（同法36条の6第6項、会社法368条1項）

ケ　総会の決議方法及び決議事項（組合法52条1項・4項）
3　**任意的記載事項**
　強行法規に反しない範囲内で定款に記載することができます。

Q38

発起人が作成した定款について、創立総会で修正することができますか。

　創立総会においては、発起人が作成した定款の承認、事業計画の設定その他設立に必要な事項を決定しなければならないとされています（組合法27条3項）。創立総会の議事は、組合員たる資格を有する者で、その会日までに発起人に対し設立に同意を申し出た者の半数以上が出席して、その議決権の3分の2以上の多数で決定しなければならないとされています（同条5項）。
　創立総会においては、発起人が作成した定款を承認するに際し、これを修正することができるとされています。ただし、地区及び組合員たる資格に関する規定については修正することはできないとされています（同条4項）。

Q39

発起人は、行政庁から設立の認可を受けたときは、その事務を理事に引き渡さなければならないとされていますが、発起人から理事への設立事務の引渡しとはどのようなことですか。

　事業協同組合を設立するには、その組合員になろうとする4人以上の者が組合の発起人となる必要があり、発起人は、協同して定款を作成し、創立総会における承認の議決、役員の選挙を経て、行政庁の設立の認可を受けなければならないとされています（組合法24条1項、27条3項、27条の2第1項）。そして、発起人は、行政庁から設立の認可を受けたときは、

53

遅滞なく、その事務を理事に引き渡さなければならないとされています（組合法28条）。この事務の引渡しによって、発起人の職務は終了するとされています。

　設立事務の引渡しを受けた理事は、遅滞なく、出資の第1回の払込みをさせなければならないとされ、出資の払込みがあったときは、設立の登記申請を行うことを要します（同法29条、30条）。

Q40
事業協同組合の設立認可の申請手続について、教えてください。

1　設立認可の手続

　発起人は、創立総会終了後遅滞なく、設立認可申請書とともに、定款等の必要な書類を、行政庁に提出して、設立の認可を受けなければならないとされています（組合法27条の2第1項）。

　認可申請書の様式は、組合法施行規則様式第6に定められており、同様式による申請書2通に、次の書類を添付しなければならないとされています（同法施行規則57条1項）。

① 　定　　款
② 　事業計画書
③ 　役員の氏名及び住所を記載した書面
④ 　設立趣意書
⑤ 　設立同意者が全て組合員たる資格を有する者であることを発起人が誓約した書面
⑥ 　設立同意者がそれぞれ引き受けようとする出資口数を記載した書面
⑦ 　収支予算書
⑧ 　創立総会の議事録又はその謄本

　なお、②及び⑦の書類は、成立後2事業年度のものを添付しなければならないとされています（同条4項）。

2　認可の基準

　事業協同組合の設立にあっては、行政庁は、①設立の手続又は定款若

しくは事業計画の内容が法令に違反するとき、また、②事業を行うために必要な経営的基礎を欠く等その目的を達成することが著しく困難であると認められるとき、を除き認可をしなければならないとされています（組合法27条の2第4項）。

（組合法施行規則様式第6―設立認可申請書）

年　　月　　日

○○大臣
○○局長　　　　　　　殿
○○都道府県知事

　　　　　　　　設立しようとする組合の住所及び名称
　　　　　　　　発起人の住所及び氏名又は名称　　　㊞

中小企業等協同組合設立認可申請書

　中小企業等協同組合法第27条の2第1項の規定により中小企業等協同組合の設立の認可を受けたいので、別紙の定款その他の必要書類を添えて申請します。

〔添付書類〕

3　設立の登記

Q41
事業協同組合は、いつ成立するのですか。

　事業協同組合は、組合員になろうとする者4人以上が発起人となり、共同して、定款の作成、役員の選任などを行い（組合法24条1項、27条1項、35条3項）、行政庁の認可を得て（同法27条の2第1項）、その主たる事務所の所在地において設立の登記をすることによって成立します（同法30条）。
　事業協同組合の設立の登記は、出資の第1回の払込みのあった日又は現物出資の給付があった日から2週間以内に、主たる事務所の所在地におい

第6章　設立の登記

て設立の登記をしなければなりません（同法84条1項）。

Q42
事業協同組合の設立登記の手続を教えてください。

　事業協同組合の設立の登記は、その組合を代表すべき者、すなわち組合の代表理事の申請によってします（組合法98条1項）。

1　登記期間
　事業協同組合の設立の登記は、出資第1回の払込みのあった日又は現物出資の給付があった日から2週間以内に、主たる事務所の所在地においてしなければなりません（同法84条1項）。なお、事業協同組合の設立に際して従たる事務所を設けた場合は、主たる事務所の所在地における設立の登記をした日から2週間以内に、当該従たる事務所の所在地において、従たる事務所の所在地における登記をしなければならないとされています（同法93条1項1号）。

2　登記事項
　事業協同組合の設立の登記においては、次に掲げる事項を登記しなければならないとされています（同法84条2項）。

(1)　事　業
　　事業協同組合の事業の範囲は法律上特定されており、この範囲において、個々の事業協同組合はその行う事業を定款に定めるので、定款に定められている事業を登記します。

(2)　名　称
　　事業協同組合の名称を登記します。
　　事業協同組合は、その名称中に「協同組合」という文字を用いなければならないとされています（同法6条1項1号）。なお、既に他の事業協同組合が登記した名称と同一であり、かつ、当該他の事業協同組合の名称の登記に係る主たる事務所の所在場所と同一であるときは、その名称の登記をすることができないとされています（組合法103条、商業登記法27条）。

(3) 地　区

　　定款に定められた地区を登記します。
(4) 事務所の所在場所

　　主たる事務所及び従たる事務所の具体的な所在地番まで登記する必要があります。
(5) 出資1口の金額及びその払込みの方法並びに出資の総口数及び払込済出資総額

　　出資1口の金額及び出資の払込み方法は定款の記載事項ですので、定款に定められた金額及び払込みの方法を登記します。

　　また、出資の引受けのあった総口数及び出資の払込みのあった総額を登記します。
(6) 存続期間又は解散の事由を定めたときは、その時期又は事由

　　定款でこれらを定めたときは、その定めを登記します。
(7) 代表権を有する者の氏名、住所及び資格

　　代表理事が事業協同組合を代表することとなるので（組合法36条の8）、代表理事の氏名、住所及び資格を登記しなければなりません。なお、資格は、「代表理事」と登記することになります。
(8) 公告方法

　　組合は、公告方法として、ア当該組合の事務所の店頭に掲示する方法、イ官報に掲載する方法、ウ時事に関する事項を掲載する日刊新聞紙に掲載する方法、又は電子公告のいずれかを定款で定めることができるとされていますので（組合法33条4項）、定款に定める事項を登記します。

　　電子公告を公告の方法とする旨を定めたときは、①電子公告により公告すべき内容である情報について不特定多数の者がその提供を受けるために必要な事項であって法務省令で定めるもの、また、②事故その他のやむを得ない事由によって電子公告による公告をすることができない場合の公告方法について定款の定めがあるときは、その定めを登記しなければなりません。

3　添付書類

　　主たる事務所の所在地においてする事業協同組合の設立の登記の申請書には、次の書面を添付しなければならないとされています（組合法98

第6章　設立の登記

条2項)。
(1) 定　款
　　定款に記載されている登記すべき事項を証するために添付します。
(2) 代表権を有する者の資格を証する書面
　ア　創立総会議事録
　　　設立当時の理事は、創立総会において選挙するとされ(同法35条3項)、理事会は、理事の中から代表理事を選定しなければならないとされています(同法36条の8第1項)。
　　　そこで、代表理事に就任した者が理事に選任されたことを証するために、創立総会議事録を添付します。
　イ　理事会議事録
　　　代表理事を選定したことを証するために、代表理事の選定に関する理事会の議事録を添付します。
　ウ　代表理事の就任承諾書
　　　代表理事についての理事及び代表理事それぞれの就任承諾書を添付します。なお、創立総会及び理事会の席上で被選任者が就任を承諾した場合において、就任を承諾した旨がそれぞれの議事録に記載されているときは、「就任承諾書は、創立総会及び理事会の議事録の記載を援用する。」と記載すれば足ります。
(3) 出資の総口数を証する書面
　　組合員の出資引受書を添付します。
(4) 出資の第1回の払込み又は出資の全額の払込みのあったことを証する書面
　　出資は、直接組合に払い込むことができますので、この場合には、代表理事の交付した領収書の控えを添付します。また、銀行等が払込みを取り扱った場合には、その領収書等を添付します。
(5) 出資の目的たる財産の給付があったことを証する書面
　　現物出資のある場合に添付します。この書面には、現物出資者が当該財産を出資する旨の現物出資給付書及び代表理事が現物出資の目的財産の引継を受けた旨の書面が該当します。

(6) **認可書**
(7) **委任状**
　　代理人に登記申請を委任した場合に添付します。

第6章　設立の登記

申請書書式
（事業協同組合の主たる事務所の所在地においてする設立登記）

事業協同組合設立登記申請書

1　名　　　　称　　　東京○○事業協同組合
1　主たる事務所　　　東京都千代田区大手町一丁目1番1号
1　登記の事由　　　　平成○○年○○月○○日設立の手続終了
　　　　　　　　　　　　　　　　　　　　　　　　（注1）
1　認可書到達の年月日　平成○○年○○月○○日
1　登記すべき事項　　別添CD-Rのとおり（注2）
1　添付書類　　　　　定款　　　　　　　　　1通
　　　　　　　　　　創立総会議事録　　　　　1通（注3）
　　　　　　　　　　理事会議事録　　　　　　1通（注4）
　　　　　　　　　　代表理事の就任承諾書　　○通（注5）
　　　　　　　　　　出資の総口数を証する書面　○通（注6）
　　　　　　　　　　出資の第1回の払込み又は
　　　　　　　　　　出資の全額の払込みのあっ
　　　　　　　　　　たことを証する書面　　　○通（注7）
　　　　　　　　　　出資の目的たる財産の給付
　　　　　　　　　　があったことを証する書面　○通（注8）
　　　　　　　　　　認可書　　　　　　　　　1通
　　　　　　　　　　（行政庁の認証のある認可書
　　　　　　　　　　の謄本）
　　　　　　　　　　委任状　　　　　　　　　1通（注9）

　上記のとおり登記の申請をします。

　平成○○年○○月○○日

　　　　　　　　　　東京都千代田区大手町一丁目1番1号
　　　　　　　　　　申請人　東京○○事業協同組合
　　　　　　　　　　東京都墨田区墨田一丁目1番1号
　　　　　　　　　　代表理事　甲　山　一　郎　㊞（注10）
　　　　　　　　　　東京都豊島区東池袋一丁目1番1号
　　　　　　　　　　代理人　山　川　太　郎　㊞（注11）
　　　　　　　　　　連絡先の電話番号　○○○-○○○-○○○○

61

東京法務局　御中

（注１）出資の第１回の払込み又は出資の全額の払込みのあった年月日を記載します。
（注２）登記すべき事項については、磁気ディスク（法務省令で定める電磁的記録に限る。）であるCD-R又はFD（フロッピーディスク）に記録し、これを登記所に提出することができます。この場合には、登記すべき事項を登記申請書に記載する必要はありません（組合法103条、商業登記法17条４項）。登記申請書の登記すべき事項欄に「別添CD-R（FD）のとおり」と記載します。
（注３）代表理事に就任した者が理事に選任されたことを証するために添付します。
（注４）代表理事に選定されたことを証するために、代表理事の選定に関する理事会の議事録を添付します。
（注５）代表理事の就任承諾書は、理事及び代表理事それぞれの就任承諾書が必要です。なお、被選任者が、創立総会及び理事会の席上で就任を承諾し、その旨が各議事録の記載から明らかな場合は、「就任承諾書は、創立総会及び理事会の議事録の記載を援用する。」と記載すれば、就任承諾書の添付は必要ありません。
（注６）出資の総口数を証する書面としては、各組合員の出資引受書が該当します。
（注７）出資の払込みのあったことを証する書面としては、理事が払込みを取り扱った場合には、その領収書の控えが該当し、銀行等が払込みを取り扱った場合には、その領収書等が該当しますので、これら書面の添付が必要です。
（注８）現物出資がある場合に添付します。
（注９）代理人に登記申請を委任した場合に添付します。
（注10）代表理事の印鑑は、代表理事が登記所に提出した印鑑を押印します。
（注11）代理人が申請する場合に記載し、代理人の印鑑を押印します。この場合には、代表理事の押印は必要ありません。

（登記すべき事項を磁気ディスクに記録して提出する場合の入力例）

```
「名称」東京○○事業協同組合
「主たる事務所」東京都千代田区大手町一丁目1番1号
「目的等」
事業
1　組合員の取り扱う○○品の共同販売
2　組合員の取り扱う○○品の共同宣伝
3　組合員の新たな事業分野への進出の円滑化を図るための新商品若しく
　　は新技術の研究開発
4　組合員の事業に関する経営及び技術の改善向上又は組合事業に関する
　　知識の普及を図るための教育及び情報の提供
5　組合員の福利厚生に関する事業
6　前各号の事業に附帯する事業
「役員に関する事項」
「資格」代表理事
「住所」東京都墨田区墨田一丁目1番1号
「氏名」甲山一郎
「従たる事務所番号」1
「従たる事務所の所在地」東京都八王子市西八王子四丁目4番4号
「公告の方法」
本組合の公告は、主たる事務所の店頭に掲示してする。
「出資1口の金額」金○○円
「出資の総口数」○○口
「払込済出資総額」金○○万円
「出資払込の方法」出資は全額を一時に払い込むものとする。
「地区」東京都の区域
「登記記録に関する事項」設立
```

（定款例）

東京○○事業協同組合定款

第1章　総　則

（目的）
第○条　本組合は、組合員の相互扶助の精神に基づき、組合員のために必要な共同事業を行い、もって組合員の自主的な経済活動を促進し、かつ、その経済的地位の向上を図ることを目的とする。

（名称）
第○条　本組合は、東京○○事業協同組合という。

（地区）
第○条　本組合の地区は、東京都の区域とする。

（事務所）
第○条　本組合は、主たる事務所を東京都千代田区に、従たる事務所を東京都八王子市に置く。

（公告方法）
第○条　本組合の公告は、主たる事務所の店頭に掲示してする。

（規約）
第○条　この定款で定めるもののほか、必要な事項は、規約で定める。
　2　規約の設定、変更又は廃止は総会の議決を経なければならない。

第2章　事　業

（事業）
第○条　本組合は、第○条の目的を達成するため、次の事業を行う。
　(1)　組合員の取り扱う○○品の共同販売
　(2)　組合員の取り扱う○○品の共同宣伝
　(3)　組合員の新たな事業分野への進出の円滑化を図るための新商品若しくは新技術の研究開発
　(4)　組合員の事業に関する経営及び技術の改善向上又は組合事業に関する知識の普及を図るための教育及び情報の提供
　(5)　組合員の福利厚生に関する事業
　(6)　前各号の事業に附帯する事業

第3章　組　合　員

（組合員の資格）
第○条　本組合の組合員たる資格を有する者は、次の各号の要件を備え

　　　　る小規模の事業者とする。
　　　(1)　○○品の販売を行う事業者であること
　　　(2)　組合の地区内に事業所を有すること
（加入）
第○条　組合員たる資格を有する者は、本組合の承諾を得て、本組合に加入することができる。
　2　本組合は、加入の申込みがあったときは、理事会においてその諾否を決する。
（加入者の出資払込み）
第○条　前条第2項の承諾を得た者は、遅滞なく、その引き受けようとする出資の全額の払込みをしなければならない。ただし、持分の全部又は一部を承継することによる場合は、この限りでない。
（相続加入）
第○条　死亡した組合員の相続人で組合員たる資格を有する者の1人が相続開始後30日以内に加入の申出をしたときは、前2条の規定にかかわらず、相続開始のときに組合員になったものとみなす。
　2　前項の規定により加入の申出をしようとする者は、他の相続人の同意書を提出しなければならない。
（自由脱退）
第○条　組合員は、あらかじめ本組合に通知したうえで、事業年度の終わりにおいて脱退することができる。
　2　前項の通知は、事業年度の末日の90日前までに、その旨を記載した書面でしなければならない。
（除名）
第○条　本組合は、次の各号の一に該当する組合員を除名することができる。この場合において、本組合は、その総会の会日の10日前までに、その組合員に対しその旨を通知し、かつ、総会において、弁明する機会を与えるものとする。
　　　(1)　長期間にわたって本組合の事業を利用しない組合員
　　　(2)　出資の払込み、経費の支払その他本組合に対する義務を怠った組合員
　　　(3)　本組合の事業を妨げ、又は妨げようとした組合員
　　　(4)　本組合の事業の利用について不正の行為をした組合員
　　　(5)　犯罪その他信用を失う行為をした組合員
（脱退者の持分の払戻し）
第○条　組合員が脱退したときは、組合員の本組合に対する出資額（本組合の財産が出資の総額より減少したときは、当該出資額から当該減少額を各組合員の出資額に応じて減額した額）を限度として持分

を払い戻すものとする。ただし、除名による場合は、その半額とする。
(使用料又は手数料)
第○条　本組合は、その行う事業について使用料又は手数料を徴収することができる。
(経費の賦課)
第○条　本組合は、その行う事業の費用（使用料又は手数料をもって充てるべきものを除く。）に充てるため、組合員に経費を賦課することができる。
　2　前項の経費の額、その徴収の時期及び方法その他必要な事項は、総会において定める。
(出資口数の減少)
第○条　組合員は、次の各号の一に該当するときは、事業年度の終わりにおいてその出資口数の減少を請求することができる。
　　(1)　事業を休止したとき
　　(2)　事業の一部を廃止したとき
　　(3)　その他特にやむを得ない理由があるとき
　2　本組合は、前項の請求があったときは、理事会において、その諾否を決する。
　3　出資口数の減少については、第○条（脱退者の持分の払戻し）の規定を準用する。
(組合員名簿の作成、備置き及び閲覧等)
第○条　本組合は、組合員名簿を作成し、各組合員について次に掲げる事項を記載するものとする。
　　(1)　氏名又は名称（法人組合員にあっては、名称及びその代表者名並びに資本金の額又は出資の総額及び常時使用する従業員の数）及び住所又は居所
　　(2)　加入の年月日
　　(3)　出資口数及び金額並びにその払込みの年月日
　2　本組合は、組合員名簿を主たる事務所に備え置くものとする。
　3　組合員及び本組合の債権者は、本組合に対して、その業務取扱時間内は、いつでも、組合員名簿の閲覧又は謄写の請求をすることができる。この場合においては、本組合は、正当な理由がないのにこれを拒むことができない。
　4　組合員は、次の各号の一に該当するときは、7日以内に本組合に届け出なければならない。
　　(1)　氏名及び名称（法人組合員にあっては、名称及びその代表者名）又は事業を行う場所を変更したとき

(2)　事業の全部又は一部を休止し、若しくは廃止したとき
　(3)　資本金の額又は出資の総額が〇〇円を超え、かつ、常時使用する従業員の数が〇〇人を超えたとき
(過怠金)
第〇条　本組合は、次の各号の一に該当する組合員に対し、総会の議決により、過怠金を課することができる。この場合において、本組合は、その総会の会日の10日前までに、その組合員に対してその旨を通知し、かつ、総会において、弁明する機会を与えるものとする。
　(1)　組合員の経済的地位の改善のためにする団体協約に違反した組合員
　(2)　出資の払込み、経費の支払その他本組合に対する義務を怠った組合員
　(3)　本組合の事業を妨げ、又は妨げようとした組合員
　(4)　本組合の事業の利用について不正の行為をした組合員
　(5)　前条第4項の規定による届出をせず、又は虚偽の届出をした組合員
(会計帳簿等の閲覧等)
第〇条　組合員は、総組合員の100分の3以上の同意を得て、本組合に対して、その業務取扱時間内はいつでも、会計帳簿又はこれに関する資料の閲覧又は謄写の請求をすることができる。この場合においては、本組合は、正当な理由がないのにこれを拒むことができない。

第4章　出資及び持分

(出資1口の金額)
第〇条　出資1口の金額は、〇〇円とする。
(出資の払込み)
第〇条　出資は、全額を一時に払い込まなければならない。
(持分)
第〇条　組合員の持分は、本組合の正味財産につき、その出資口数に応じて算定する。
　2　持分の算定に当たっては、〇〇円未満の端数は切り捨てるものとする。

第5章　役員、顧問及び職員

(役員の定数)
第〇条　役員の定数は、次のとおりとする。

(1)　理事　3人以上5人以内
　　　(2)　監事　1人又は2人
(役員の任期)
第〇条　役員の任期は、次のとおりとする。
　　　(1)　理事　2年又は任期中の第2回目の通常総会の終結時までのいずれか短い期間。ただし、就任後第2回目の通常総会が2年を過ぎて開催される場合には、その総会の終結時まで任期を伸長する。
　　　(2)　監事　4年又は任期中の第4回目の通常総会の終結時までのいずれか短い期間。ただし、就任後第4回目の通常総会が4年を過ぎて開催される場合にはその総会の終結時まで任期を伸長する。
　2　補欠のため選出された役員の任期は、現任者の残任期間とする。
　3　任期の満了又は辞任によって退任した役員は、その退任により、前条に定めた理事又は監事の定数の下限の員数を欠くこととなった場合には、新たに選出された役員が就任するまでなお役員としての職務を行う。
(役員の要件)
第〇条　本組合の役員は、組合員又は組合員たる法人の役員でなければならない。
(理事長及び副理事長の選出)
第〇条　理事のうち1人を理事長1人を専務理事とし、理事会において選出する。
(代表理事の職務等)
第〇条　理事長を代表理事とする。
　2　理事長は、本組合の業務に関する一切の裁判上又は裁判外の行為をする権限を有し、本組合を代表し、本組合の業務を執行する。
　3　任期の満了又は辞任により退任した理事長は、新たに選任された理事長が就任するまで、なお理事長としての権利義務を有する。
(監事の職務)
第〇条　監事は、いつでも、会計の帳簿及び書類の閲覧若しくは謄写をし、又は理事及び参事、会計主任その他の職員に対して会計に関する報告を求めることができる。
　2　監事は、その職務を行うため特に必要があるときは、本組合の業務及び財産の状況を調査することができる。
(理事の忠実義務)
第〇条　理事は、法令、定款及び規約の定め並びに総会の議決を遵守し、本組合のため忠実にその職務を遂行しなければならない。

(役員の選挙)
第○条　役員は総会において選挙する。
　　2　役員の選挙は、単記式無記名投票によって行う。
　　3　有効投票の多数を得た者を当選人とする。ただし、得票数が同じであるときは、くじで当選人を決める。また、当選人が辞退したときは、次点者をもって当選人とする。
　　4　第2項の規定にかかわらず、役員の選挙は、出席者全員の同意があるときは、指名推薦の方法によって行うことができる。
　　5　指名推薦の方法により役員の選挙を行う場合における被指名人の選定は、その総会において選任された選考委員が行う。
　　6　選考委員が被指名人を決定したときは、その被指名人をもって当選とするかどうかを総会に諮り、出席者の全員の同意があった者をもって当選人とする。

(顧問)
第○条　本組合に、顧問を置くことができる。
　　2　顧問は、学識経験のある者のうちから、理事会の議決を経て理事長が委嘱する。

(参事及び会計主任)
第○条　本組合に、参事及び会計主任を置くことができる。
　　2　参事及び会計主任の選任及び解任は、理事会において議決する。
　　3　組合員は、総組合員の10分の1以上の同意を得て本組合に対し、参事又は会計主任の解任を請求することができる。

(職員)
第○条　本組合に、参事及び会計主任のほか、職員を置くことができる。

第6章　総会、理事会

(総会の招集)
第○条　総会は、通常総会及び臨時総会とする。
　　2　通常総会は毎事業年度終了後2か月以内に、臨時総会は必要があるときはいつでも、理事会の議決を経て、理事長が招集する。

(総会招集の手続)
第○条　総会の招集は、会日の10日前までに到達するように、会議の目的たる事項及びその内容並びに日時及び場所を記載した書面を各組合員に発してするものとする。また、通常総会の招集に際しては、決算関係書類、事業報告書及び監査報告を併せて提供するものとする。
　　2　前項の書面をもってする総会招集通知の発出は、組合員名簿に記載したその者の住所に宛てて行う。

3　本組合は、希望する組合員に対しては、第1項の規定による総会招集通知並びに決算関係書類、事業報告書及び監査報告の提供を電磁的方法により行うことができる。
　　4　第1項の規定にかかわらず、本組合は、組合員全員の同意があるときは招集の手続を経ることなく総会を開催することができる。
(臨時総会の招集請求)
第○条　総組合員の5分の1以上の同意を得て臨時総会の招集を請求しようとする組合員は、会議の目的たる事項及び招集の理由を記載した書面を理事会に提出するものとする。
　　2　組合員は、前項の規定による書面の提出に代えて、電磁的方法によりこれを提出することができる。
(書面又は代理人による議決権又は選挙権の行使)
第○条　組合員は、第○条第○項の規定によりあらかじめ通知のあった会議の目的たる事項につき、書面又は代理人をもって議決権又は選挙権を行使することができる。この場合は、その組合員の親族若しくは常時使用する使用人又は他の組合員でなければ代理人となることができない。
　　2　代理人が代理することができる組合員の数は、2人以内とする。
　　3　組合員は、第1項の規定による書面をもってする議決権の行使に代えて、議決権を電磁的方法により行うことができる。
　　4　代理人は、代理権を証する書面を本組合に提出しなければならない。この場合において、電磁的方法により議決権を行うときは、書面の提出に代えて、代理権を電磁的方法により証明することができる。
(総会の議事)
第○条　総会の議事は、中小企業等協同組合法に特別の定めがある場合を除き、総組合員の半数以上が出席し、その議決権の過半数で決するものとし、可否同数のときは、議長が決する。
(総会の議長)
第○条　総会の議長は、総会ごとに、出席した組合員のうちから選任する。
(総会の議決事項)
第○条　総会においては、法又はこの定款で定めるもののほか、次の事項を議決する。
　　(1)　借入金残高の最高限度
　　(2)　その他理事会において必要と認める事項
(総会の議事録)
第○条　総会の議事録は、書面又は電磁的記録をもって作成するものと

する。
　2　前項の議事録には、少なくとも次に掲げる事項を記載しなければならない。
　　⑴　招集年月日
　　⑵　開催日時及び場所
　　⑶　理事・監事の数及び出席理事・監事の数並びにその出席方法
　　⑷　組合員数及び出席者数並びにその出席方法
　　⑸　出席理事の氏名
　　⑹　出席監事の氏名
　　⑺　議長の氏名
　　⑻　議事録の作成に係る職務を行った理事の氏名
　　⑼　議事の経過の要領及びその結果（議案別の議決の結果、可決、否決の別及び賛否の議決権数
　　⑽　監事が、総会において監事の選任、解任若しくは辞任について述べた意見の内容の概要
　　⑾　監事が報告した会計に関する議案又は決算関係書類に関する調査の結果の内容の概要
（理事会の招集権者）
第○条　理事会は、理事長が招集する。
　2　理事長以外の理事は、招集権者に対し、理事会の目的である事項を示して、理事会の招集を請求することができる。
　3　前項の請求があった日から5日以内に、その請求があった日から2週間以内の日を理事会の日とする理事会の招集の通知が発せられない場合には、その請求をした理事は、理事会を招集することができる。
（理事会の招集手続）
第○条　理事長は、理事会の日の1週間前までに、各理事に対してその通知を発しなければならない。
　2　前項の規定にかかわらず、理事会は、理事の全員の同意があるときは、招集の手続を経ることなく開催することができる。
　3　本組合は、希望する理事に対しては、第1項の規定による理事会招集通知を電磁的方法により行うことができる。
（理事会の決議）
第○条　理事会の決議は、議決に加わることができる理事の過半数が出席し、その過半数で決する。
　2　前項の決議について特別の利害関係を有する理事は、議決に加わることができない。
　3　理事は、書面又は電磁的方法により理事会の議決に加わることが

できる。
　　4　理事が理事会の決議の目的である事項について提案をした場合において、当該提案につき理事の全員が書面又は電磁的記録により同意の意思表示をしたときは、当該提案を可決する旨の理事会の決議があったものとみなす。
　　5　理事が理事の全員に対して理事会に報告すべき事項を通知したときは、当該事項を理事会へ報告することを要しない。
(理事会の議決事項)
第○条　理事会は、法又はこの定款で定めるもののほか、次の事項を議決する。
　　(1)　総会に提出する議案
　　(2)　その他業務の執行に関する事項で理事会が必要と認める事項
(理事会の議長及び議事録)
第○条　理事会においては、理事長がその議長となる。
　　2　理事会の議事録は、書面又は電磁的記録をもって作成し、出席した理事及び監事は、これに署名し、又は記名押印するものとし、電磁的記録をもって作成した場合には、出席した理事及び監事は、これに電子署名を付するものとする。
　　3　前項の議事録には、少なくとも次に掲げる事項を記載するものとする。
　　(1)　招集年月日
　　(2)　開催日時及び場所
　　(3)　理事・監事の数及び出席理事・監事の数並びにその出席方法
　　(4)　出席理事の氏名
　　(5)　出席監事の氏名
　　(6)　出席組合員の氏名
　　(7)　議長の氏名
　　(8)　議決事項に特別の利害関係を有する理事の氏名
　　(9)　議事経過の要領及びその結果
　　(10)　理事会の招集を請求し出席した組合員の意見の内容
　　(11)　本組合と取引をした理事の報告の内容の概要
　　(12)　理事会が次に掲げるいずれかのものに該当するときは、その旨
　　　①　招集権者以外の理事による招集権者に対する理事会の招集請求による理事の請求を受けて招集されたものである場合
　　　②　①の請求があった日から5日以内に、その請求があった日から2週間以内の日を理事会の日とする理事会の招集の通知が発せられない場合に、その請求をした理事が招集したものである場合

③ 組合員の請求を受けて招集されたものである場合
④ ③の請求があった日から5日以内に、その請求があった日から2週間以内の日を理事会の日とする理事会の招集の通知が発せられない場合に、その請求をした組合員が招集したものである場合
4 次の各号に掲げる場合の理事会の議事録は、当該各号に定める事項を内容とするものとする。
 (1) 理事が理事会の決議の目的である事項について提案をした場合において、当該提案につき理事の全員が書面又は電磁的記録により同意の意思表示をし、当該提案を可決する旨の理事会の決議があったものとみなした場合には、次に掲げる事項
  ① 理事会の決議があったものとみなされた事項の内容
  ② ①の事項の提案をした理事の氏名
  ③ 理事会の決議があったものとみなされた日
  ④ 議事録の作成に係る職務を行った理事の氏名
 (2) 理事が理事の全員に対して理事会に報告すべき事項を通知し、当該事項を理事会へ報告することを要しないものとした場合には、次に掲げる事項
  ① 理事会への報告を要しないものとされた事項の内容
  ② 理事会への報告を要しないものとされた日
  ③ 議事録の作成に係る職務を行った理事の氏名

（委員会）
第○条 本組合は、その事業の執行に関し、理事会の諮問機関として、委員会を置くことができる。
 2 委員会の種類、組織及び運営に関する事項は、規約で定める。

第7章　会　計

（事業年度）
第○条 本組合の事業年度は、毎年4月1日に始まり、翌年3月31日に終わるものとする。

（法定利益準備金）
第○条 本組合は、出資総額の2分の1に相当する金額に達するまでは、毎事業年度の利益剰余金の10分の1以上を法定利益準備金として積み立てるものとする。
 2 前項の準備金は損失のてん補に充てる場合を除いては、取り崩さない。

（資本準備金）
第○条 本組合は、減資差益は、資本準備金として積み立てるものとす

る。
(特別積立金)
第○条　本組合は、毎事業年度の利益剰余金の10分の1以上を特別積立金として積み立てるものとする。
　　2　前項の積立金は、損失のてん補に充てるものとする。ただし、出資総額に相当する金額を超える部分については、損失がない場合に限り、総会の議決により損失のてん補以外の支出に充てることができる。
(法定繰越金)
第○条　本組合は、教育情報事業の費用に充てるため、毎事業年度の利益剰余金の20分の1以上を翌事業年度に繰り越すものとする。
(配当又は繰越し)
第○条　毎事業年度の利益剰余金に前期の繰越利益又は繰越損失を加減したものから、法定利益準備金、特別積立金及び法定繰越金を控除してなお剰余があるときは、総会の議決によりこれを組合員に配当し、又は翌事業年度に繰り越すものとする。
(配当の方法)
第○条　前条の配当は、総会の議決を経て、事業年度末における組合員の出資額、若しくは組合員がその事業年度において組合の事業を利用した分量に応じてし、又は事業年度末における組合員の出資額及び組合員がその事業年度において組合の事業を利用した分量に応じてするものとする。
　　2　事業年度末における組合員の出資額に応じてする配当は、年1割を超えないものとする。
(損失金の処理)
第○条　損失金のてん補は、特別積立金、法定利益準備金、資本準備金の順序に従ってするものとする。

附　則

1　設立当時の役員の任期は、第○条の規定にかかわらず、最初の通常総会の終結時までとする。
2　最初の事業年度は、第○条の規定にかかわらず、本組合の成立の日から○○年○月○日までとする。

(事業協同組合定款参考例・平成12年4月11日　12全中発第20号全国中小企業団体中央会制定)

(注)定款で定める事項は、例えば、共済事業を実施する組合、実施しない組合

で異なりますし、監事に理事の業務監査権限を与えている組合の場合や監事の職務を会計に関するものに限定している組合の場合においても異なりますので、組合の実情によって作成する必要があります。

（創立総会議事録）

創 立 総 会 議 事 録

　平成○○年○○月○○日午前10時、東京都千代田区大手町一丁目1番1号当組合創立事務所において、東京○○事業協同組合の創立総会を開催した。
　本日の出席者は、次のとおりであり、本総会は、有効に成立した。
　平成○○年○○月○○日までに設立の同意を申し出た者の総数　○○名
　出席者　　　○○名
　　内訳　本人出席　　　　　　　○○名
　　　　　代理人による出席　　　○○名
　定刻、司会者として○○○○が立ち、本総会の議長の選出をしたところ、議長には○○○○が選挙され、議長席に着いた。
　議長は、本組合の本日に至るまでの設立経過につき詳細に説明報告し、満場一致の承認があったので、次の議案の審議に移った。
　　第1号議案　原始定款承認の件
　議長は、本議案につき、各条ごとに説明をし、その承認を求めたところ、満場異議なく、原案のとおり承認可決した。
　　第2号議案　役員選挙の件
　議長は、本議案につき、定款の規定により単記式無記名投票選挙の方法で行う旨を告げ、直ちに選挙に入った。
　役員の立候補者は、次のとおりである。
　　理事　甲山一郎　　乙川英雄　　乙村花子　　丙野洋子　　丁原三郎
　　　　　戊海博
　　監事　松野次郎　　竹村勲　　梅沢徹

　以上の候補者を発表の上、投票用紙を配布して投票を行った結果、得票数の順序に従って定款に定めた員数である理事3名、監事1名の選任を行った。当選した者は、次のとおりである。

　　　理事当選者
　　　　　　　東京都墨田区墨田一丁目1番1号
　　　　　　　　　　　　　　　　　　甲　山　一　郎
　　　　　　　東京都江戸川区小松川二丁目2番2号
　　　　　　　　　　　　　　　　　　乙　川　英　雄
　　　　　　　東京都新宿区西新宿三丁目3番3号
　　　　　　　　　　　　　　　　　　丙　野　洋　子

監事当選者
　　　　　　　　東京都八王子市高尾五丁目５番５号
　　　　　　　　　　　　　　　　松　野　次　郎

　以上の者がそれぞれ当選し、当選者は、全員席上で就任を承諾した。
　議長は、中小企業等協同組合法第36条第３項の規定により、上記の設立当初の役員の任期は本総会で定めなければならない旨を告げ、その期間をいつまでとすべきかを諮ったところ、第１回の通常総会終結の時までと決定した。
　　第３号議案　初年度の収支予算案及び事業計画案の承認の件
　議長は、本議案につき、配布した原案の詳細な説明をし、その承認について諮ったところ、全員異議なく承認可決した。

　以上をもって本日の創立総会の議案の全部を終了したので、議長は閉会の挨拶をのべ、午前11時30分に散会した。

　以上の議事の要領及び結果を明確にするため、議長及び発起人は次に記名押印する。

　平成○○年○○月○○日

　　　　　　　　　　東京○○事業協同組合創立総会において
　　　　　　　　　　　議　長　　○○○○　㊞
　　　　　　　　　　　発起人　　○○○○　㊞
　　　　　　　　　　　同　　　　○○○○　㊞
　　　　　　　　　　　同　　　　○○○○　㊞

（理事会議事録）

理 事 会 議 事 録

　平成○○年○○月○○日午後2時、東京都千代田区大手町一丁目1番1号当組合創立事務所において、理事会を開催した。
出席者　　3名（全員）
議長として理事甲山一郎が推され、直ちに審議に入った。
　　第1号議案　理事長及び専務理事の選定の件
選挙の結果、次のとおり決定し、被選任者は、即時就任を承諾した。
　　　理事長　　甲山一郎
　　　専務理事　丙野洋子

以上により、理事長甲山一郎は、定款第○条の規定によって本組合を代表すべき理事となった。
　　第2号議案　主たる事務所及び従たる事務所設置の件
　議長は、当組合の主たる事務所及び従たる事務所を次の地に設置したい旨を諮ったところ、全員これを承認した。
　　　主たる事務所　　東京都千代田区大手町一丁目1番1号
　　　従たる事務所　　東京都八王子市西八王子四丁目4番4号

以上で議事の全部が終了したので、議長は閉会を宣した。

以上の議事の要領及び結果を明確にするため、議長及び出席理事が次に記名押印する。

　平成○○年○○月○○日

　　　　　　東京○○事業協同組合
　　　　　　　　　議長理事　甲　山　一　郎　㊞
　　　　　　　　　理　　事　乙　川　英　雄　㊞
　　　　　　　　　理　　事　丙　野　洋　子　㊞
　　　　　　　　　監　　事　松　野　次　郎　㊞

(出資引受書)

出 資 引 受 書

　私は、本組合の設立の趣旨に賛同し、下記のとおり出資の引受けをいたします。

記

1　金　○○円
　　この出資口数　　○○口
　　ただし、1口の金額　　○○円
　　（第1回払込金額　金○○円）

　平成○○年○○月○○日

東京都江戸川区小松川2丁目2番2号
乙　川　英　雄　㊞

東京○○事業協同組合　御中

(出資払込領収書)

出資払込領収書(控)

1 金　　〇〇円
　　この口数　　〇〇口

　貴殿の出資に係る当組合出資（又は出資の第1回）払込金として、上記の金額を正に受領しました。

　　平成〇〇年〇〇月〇〇日

　　　　　　　　　　　　　　　東京都千代田区大手町一丁目1番1号
　　　　　　　　　　　　　　　東京〇〇事業協同組合
　　　　　　　　　　　　　　　　　代表理事　　甲　山　一　郎　㊞

出資者
　　乙　川　英　雄　殿

(現物出資給付書)

現 物 出 資 給 付 書

　私は、本組合の設立の趣旨に賛同し、次の財産を出資する。
出資の目的たる財産及びその価格

　1　東京都八王子市高尾五丁目5番地の宅地　　○○.○○m²
　　　この評価額　　金○百万円

　以上の現物出資によって引受けをする出資口数　　○○口
　ただし、出資1口の金額　金○百万円

　　平成○○年○○月○○日

　　　　　　　　　　　　　　東京都新宿区西新宿三丁目3番3号
　　　　　　　　　　　　　　　出資者　　丙　野　洋　子　㊞

　東京○○事業協同組合　御中

（現物出資引継書）

現 物 出 資 引 継 書

1　東京都八王子市高尾五丁目5番地の宅地　　○○.○○ m²
　　この評価額　　金○百万円
　　この口数　　　○○口
　　貴殿出資に係る以上の物件は、正に引き継ぎました。

　　平成○○年○○月○○日

　　　　　　　　　　　　　　　　東京都千代田区大手町一丁目1番1号
　　　　　　　　　　　　　　　　東京○○事業協同組合
　　　　　　　　　　　　　　　　　　代表理事　甲　山　一　郎　㊞

　組合員　丙　野　洋　子　殿

（就任承諾書）

就 任 承 諾 書

　私は、平成○○年○○月○○日開催の貴組合理事会において、貴組合の代表理事に選任されたので、その就任を承諾します。

　　平成○○年○○月○○日

　　　　　　　　　　　　　　　　　　東京都墨田区墨田１丁目１番１号
　　　　　　　　　　　　　　　　　　　　甲　山　一　郎　㊞

東京○○事業協同組合　御中

（委任状）

委 任 状

　私は、東京都豊島区東池袋一丁目１番１号山川太郎を代理人に定め、以下の権限を委任する。

　１　当法人の設立登記を申請する一切の件
　２　原本還付の請求及び受領の件
　なお、認可書到達の年月日は、平成○○年○○月○○日である。

　平成○○年○○月○○日

　　　　　　　　　　　　　　　　　東京都千代田区大手町一丁目１番１号
　　　　　　　　　　　　　　　　　東京○○事業協同組合
　　　　　　　　　　　　　　　　　　　代表理事　甲　山　一　郎　㊞

Q43

組合の設立に際して従たる事務所を設置した場合の、従たる事務所の所在地においてする事業協同組合の設立の登記について、教えてください。

　組合の設立に際して従たる事務所を設けた場合は、主たる事務所と従たる事務所の一括申請の方法によって登記することができますが、別個に申請することもできます。

1　登記期間

　事業協同組合の設立に際して従たる事務所を設けた場合において、当該従たる事務所の所在地においてする事業協同組合の設立の登記は、主たる事務所の所在地における設立の登記をした日から2週間以内に登記をしなければならないとされています（組合法93条1項1号）。

2　登記事項

　従たる事務所の所在地において登記すべき事項は、次のとおりです（同法93条2項、103条、商業登記法48条2項）。

(1)　名　称
(2)　主たる事務所の所在場所
(3)　従たる事務所（その所在地を管轄する登記所の管轄区域内にあるものに限る。）の所在場所
(4)　法人成立の年月日及び法人を設立した旨

3　添付書類

　従たる事務所の所在地における登記の申請書には、主たる事務所の所在地において登記したことを証する書面（登記事項証明書）を添付しなければならないとされています（組合法103条、商業登記法48条1項）。

Q44
印鑑の提出とはどのようなことですか。また、その手続について、教えてください。

　登記の申請書に押印すべき者（設立の登記にあっては、設立当時の代表理事）は、遅くとも登記申請書の提出と同時に、その印鑑を主たる事務所の所在地を管轄する登記所に提出しなければならないとされています（組合法103条、商業登記法20条1項・3項）。

　印鑑の提出の方法は、後記の印鑑届書に所要の事項を記載し、届出印（組合代表者印）を押印するほか、組合代表者の個人印をも押印し、当該個人印に係る市区町村長作成の印鑑証明書（作成後3か月以内のもの）を添付して、これを登記所に提出します（各種法人等登記規則5条、商業登記規則9条1項・5項）。

　届出印は、辺の長さが1センチの正方形に収まるもの又は辺の長さが3センチの正方形に収まらないものであってはならないとされています（各種法人等登記規則5条、商業登記規則9条3項）。

　印鑑提出者は、印鑑カードの交付を請求することができます（各種法人等登記規則5条、商業登記規則9条の4第1項）。

印 鑑 (改 印) 届 書

※ 太枠の中に書いてください。

東京（地方）法務局　　　支局・出張所　　　平成〇〇年〇〇月〇〇日　申請

（注1）（届出印は鮮明に押印してください。）	商号・名称		東京〇〇事業協同組合
㊞	本店・主たる事務所		東京都千代田区大手町一丁目1番1号
	印鑑提出者	資　格	代表取締役・取締役・⦅代表理事⦆ 理　事・（　　　　　　）
		氏　名	甲山一郎
		生年月日	大・㊝・平・西暦〇〇年〇〇月〇〇日生
☑印鑑カードは引き継がない。 （注2）□印鑑カードを引き継ぐ。 　　印鑑カード番号　　　　　　　　　　 　　前任者	会社法人等番号		

届出人（注3）　☑印鑑提出者本人　　□代理人　　　　　　　　　　　（注3）の印

住　所	東京都墨田区墨田一丁目1番1号	甲山一郎㊞
フリガナ	コウヤマ　イチロウ	
氏　名	甲山一郎	

委　任　状

私は，（住所）

　　　　（氏名）

を代理人と定め，印鑑（改印）の届出の権限を委任します。

　　平成　　年　　月　　日

住　所

氏　名　　　　　　　　　　　　　　　　　　　㊞　（注3）の印
　　　　　　　　　　　　　　　　　　　　　　　　　［市区町村に登録した印鑑］

□　市区町村長作成の印鑑証明書は，登記申請書に添付のものを援用する。（注4）

（注1）　印鑑の大きさは，辺の長さが1cmを超え，3cm以内の正方形の中に収まるものでなければなりません。
（注2）　印鑑カードを前任者から引き継ぐことができます。該当する□にレ印をつけ，カードを引き継いだ場合には，その印鑑カードの番号・前任者の氏名を記載してください。
（注3）　本人が届け出るときは，本人の住所・氏名を記載し，**市区町村に登録済みの印鑑**を押印してください。代理人が届け出るときは，代理人の住所・氏名を記載，押印（認印で可）し，委任状に所要事項を記載し，本人が**市区町村に登録済みの印鑑**を押印してください。
（注4）　この届書には作成後3か月以内の**本人の印鑑証明書**を添付してください。登記申請書に添付した印鑑証明書を援用する場合は，□にレ印をつけてください。

印鑑処理年月日					
印鑑処理番号	受　付	調　査	入　力	校　合

（乙号・8）

(登記事項証明書記載例)

名　称	東京○○事業協同組合
主たる事務所	東京都千代田区大手町一丁目1番1号
法人成立の年月日	平成○○年○○月○○日
目的等	1　組合員の取り扱う○○品の共同販売 2　組合員の取り扱う○○品の共同宣伝 3　組合員の新たな事業分野への進出の円滑化を図るための新商品若しくは新技術の研究開発 4　組合員の事業に関する経営及び技術の改善向上又は組合事業に関する知識の普及を図るための教育及び情報の提供 5　組合員の福利厚生に関する事業 6　前各号の事業に附帯する事業
役員に関する事項	東京都墨田区墨田一丁目1番1号 代表理事　　甲山一郎
従たる事務所	1 東京都八王子市西八王子四丁目4番4号
公告の方法	本組合の公告は、主たる事務所の店頭に掲示してする。
出資1口の金額	金○○円
出資の総口数	○○口
払込済出資総額	金○○万円
出資払込の方法	出資は全額を一時に払い込むものとする。
地　区	東京都の区域
登記記録に関する事項	設立 　　　　　　　　　　　平成○○年○○月○○日登記

第 7 章
名称・事業・地区又は公告方法等の変更の登記

1 定款の変更手続

Q45
定款の変更手続について、説明してください。

1 総会における定款変更の決議

　登記すべき事項のうち、名称、事業、地区又は公告方法等は、定款の記載事項ですので、定款変更の方法によらなければ、これらを変更することはできません。定款の変更は、総組合員の半数以上が出席し、その議決権の3分の2以上の多数による特別議決を経て、行政庁の認可を受けなければ、その効力を生じないとされています（組合法51条、53条）。

　なお、定款の規定によって総代会を設けた場合には、総会に関する規定が準用されていますので（同法55条6項）、総代会の議決により定款を変更することができます（同法55条1項）。

2 行政庁による定款変更の認可

　定款の変更については、上記で述べたように、総会の特別議決を要し、かつ、行政庁の認可を要することとされています（組合法51条2項）。この行政庁の定款変更の認可は、定款の効力発生要件であるとされています。

　事業協同組合が、定款の変更の認可を受けようとするときは、組合法施行規則の様式16による申請書2通に、それぞれ次の書類を添えて提出しなければならないとされています（同法施行規則136条1項）。

(1) 変更理由書
(2) 定款中の変更しようとする箇所を記載した書面
(3) 定款の変更を議決した総会又は総代会の議事録又はその謄本

(組合法施行規則様式第 16－定款変更認可申請書)

年　　月　　日

○○大臣
○○局長　　　　　　殿
○○都道府県知事

組合の住所及び名称
組合を代表する理事の氏名　㊞

中小企業等協同組合定款変更認可申請書

　中小企業等協同組合法第 51 条第 2 項の規定により中小企業等協同組合の定款変更の認可を受けたいので、別紙の変更理由書その他の必要書類を添えて申請します。

〔添付書類〕
①変更理由書
②定款変更条文新旧対照表
③変更を議決した総会の議事録又はその謄本
④その他

2　名称等の変更の登記手続

Q46
名称を変更したときの登記手続について、教えてください。

1　名称の変更
　事業協同組合の名称は、定款の絶対的記載事項ですから、総会又は総代会の特別議決を経て行政庁の認可を受けなければ変更することはできません。

　なお、名称を変更した場合には、名称変更の登記をしなければなりませんが、事業協同組合の名称が他の事業協同組合の既に登記した名称と同一であり、かつ、その主たる事務所の所在場所が当該他の事業協同組合に係る主たる事務所の所在場所と同一であるときは、登記をすることができないとされています（組合法103条、商業登記法27条）。

2　名称の変更登記
(1)　登記期間

　　事業協同組合の名称に変更が生じたときは、変更の生じた日から、主たる事務所の所在地においては2週間以内に、変更の登記をしなければなりません（組合法85条1項）。変更年月日は、定款変更の認可書到達の日です。また、名称は従たる事務所の所在地における登記事項でもありますので、変更が生じた日から3週間以内に、従たる事務所の所在地においても変更の登記をしなければなりません（同法93条3項）。

(2)　申請人

　　変更登記の申請は、代表理事が申請人になります（同法103条、商業登記法14条）。

(3)　添付書類

　　登記の申請書には、登記事項の変更を証する書面を添付しなければならないとされています（組合法99条1項）。登記事項の変更を証する書面とは、次の書面が該当します。

ア　総会（又は総代会）の議事録
　イ　定款変更についての行政庁の認可書
　ウ　委任状
　　代理人によって登記を申請する場合は、代理権限を証する書面として、申請人の委任状を添付します（組合法103条、商業登記法18条）。

　なお、従たる事務所の所在地において登記を申請する場合は、主たる事務所においてした登記を証する書面（登記事項証明書）を添付しなければならないとされ、この書面を添付した場合には、他の書面の添付は要しないとされています（組合法103条、商業登記法48条1項）。

第7章　名称・事業・地区又は公告方法等の変更の登記

申請書書式
（事業協同組合の名称変更の登記―主たる事務所の所在地と従たる事務所の所在地においてする登記の一括申請）

事業協同組合変更登記申請書

1　名　　　　称　　　東京○○事業協同組合
1　主 た る 事 務 所　　東京都千代田区大手町一丁目1番1号
　　　　　　　　　　　　　　　　　　　　　　　　　（注1）
1　従 た る 事 務 所　　東京都八王子市西八王子四丁目4番4号
　　　　　　　　　　　管轄登記所　東京法務局八王子支局（注2）
1　登 記 の 事 由　　名称の変更
1　認可書到達の年月日　平成○○年○○月○○日
1　登 記 す べ き 事 項　平成○○年○○月○○日名称変更
　　　　　　　　　　　名称　東京△△事業協同組合（注3）
1　登 記 手 数 料　　金300円（注4）
　　　　　　　　　　　従たる事務所の所在地登記所数　　1庁
1　添 付 書 類　　　総会議事録　　　1通（注5）
　　　　　　　　　　　定款変更認可書　1通
　　　　　　　　　　　委任状　　　　　1通（注6）

　　上記のとおり登記の申請をします。

　　　平成○○年○○月○○日

　　　　　　　　　　　　東京都千代田区大手町一丁目1番1号
　　　　　　　　　　　　申 請 人　　東京△△事業協同組合（注7）
　　　　　　　　　　　　東京都墨田区墨田一丁目1番1号
　　　　　　　　　　　　代表理事　　甲　山　一　郎　㊞（注8）
　　　　　　　　　　　　東京都豊島区東池袋一丁目1番1号
　　　　　　　　　　　　代 理 人　　山　川　太　郎　㊞（注9）

　　　　　　　　　　　　連絡先の電話番号　　○○○-○○○-○○○○

東京法務局　御中

（注1）変更前の事業協同組合の名称を記載します。
（注2）本例は、従たる事務所の所在地においてする登記を、従たる事務所の所

93

在地においてする登記の申請と主たる事務所の所在地においてする登記の一括申請をする場合です。この場合、従たる事務所の所在地においてする登記の申請と主たる事務所の所在地においてする登記の申請とは、同一の書面をもって同時に一括して申請しなければなりません。従たる事務所の所在地においてする登記の申請には、何ら書面の添付は必要ありません（組合法103条、商業登記法49条1項・3項〜5項、各種法人登記規則5条、商業登記規則63条1項）。

　なお、従たる事務所の記載は、その所在地を管轄する登記所ごとに整理してしなければなりません（各種法人等登記規則5条、商業登記規則63条2項）。

（注3）申請書に記載すべき登記事項を磁気ディスクに記録し（法務省令で定める電磁的記録に限ります。）、申請書とともに提出した場合は、当該申請書には、当該磁気ディスク記録された事項は記載する必要はありません（組合法103条、商業登記法17条4項）。

　なお、従たる事務所の所在地において申請する場合には、申請書に記載すべき登記事項は、主たる事務所の所在地においてした登記を証する書面（登記事項証明書）の記載を引用して記載することができます（各種法人等登記規則5条、商業登記規則62条1項）。この場合、申請書に記載する登記すべき事項は、「別紙登記事項証明書のとおり」のように記載します。

（注4）従たる事務所の所在地においてする登記の申請と主たる事務所の所在地においてする登記の一括申請をする場合には、1件につき300円の手数料を収入印紙で納付します（登記手数料令12条）。

（注5）定款変更に関する総会の議事録を添付します。総代会を設けた場合には、総代会の議事録を添付します。この場合には、総代会を設けたことを証するため、定款を添付しなければならないとされています。

（注6）代理人に登記申請を委任した場合に添付します。

（注7）変更後の事業協同組合の名称を記載します。

（注8）代表理事の印鑑は、代表理事が登記所に提出した印鑑を押印します。

（注9）代理人が申請する場合に記載し、代理人の印鑑を押印します。この場合には、代表理事の押印は必要ありません。

(総会議事録)

臨 時 総 会 議 事 録

1　総会の日時　　平成〇〇年〇〇月〇〇日午前10時
1　開催の場所　　当組合会議室(東京都千代田区大手町一丁目1番1号)
1　組合員総数　　〇〇名
1　出席組合員　　〇〇名
　　　　　　　内訳　本人出席　　〇〇名
　　　　　　　　　　委任状出席　〇〇名
1　議長選任の経過
　定刻に至り、代表理事甲山一郎が仮議長となり、本総会における議長の選任を諮ったところ、議長として代表理事甲山一郎が選任され、就任した。代表理事甲山一郎は、議長席に着き、本総会の出席者数を調査の上、本総会は有効に成立した旨を述べ、直ちに議案の審議に入った。
1　議事の経過の要領及びその結果
　議案　名称変更に伴う定款変更の件
　　議長は、当事業協同組合の名称を変更し、定款〇条を次のとおり変更したい旨を議場に諮ったところ、満場一致をもって異議なく可決決定した。
　　（名称）
　　第〇条　この組合は、東京△△事業協同組合という。

　以上をもって本日の議案全部の審議を終了したので、議長は閉会を宣し、午前11時30分散会した。

　上記議決を明確にするため、議事録を作成し、議長及び出席理事全員が次に記名押印する。

　　平成〇〇年〇〇月〇〇日

　　　　　　　　　東京△△事業協同組合第〇会臨時総会において
　　　　　　　　　　議長代表理事　　甲　山　一　郎　㊞
　　　　　　　　　　出　席　理　事　　乙　川　英　雄　㊞
　　　　　　　　　　　　同　　　　　　丙　野　洋　子　㊞

（委任状）

```
                委　任　状

                    東京都豊島区東池袋一丁目１番１号
                            山　川　太　郎

  私は、上記の者を代理人に定め、下記の権限を委任する。

  １　当事業協同組合の名称変更の登記の申請をする一切の件
  １　原本還付の請求及び受領の件

  平成○○年○○月○○日

                    東京都千代田区大手町一丁目１番１号
                    東京△△事業協同組合
                        代表理事　甲　山　一　郎　㊞
```

(注) 代表理事の印鑑は、代表理事が登記所に提出している印鑑を押印します。

Q47

事業を変更したときの登記の手続を教えてください。

1　事業の変更

　組合法は、事業協同組合の行い得る事業の範囲を定めており、組合の事業は、この法に定められた事業の全部又は一部を行うことができるとされています（組合法9条の2第1項）。

　事業は、定款の絶対的記載事項であり、登記事項でもありますので、具体的に定める必要があります。このように、事業協同組合の事業は、定款の絶対的記載事項とされていますので、それを変更するには、総会又は総代会の特別議決を経て行政庁の認可を受けなければ変更することができません。

　なお、事業は、従たる事務所の所在地における登記事項ではありませ

んので、従たる事務所の所在地において変更の登記をする必要はありません。

2 事業の変更登記

(1) 登記期間等

　事業協同組合の事業に変更が生じたときは、変更の生じた日から、主たる事務所の所在地において2週間以内に、変更の登記をしなければなりません（組合法85条1項）。

　変更年月日は、定款変更の認可書到達の日です。なお、この期間内に登記をすることを怠ったときは、20万円以下の過料に処せられることがあります（同法115条1項2号）。

(2) 申請人

　変更登記の申請は、代表理事が申請人となります。代表理事が数名いる場合には、そのうちの1名が申請します。

(3) 添付書類

　登記の申請書には、登記事項の変更を証する書面を添付しなければならないとされています（組合法99条1項）。次の書面が該当します。

ア　総会（又は総代会）の議事録

　定款変更に関する総会の議事録を添付します。総代会を設けた場合には、総代会の議事録を添付します。この場合には、総代会を設けたことを証するため、定款を添付しなければならないとされています。

イ　定款変更についての行政庁の認可書

　行政庁の定款変更の認可を受けていることを証する書面として添付します。また、登記期間の起算日を示す書面にもなります。

ウ　委任状

　代理人によって登記を申請する場合は、代理権限を証する書面として、申請人の委任状を添付します（組合法103条、商業登記法18条）。

申請書書式
（事業協同組合の事業の変更の登記）

事業協同組合変更登記申請書

1　名　　　　称　　　東京△△事業協同組合
1　主 た る 事 務 所　　東京都千代田区大手町一丁目1番1号
1　登 記 の 事 由　　事業の変更
1　認可書到達の年月日　平成〇〇年〇〇月〇〇日
1　登 記 す べ き 事 項　別添 CD-R のとおり（注1）
1　添　付　書　類　　総会議事録　　　1通（注2）
　　　　　　　　　　　定款変更認可書　1通
　　　　　　　　　　　委任状　　　　　1通（注3）

　上記のとおり登記の申請をします。

　　平成〇〇年〇〇月〇〇日

　　　　　　　　　　東京都千代田区大手町一丁目1番1号
　　　　　　　　　　申 請 人　　東京△△事業協同組合
　　　　　　　　　　東京都墨田区墨田一丁目1番1号
　　　　　　　　　　代表理事　　甲　山　一　郎　㊞（注4）
　　　　　　　　　　東京都豊島区東池袋一丁目1番1号
　　　　　　　　　　代 理 人　　山　川　太　郎　㊞（注5）

　　　　　　　　　　連絡先の電話番号　〇〇〇－〇〇〇－〇〇〇〇

東京法務局　御中

（注1）申請書に記載すべき登記事項を磁気ディスクに記録し（法務省令で定める電磁的記録に限ります。）、申請書とともに提出した場合は、当該申請書には、当該磁気ディスクに記録された事項は記載する必要はありません（組合法103条、商業登記法17条4項）。
（注2）定款変更に関する総会の議事録を添付します。総代会を設けた場合には、総代会の議事録を添付します。この場合には、総代会を設けたことを証するため、定款を添付しなければならないとされています。
（注3）代理人に登記申請を委任した場合に添付します。

(注4）代表理事の印鑑は、代表理事が登記所に提出した印鑑を押印します。
(注5）代理人が申請する場合に記載し、代理人の印鑑を押印します。この場合には、代表理事の押印は必要ありません。

(登記すべき事項を磁気ディスクに記録して提出する場合の入力例)

```
「目的等」
事業
 1  組合員の取り扱う○○品の共同生産
 2  組合員の取り扱う○○品の共同販売
 3  組合員の取り扱う○○品の共同宣伝
 4  組合員の取り扱う○○品の共同運送
 5  組合員の新たな事業分野への進出の円滑化を図るための新商品若しく
    は新技術の研究開発又は需要の開拓
 6  組合員のためにする○○に生ずる損害又は○○に生ずる傷害をうめる
    ための○○共済事業
 7  前各号の事業に附帯する事業
「原因年月日」平成○○年○○月○○日変更
```

(注）共済事業は、組合法9条の2第1項3号の規定を根拠として実施されるものであり、組合員その他の共済契約者から共済掛金の支払を受け、共済事故の発生に関し、共済金を交付する事業であって、共済金額その他の事項に照らして組合員その他の共済契約者の保護を確保することが必要なものとして、一の被共済者当たりの共済金額が10万円を超える共済契約の締結を行う事業です（組合法9条の2第7項、同法施行規則5条）。

（総会議事録）

臨 時 総 会 議 事 録

1　総 会 の 日 時　　平成○○年○○月○○日午前10時30分
1　開 催 の 場 所　　当組合会議室（東京都千代田区大手町一丁目1番1号）
1　組 合 員 総 数　　○○名
1　出 席 組 合 員 数　○○名
　　　　　　　　　　　内訳　本人出席　　　○○名
　　　　　　　　　　　　　　委任状出席　　 ○○名
1　議長選任の経過
　定刻に至り、理事丙野洋子が仮議長となり、本総会における議長の選任を諮ったところ、議長として代表理事甲山一郎が選任され、就任した。代表理事甲山一郎は、議長席に着き、本総会の出席者数を調査の上、本総会は有効に成立した旨を述べ、直ちに議案の審議に入った。
1　議事の経過の要領及びその結果
　　議案　事業の変更に伴う定款変更の件
　議長は、当組合の事業の拡張に伴い、新たに事業として共済事業を追加したい旨を述べ、定款○条を次のとおり変更したい旨を議場に諮ったところ、満場一致をもって異議なく可決決定した。
　（事業）
　第○条　本組合は、第○条の目的を達成するため、次の事業を行う。
　　(1)　組合員の取り扱う○○品の共同生産
　　(2)　組合員の取り扱う○○品の共同販売
　　(3)　組合員の取り扱う○○品の共同宣伝
　　(4)　組合員の取り扱う○○品の共同運送
　　(5)　組合員の新たな事業分野への進出の円滑化を図るための新商品若しくは新技術の研究開発又は需要の開拓
　　(6)　組合員のためにする○○に生ずる損害又は○○に生ずる傷害をうめるための○○共済事業
　　(7)　前各号の事業に附帯する事業

　以上をもって本日の議案全部の審議を終了したので、議長は閉会を宣し、午前11時30分散会した。

　上記議決を明確にするため、議事録を作成し、議長及び出席理事全員が次に記名押印する。

　　　　　平成〇〇年〇〇月〇〇日

　　　　　　　　　　東京△△事業協同組合第〇〇回臨時総会において
　　　　　　　　　　　議長代表理事　　甲　山　一　郎　㊞
　　　　　　　　　　　出席理事　　　　乙　川　英　雄　㊞
　　　　　　　　　　　同　　　　　　　丙　野　洋　子　㊞

（委任状）

　　　　　　　　　　委　任　状

　　　　　　　　　　　　　　　東京都豊島区東池袋一丁目1番1号
　　　　　　　　　　　　　　　　　　山　川　太　郎

　　私は、上記の者を代理人に定め、下記の権限を委任する。

　1　当事業協同組合の事業変更の登記の申請をする一切の権限
　1　原本還付の請求及び受領の件

　　平成〇〇年〇〇月〇〇日

　　　　　　　　　　　　　東京都千代田区大手町一丁目1番1号
　　　　　　　　　　　　　　東京△△事業協同組合
　　　　　　　　　　　　　　　代表理事　　甲　山　一　郎　㊞

（注）代表理事の印鑑は、代表理事が登記所に提出している印鑑を押印します。

Q48
公告方法を変更して、電子公告を組合の公告方法とする場合の登記手続を教えてください。

1　手　続

　　事業協同組合の公告の方法の変更は、総会（又は総代会）の特別議決

により、定款を変更することによって行います。

　公告方法の変更については、それが官報又は時事に関する事項を掲載する日刊新聞紙を公告方法とする場合には上記の手続で足りますが、電子公告を公告方法とする場合には、電子公告を掲載する具体的なウェブページのURLを定める必要があります。

2　登記手続
(1)　登記期間
　事業協同組合の公告方法を変更したときは、変更の生じた日から、主たる事務所の所在地において2週間以内に、変更の登記をしなければなりません（組合法85条1項）。変更年月日は、定款変更の認可書到達の日です。

(2)　登記すべき事項
　登記すべき事項は、変更後の公告方法及び変更年月日です。また、電子公告を公告方法とする場合には、その旨のほか、ウェブページのURLの登記を要し、さらに、事故その他やむを得ない事由によって電子公告をすることができない場合の予備的公告方法の定款の定めがあるときは、その登記もしなければなりません（組合法33条5項）。

(3)　添付書類
　登記の申請書には、登記事項の変更を証する書面を添付しなければならないとされています（組合法99条1項）。次の書面が該当します。
　ア　総会（又は総代会）の議事録
　イ　定款変更についての行政庁の認可書
　ウ　委任状
　　代理人によって登記を申請する場合は、代理権限を証する書面として、申請人の委任状を添付します（組合法103条、商業登記法18条）。

申請書書式
(事業協同組合の公告方法の変更登記)

事業協同組合変更登記申請書

1　名　　　　　称　　東京○○事業協同組合
1　主 た る 事 務 所　東京都千代田区大手町一丁目1番1号
1　登 記 の 事 由　　公告の方法の変更
1　認可書到達の年月日　平成○○年○○月○○日
1　登 記 す べ き 事 項　平成○○年○○月○○日公告をする方法の変更
　　　　　　　　　　　公告をする方法
　　　　　　　　　　　本組合の公告は、組合の主たる事務所の店頭に掲示し、かつ、電子公告の方法により行う。
　　　　　　　　　　　ｈｔｔｐ：／／（全角文字。以下略）
　　　　　　　　　　　当組合の公告は、電子公告による公告をすることができない事故その他やむを得ない事由が生じた場合には、官報に掲載してする。
　　　　　　　　　　　　　　　　　　　　　　　　　　(注1)

1　添 付 書 類　　総会議事録　　1通（注2）
　　　　　　　　　定款変更認可書　1通
　　　　　　　　　委任状　　　　　1通（注3）

　上記のとおり登記の申請をします。

　平成○○年○○月○○日

　　　　　　　　　　東京都千代田区大手町一丁目1番1号
　　　　　　　　　　申　請　人　　東京○○事業協同組合
　　　　　　　　　　東京都墨田区墨田一丁目1番1号
　　　　　　　　　　代表理事　　甲　山　一　郎　㊞（注4）
　　　　　　　　　　東京都豊島区東池袋一丁目1番1号
　　　　　　　　　　代　理　人　　山　川　太　郎　㊞（注5）

　　　　　　　　　　連絡先の電話番号　　○○○－○○○－○○○○

　東京法務局　御中

(注1) 本例は、登記すべき事項を直接申請書に記載する方法による場合ですが、登記すべき事項については、登記申請書への記載に代えて、磁気ディスク（法務省令で定める電磁的記録に限る。）であるCD-R又はFD（フロッピーディスク）に記録し、これを登記所に提出することができます（組合法103条、商業登記法17条4項）。
(注2) 定款変更に関する総会の議事録を添付します。総代会を設けた場合には、総代会の議事録を添付します。この場合には、総代会を設けたことを証するため、定款を添付しなければならないとされています。
(注3) 代理人に登記申請を委任した場合に添付します。
(注4) 代表理事の印鑑は、代表理事が登記所に提出した印鑑を押印します。
(注5) 代理人が申請する場合に記載し、代理人の印鑑を押印します。この場合には、代表理事の押印は必要ありません。

（総会議事録）

臨 時 総 会 議 事 録

1　総 会 の 日 時　　平成〇〇年〇〇月〇〇日午前10時30分
1　開 催 の 場 所　　当組合会議室（東京都千代田区大手町1丁目1番1号）
1　組 合 員 総 数　　〇〇名
1　出 席 組 合 員 数　〇〇名
　　　　　　　　内訳　本人出席　　〇〇名
　　　　　　　　　　　委任状出席　〇〇名
1　議長選任の経過
　　定刻に至り、理事乙川英雄が仮議長となり、本総会における議長の選任を諮ったところ、議長として代表理事甲山一郎が選任され、就任した。代表理事甲山一郎は、議長席に着き、本総会の出席者数を調査の上、本総会は有効に成立した旨を述べ、直ちに議案の審議に入った。
1　議事の経過の要領及びその結果
　　　議案　公告の方法変更に伴う定款変更の件
　　議長は、当組合の公告の方法として電子公告により公告することを追加したい旨を述べ、そのために定款〇条を次のとおり変更したい旨を議場に諮ったところ、満場一致をもって異議なく可決決定した。
　　（公告の方法）
　　第〇条　本組合の公告は、組合の主たる事務所の店頭に掲示し、かつ、電子公告の方法とする。

　以上をもって本日の議案全部の審議を終了したので、議長は閉会を宣し、午前11時30分散会した。

　上記議決を明確にするため、議事録を作成し、議長及び出席理事全員が次に記名押印する。

　平成〇〇年〇〇月〇〇日

　　　　　　　　　東京〇〇事業協同組合第〇〇回臨時総会において
　　　　　　　　　　　議長代表理事　　甲　山　一　郎　㊞
　　　　　　　　　　　出　席　理　事　乙　川　英　雄　㊞
　　　　　　　　　　　同　　　　　　　丙　野　洋　子　㊞

（委任状）

委　任　状

　　　　　　　　　　　東京都豊島区東池袋一丁目1番1号
　　　　　　　　　　　　　　山　川　太　郎

　私は、上記の者を代理人に定め、下記の権限を委任する。

1　当事業協同組合の公告の方法変更の登記の申請をする一切の権限
1　原本還付の請求及び受領の件

　平成〇〇年〇〇月〇〇日

　　　　　　　　　　　東京都千代田区大手町一丁目1番1号
　　　　　　　　　　　東京〇〇事業協同組合
　　　　　　　　　　　　代表理事　甲　山　一　郎　㊞

(注) 代表理事の印鑑は、代表理事が登記所に提出している印鑑を押印します。

Q49

存続期間の設定、変更又は廃止する場合の登記について、説明してください。

1　定款の相対的記載事項

　組合の定款には、組合法の規定により必ず定めなければならない絶対的記載事項のほか、組合法の規定により定款の定めがなければその効力を生じないとされる事項（相対的記載事項）があります。組合法では、組合の存続期間又は解散の事由を定めたときはその期間又はその事由を定款に記載し、又は記録しなければならないとされています（組合法33条3項）。すなわち、存続期間の定めは、定款の相対的記載事項であるとされ、存続期間の設定、変更又は廃止は、総会の特別議決により、定款を変更することによって行うことになります（同法51条）。

2 存続期間の設定、変更又は廃止の登記手続

存続期間を設定、変更又は廃止する場合は、主たる事務所の所在地において変更の登記をしなければなりません（組合法85条1項）。

(1) 登記期間

事業協同組合の存続期間を設定、変更又は廃止したときは、その変更のあった日から、主たる事務所の所在地において2週間以内に、変更の登記をしなければなりません（組合法85条1項）。変更年月日は、定款変更の認可書到達の日です。

(2) 登記すべき事項

登記すべき事項は、設定又は変更後の存続期間、廃止の場合は、その旨及び変更年月日です。

(3) 添付書類

登記の申請書には、登記事項の変更を証する書面を添付しなければならないとされていますので、総会の議事録及び定款変更についての行政庁の認可書を添付しなければなりません（同法99条1項）。

その他、代理人によって登記を申請する場合は、代理権限を証する書面として、申請人の委任状を添付します（組合法103条、商業登記法18条）。

申請書書式

(事業協同組合の存続期間変更の登記)

事業協同組合変更登記申請書

1 名　　　　称	東京○○事業協同組合	
1 主 た る 事 務 所	東京都千代田区大手町一丁目1番1号	
1 登 記 の 事 由	存続期間の変更	
1 認可書到達の年月日	平成○○年○○月○○日	
1 登 記 す べ き 事 項	平成○○年○○月○○日存続期間の設定(変更)	
	「存続期間　平成○○年○○月○○日まで」	
	(平成○○年○○月○○日存続期間の廃止)	
		(注1)
1 添 付 書 類	総会議事録　　　1通(注2)	
	定款変更認可書　1通	
	委任状　　　　　1通(注3)	

上記のとおり登記の申請をします。

　平成○○年○○月○○日

　　　　　　　　　東京都千代田区大手町一丁目1番1号
　　　　　　　　　申 請 人　　東京○○事業協同組合
　　　　　　　　　東京都墨田区墨田一丁目1番1号
　　　　　　　　　代表理事　　甲　山　一　郎　㊞(注4)
　　　　　　　　　東京都豊島区東池袋一丁目1番1号
　　　　　　　　　代 理 人　　山　川　太　郎　㊞(注5)

　　　　　　　　　連絡先の電話番号　　○○○-○○○-○○○○

東京法務局　御中

(注1)　本例は、登記すべき事項を直接申請書に記載する方法による場合ですが、登記すべき事項については、登記申請書への記載に代えて、磁気ディスク(法務省令で定める電磁的記録に限る。)であるCD-R又はFD(フロッピーディスク)に記録し、これを登記所に提出することができます

(組合法 103 条、商業登記法 17 条 4 項)。
- **(注2)** 定款変更に関する総会の議事録を添付します。総代会を設けた場合には、総代会の議事録を添付します。この場合には、総代会を設けたことを証するため、定款を添付しなければならないとされています。
- **(注3)** 代理人に登記申請を委任した場合に添付します。
- **(注4)** 代表理事の印鑑は、代表理事が登記所に提出した印鑑を押印します。
- **(注5)** 代理人が申請する場合に記載し、代理人の印鑑を押印します。この場合には、代表理事の押印は必要ありません。

（総会議事録）

臨 時 総 会 議 事 録

1　総会の日時　　平成○○年○○月○○日
1　開催の場所　　当組合会議室（東京都千代田区大手町一丁目1番1号）
1　組合員総数　　○○名
1　出席組合員数　○○名
　　　　　　　　　内訳　本人出席　　　○○名
　　　　　　　　　　　　委任状出席　　○○名
1　議長選任の経過
　　定刻に至り、理事丙野洋子が仮議長となり、本総会における議長の選任を諮ったところ、議長として代表理事甲山一郎が選任され、就任した。代表理事甲山一郎は、議長席に着き、本総会の出席者数を調査の上、本総会は有効に成立した旨を述べ、直ちに議案の審議に入った。
1　議事の経過の要領及びその結果
　　議案　定款変更について

【存続期間を新たに設ける場合】
　　議長は、組合の存続期間を新たに設定したく、定款第○条の次に、次の条項を追加する定款変更をしたい旨を述べ、議場に諮ったところ、満場一致をもって異議なく可決決定した。
（存続期間）
　第○条　当組合の存続期間は、平成○○年○○月○○日までとする。

【存続期間を廃止する場合】
　　議長は、当組合の存続期間を廃止する必要がある旨を説明し、定款第○条を削除したい旨を述べ、議場に諮ったところ、満場一致をもって異議なく可決決定した。

【存続期間を変更する場合】
　　議長は、当組合の存続期間を変更する必要がある旨を説明し、定款第○条を次のとおり変更したい旨を議場に諮ったところ、満場一致をもって異議なく可決決定をした。
　第○条　当組合の存続期間は、平成○○年○○月○○日までとする。

　　以上をもって本日の議案全部の審議を終了したので、議長は、閉会を宣

し、午前 11 時 30 分散会した。

　上記議決を明確にするため、議事録を作成し、議長及び出席理事全員が次に記名押印する。

　平成○○年○○月○○日

　　　　　　　　　　東京○○事業協同組合第○○回臨時総会において
　　　　　　　　　　　　議長代表理事　　甲　山　一　郎　㊞
　　　　　　　　　　　　出　席　理　事　　乙　川　英　雄　㊞
　　　　　　　　　　　　　　　同　　　　　丙　野　洋　子　㊞

（委任状）

　　　　　　　　　　　　　委　任　状

　　　　　　　　　　　　　　　　　東京都豊島区東池袋一丁目1番1号
　　　　　　　　　　　　　　　　　　　　　山　川　太　郎

　　私は、上記の者を代理人に定め、下記の権限を委任する。

　1　当事業協同組合の存続期間の変更登記の申請をする一切の件
　1　原本還付の請求及び受領の件

　　平成○○年○○月○○日

　　　　　　　　　　　　　　　東京都千代田区大手町一丁目1番1号
　　　　　　　　　　　　　　　東京○○事業協同組合
　　　　　　　　　　　　　　　　代表理事　　甲　山　一　郎　㊞

（注） 代表理事の印鑑は、代表理事が登記所に提出している印鑑を押印します。

第8章
出資1口の金額及びその払込の方法並びに出資の総口数及び払込済出資総額の変更登記

1　出資の総口数及び払込済出資総額の変更

Q50
事業協同組合の出資の総口数及び払込済出資総額に変更が生ずる原因には、どのようなものがありますか。

　組合員資格を有する者は、定款に定められた出資をすることにより、組合員資格を得て、組合員としての権利を取得します。組合法では、組合員に少なくとも1口以上の出資義務を課しています（組合法10条1項）。
　ところで、事業協同組合は、組合員の相互扶助を目的とする組織ですから、組合への加入及び組合からの脱退は任意でなければならないとされています（同法14条、18条）。このようなことから、出資の総口数及び払込済出資総額は、組合員の加入脱退によって変動しますし、そのほか、組合員が出資口数を増加する場合や、組合員の事業の休止、あるいは、事業の一部廃止等に伴い定款の定めるところにより、出資口数を減少する場合があります（組合法23条）。

Q51
出資の総口数及び払込済出資総額の変更の登記の手続について、教えてください。

　事業協同組合の出資の総口数及び払込済出資総額は、登記事項とされていますので（組合法84条2項5号）、これらに変更を生じたときは、その変更の登記をしなければなりません。

1　登記期間

　　事業協同組合は、登記事項に変更を生じたときは、2週間以内に、その主たる事務所の所在地において、変更の登記をしなければならないとされています（組合法85条1項）が、出資の総口数及び払込済出資総額の変更の登記は、毎事業年度末日現在により、当該末日から4週間以内にすれば足りるとされています（同条2項）。

2　登記すべき事項

　　登記すべき事項は、変更後の出資の総口数、払込済出資総額及び変更年月日です。なお、年月日は、事業年度末日を記載します。

3　添付書類

　　変更登記の申請書には、その変更を証する書面を添付しなければならないとされています（同法99条1項）が、具体的には、出資の総口数及び払込済出資総額を証明した監事の作成に係る証明書が該当します。なお、証明者が監事であることを証する書面は、必要ありません（昭和40.2.19民事四発第61号民事局第四課長回答）。

　　また、代理人に登記申請を委任した場合には、申請人の委任状を添付します。

第8章　出資1口の金額及びその払込の方法並びに出資の総口数及び払込済出資総額の変更登記

申請書書式
（事業協同組合の出資の総口数及び払込済出資総額の変更登記）

　　　　　　　　　　　事業協同組合変更登記申請書

　1　名　　　　称　　東京○○事業協同組合
　1　主 た る 事 務 所　　東京都千代田区大手町一丁目1番1号
　1　登 記 の 事 由　　出資の総口数及び払込済出資総額の変更
　1　登記すべき事項　　平成○○年○○月○○日　次のとおり変更
　　　　　　　　　　　　　　　　　　　　　　　　　　　　（注1）
　　　　　　　　　　出資の総口数　　　○○口
　　　　　　　　　　払込済出資総額　　金○○万円
　1　添 付 書 類　　出資の総口数及び払込済出資総額
　　　　　　　　　　の変更を証する監事の証明書　　1通（注2）
　　　　　　　　　　委任状　　　　　　　　　　　　1通（注3）

　　上記のとおり登記の申請をします。

　　　平成○○年○○月○○日

　　　　　　　　　　東京都千代田区大手町一丁目1番1号
　　　　　　　　　　申 請 人　　東京○○事業協同組合
　　　　　　　　　　東京都墨田区墨田一丁目1番1号
　　　　　　　　　　代表理事　　甲　山　一　郎　㊞（注4）
　　　　　　　　　　東京都豊島区東池袋一丁目1番1号
　　　　　　　　　　代 理 人　　山　川　太　郎　㊞（注5）

　　　　　　　　　　連絡先の電話番号　　○○○－○○○－○○○○

　東京法務局　御中

（注1）本例は、登記すべき事項を直接申請書に記載する方法による場合ですが、登記すべき事項については、登記申請書への記載に代えて、磁気ディスク（法務省令で定める電磁的記録に限る。）であるCD-R又はFD（フロッピーディスク）に記録し、これを登記所に提出することができます（組合法103条、商業登記法17条4項）。
（注2）証明者が監事であることを証する書面は添付することを要しません。

(注3) 代理人に登記申請を委任した場合に添付します。
(注4) 代表理事の印鑑は、代表理事が登記所に提出した印鑑を押印します。
(注5) 代理人が申請する場合に記載し、代理人の印鑑を押印します。この場合には、代表理事の押印は必要ありません。

(出資の総口数及び払込済出資総額の変更を証する監事の証明書)

証　明　書

　当組合の事業年度末日である平成○○年○○月○○日現在における出資の総口数及び払込済出資総額は、次のとおりであることを証明する。

記

1　出資の総口数　　○○口
1　払込済出資総額　　金○○万円

平成○○年○○月○○日

東京都千代田区大手町一丁目1番1号
東京○○事業協同組合
監事　松　野　次　郎　㊞

第8章　出資1口の金額及びその払込の方法並びに出資の総口数及び払込済出資総額の変更登記

(委任状)

　　　　　　　　　　委　任　状

　　　　　　　　　　　　東京都豊島区東池袋一丁目1番1号
　　　　　　　　　　　　　　　　山　川　太　郎

　私は、上記の者を代理人に定め、下記の権限を委任する。

　　　　　　　　　　　　記

1　当組合の出資の総口数及び払込済出資総額の変更登記を申請する一切の件
1　原本還付の請求及び受領の件

　平成○○年○○月○○日

　　　　　　　　　　東京都千代田区大手町一丁目1番1号
　　　　　　　　　　東京○○事業協同組合
　　　　　　　　　　　代表理事　　甲　山　一　郎　㊞

(注) 代表理事の印鑑は、代表理事が登記所に提出している印鑑を押印します。

2　出資1口の金額の変更の登記

Q52

出資1口の金額を変更する場合の手続を教えてください。

　組合員は、出資1口以上を有しなければならないとされ(組合法10条1項)、出資1口の金額は、均一でなければならないとされています(同条2項)。そして、組合員の組合に対する責任は、その出資額を限度とする有限責任であるとされています(同条5項)。
　出資1口の金額をどの程度にすべきかは、特に定められていないので、

117

組合員の規模及び数、組合の行う事業などを勘案して、組合が決定することになります。なお、出資1口の金額は、定款の絶対的記載事項とされていますので、これを変更するには、総会で定款の変更を議決し、定款の変更につき行政庁の認可を受ける等の定款変更の手続が必要です（組合法33条1項7号）。

出資1口の金額の変更は、金額を増加する場合と減少する場合があります。

1　出資1口の金額を増加する場合

事業協同組合の出資1口の金額の増加については、定款の絶対的記載事項ですから、これを変更するには、総組合員の半数以上が出席し、その議決権の3分の2以上の多数による特別議決が必要ですが、この点については、出資1口の金額の増加は、組合法が全組合員に出資払込義務を課し、従ってまた、責任の限度を拡大するものですから、組合員有限責任の原則により、組合員全員の同意がなければ、定款の変更をすることはできないものと考えられています（昭和31.3.27民事甲635号回答）。

また、定款の変更は、行政庁の認可を受けなければ、その効力を生じないとされています（組合法51条2項）。

2　出資1口の金額を減少する場合

出資1口の金額を減少させる場合には、総会において定款変更の議決を経て（組合法53条1号）、行政庁の認可を受けなければ、その効力を生じません（同法51条2項）。

組合が出資1口の金額を減少する場合には、組合の債権者は、組合に対し、出資1口の金額の減少について異議を述べることができるとされています（同法56条の2第1項）。この場合には、組合は、①出資1口の金額を減少する旨、②債権者が一定の期間内（1か月を下ることができない。）に異議を述べることができる旨を官報に公告し、かつ、預金者、定期積金の積金者その他政令で定める債権者以外の知れている債権者には、各別にこれを催告しなければならないとされています（同条2項）。なお、組合がこの公告を、官報のほか、定款の定めに従い、時事に関する事項を掲載する日刊新聞紙又は電子公告によりするときは、知れている債権者への各別の催告をすることを要しないものとされています（同条3項）。

第8章　出資1口の金額及びその払込の方法並びに出資の総口数及び払込済出資総額の変更登記

　債権者が上記の期間内に異議を述べなかったときは、当該債権者は、出資1口の金額の減少について承認したものとみなされます（同条4項）。債権者が上記の期間内に異議を述べたときは、組合は、当該債権者に対し、弁済し、若しくは相当の担保を供し、又は当該債権者に弁済を受けさせることを目的として信託会社又は信託業務を営む金融機関（金融機関の信託業務の兼営等に関する法律（昭和18年法律第43号）第1条第1項の認可を受けた金融機関をいう。）に相当の財産を信託しなければならないとされています。ただし、当該出資1口の金額の減少をしても当該債権者を害するおそれがないときは、この限りでないとされています（同条5項）。

Q53
出資1口の金額を増加したときの変更登記の手続について、教えてください。

登記手続は、次のとおりです。
1　登記期間
　事業協同組合の出資1口の金額に変更が生じたときは、変更の生じた日から2週間以内に、主たる事務所の所在地において、変更の登記をしなければなりません（組合法85条1項）。変更年月日は、定款変更の認可書到達の日です。
2　申請人
　変更登記の申請は、代表理事が申請人になります（組合法103条、商業登記法14条）。
3　登記すべき事項
　登記すべき事項は、変更後の出資1口の金額及び変更年月日です。
4　添付書類
　登記の申請書には、登記事項の変更を証する書面を添付しなければならないとされています（組合法99条1項）。具体的には、次の書面が該当します。

119

(1) 定款変更を議決した総会（総代会）の議事録

　　総代会を設けた場合には、総代会の議事録を添付します。この場合には、総代会を設けたことを証するため、定款を添付しなければならないとされています。

(2) 定款変更についての行政庁の認可書

(3) 出資1口の金額増加についての組合員全員の同意

　　実務の取扱いでは、出資1口の金額の増加に関する変更登記の申請に対し、組合員全員の同意書を添付しなければ受理しないとの取扱いがされています（昭和31.3.27民事甲635号回答）。したがって、組合員全員が総会に出席して、満場一致で定款変更の決議をした場合には、同意書の添付は必要ありません。

(4) 委任状

　　代理人によって登記を申請する場合は、代理権限を証する書面として、申請人の委任状を添付します（組合法103条、商業登記法18条）。

第8章　出資1口の金額及びその払込の方法並びに出資の総口数及び払込済出資総額の変更登記

申請書書式
（出資1口の金額を増加した場合の変更登記）

事業協同組合変更登記申請書

1　名　　　　　称　　東京〇〇事業協同組合
1　主たる事務所　　東京都千代田区大手町一丁目1番1号
1　登記の事由　　　出資1口の金額変更
1　認可書到達の年月日　平成〇〇年〇〇月〇〇日
1　登記すべき事項　　平成〇〇年〇〇月〇〇日出資1口の金額変更
　　　　　　　　　　　出資1口の金額　　金〇〇円（注1）
1　添　付　書　面　　総会議事録　　　　1通
　　　　　　　　　　　定款変更認可書　　1通
　　　　　　　　　　　同意書　　　　　　〇通（注2）
　　　　　　　　　　　委任状　　　　　　1通（注3）

　上記のとおり登記の申請をします。

　平成〇〇年〇〇月〇〇日

　　　　　　　　　　東京都千代田区大手町一丁目1番1号
　　　　　　　　　　申　請　人　　東京〇〇事業協同組合
　　　　　　　　　　東京都墨田区墨田一丁目1番1号
　　　　　　　　　　代表理事　　甲　山　一　郎　㊞（注4）
　　　　　　　　　　東京都豊島区東池袋一丁目1番1号
　　　　　　　　　　代　理　人　　山　川　太　郎　㊞（注5）

　　　　　　　　　　連絡先の電話番号　　〇〇〇－〇〇〇－〇〇〇〇

東京法務局　御中

（注1）本例は、登記すべき事項を直接申請書に記載する方法による場合ですが、登記すべき事項については、登記申請書への記載に代えて、磁気ディスク（法務省令で定める電磁的記録に限る。）であるCD-R又はFD（フロッピーディスク）に記録し、これを登記所に提出することができます（組合法103条、商業登記法17条4項）。
（注2）組合員全員が総会に出席して、満場一致で定款変更の決議をした場合に

　　　　は、添付を要しません。
(注３) 代理人に登記申請を委任した場合に添付します。
(注４) 代表理事の印鑑は、代表理事が登記所に提出した印鑑を押印します。
(注５) 代理人が申請する場合に記載し、代理人の印鑑を押印します。この場合
　　　　には、代表理事の押印は必要ありません。

第8章　出資1口の金額及びその払込の方法並びに出資の総口数及び払込済出資総額の変更登記

（総会議事録）

臨 時 総 会 議 事 録

1　総 会 の 日 時　　平成○○年○○月○○日　午前10時30分
1　開 催 の 場 所　　当組合会議室（東京都千代田区大手町一丁目1番1号）
1　組 合 員 総 数　　○○名
1　出 席 組 合 員 数　○○名
　　　　　　　　　内訳　本人出席　　　○○名
　　　　　　　　　　　　委任状出席　　○○名
1　議長選任の経過
　　定刻に至り、理事内野洋子が仮議長となり、本総会における議長の選任を諮ったところ、議長として代表理事甲山一郎が選任され、就任した。代表理事甲山一郎は、議長席に着き、本総会の出席者数を調査の上、本総会は有効に成立した旨を述べ、直ちに議案の審議に入った。
1　議事の経過の要領及びその結果
　　　議案　出資1口の金額の増加の件
　　議長は、当組合の出資1口の金額を増加する必要がある旨を説明し、定款第○条を次のとおり変更したい旨を議場に諮ったところ、満場一致をもって異議なく可決決定した。
　　（出資1口の金額）
　　第○条　出資1口の金額は、○○円とする。

　　以上をもって本日の議案全部の審議を終了したので、議長は、閉会を宣し、午前11時30分散会した。

　　上記議決を明確にするため、議事録を作成し、議長及び出席理事全員が次に記名押印する。

　　　平成○○年○○月○○日

　　　　　　　　　　　　東京○○事業協同組合第○○回臨時総会において
　　　　　　　　　　　　　　議長代表理事　　甲　山　一　郎　㊞
　　　　　　　　　　　　　　出 席 理 事　　乙　川　英　雄　㊞
　　　　　　　　　　　　　　　　同　　　　　内　野　洋　子　㊞

（同意書）

　　　　　　　　同　　意　　書

　平成○○年○○月○○日の当組合第○○回臨時総会において、出資１口の金額を○○円に変更し、これに伴う定款第○条を「出資１口の金額は、○○円とする。」と変更する旨が議決されましたが、組合員である私は、これに異議なく同意いたします。

　　平成○○年○○月○○日

　　　　　　　　　　　　　　　　　東京都中野区中央一丁目１番１号
　　　　　　　　　　　　　　　　　　　中　野　三　郎　㊞

（注）総会の議決で全員の同意があったときは同意書の添付は要しません。

（委任状）

　　　　　　　　委　　任　　状

　　　　　　　　　　　　東京都豊島区東池袋一丁目１番１号
　　　　　　　　　　　　　　　山　川　太　郎

　私は、上記の者を代理人に定め、下記の権限を委任する。

１　当組合の出資１口の金額の変更の登記を申請する一切の件
１　原本還付の請求及び受領の件

　　平成○○年○○月○○日

　　　　　　　　　　　　東京都千代田区大手町一丁目１番１号
　　　　　　　　　　　　東京○○事業協同組合
　　　　　　　　　　　　　　代表理事　甲　山　一　郎　㊞

（注）代表理事の印鑑は、代表理事が登記所に提出している印鑑を押印します。

第8章　出資1口の金額及びその払込の方法並びに出資の総口数及び払込済出資総額の変更登記

Q54
出資1口の金額を減少し、払込済出資総額が変更された場合の登記手続について、教えてください。

　出資1口の金額は、定款の絶対的記載事項ですので、出資1口の金額を減少させる場合には、定款変更の手続を経て、主たる事務所の所在地において変更の登記をしなければなりません。

1　登記期間

　　事業協同組合の出資1口の金額に変更が生じたときは、変更の生じた日から2週間以内に、主たる事務所の所在地において、変更の登記をしなければなりません（組合法85条1項）。変更年月日は、定款変更の認可書到達の日です。なお、払込済出資総額の変更の登記は、毎事業年度末日現在により、当該末日から4週間以内にすれば足りるとされています（同条2項）が、出資1口の金額の減少と同時に払込済出資総額に変更が生じた場合には、変更後の払込済出資総額の変更の登記をしても差し支えないとされています。

2　申請人

　　変更登記の申請は、代表理事が申請人になります（組合法103条、商業登記法14条）。

3　登記すべき事項

　　登記すべき事項は、変更後の出資1口の金額及び変更年月日です。

4　添付書類

　　登記の申請書には、次の書面を添付しなければならないとされています（組合法99条）。

(1)　定款変更を議決した総会（総代会）の議事録

　　　総代会において定款の変更を議決したときは、総代会の議事録を添付しますが、この場合には、総代会を設けたことを証するために、定款を添付しなければならないとされています。

(2)　行政庁の定款変更認可書

(3) 債権者に対する公告、知れている債権者に対する各別に催告をしたことを証する書面

　　出資1口の金額減少の公告は、官報に掲載する方法によることとされていますので（組合法56条の2第2項）、公告をしたことを証する書面としては、官報の写しが該当します。また、催告を証する書面としては、催告書の控えが該当します。

　　なお、組合が公告を、官報のほか、定款の定めに従い時事に関する事項を掲載する日刊新聞紙又は電子公告によりするときは、各別の催告はすることを要しないとされています（同条3項）。この場合には、催告をしたことを証する書面に代えて、日刊新聞紙又は電子公告をしたことを証する書面を添付します。

(4) 異議を述べた債権者に対し、弁済し若しくは担保を供し若しくは財産を信託したことを証する書面

　　これらを証する書面としては、債権者の異議申述書、弁済金受領書、担保契約書若しくは信託証書等がこれに該当します。債権者を害するおそれがないときにあっては、十分な被担保債権額を有する抵当権の設定に係る不動産の登記事項証明書などを添付することになります（松井信憲著『商業登記ハンドブック・第2版』540頁、商事法務）。

　　債権者に対し公告又は催告をした結果、異議を述べた債権者がいなかった場合は、登記申請書に「異議を述べた債権者はない。」と記載します。

(5) 委任状

　　代理人によって登記を申請する場合は、代理権限を証する書面として、申請人の委任状を添付します（組合法103条、商業登記法18条）。

第8章　出資１口の金額及びその払込の方法並びに出資の総口数及び払込済出資総額の変更登記

申請書書式
（出資１口の金額を減少した場合の変更登記）

事業協同組合変更登記申請書

1	名　　　　称	東京○○事業協同組合
1	主たる事務所	東京都千代田区大手町一丁目１番１号
1	登記の事由	出資１口の金額及び払込済出資総額の変更
1	認可書到達の年月日	平成○○年○○月○○日
1	登記すべき事項	平成○○年○○月○○日変更
		出資１口の金額　　金○○円
		払込済出資総額　　金○○○円（**注１**）
1	添付書類	総会議事録　　　　　　　　　　１通
		定款変更認可書　　　　　　　　１通
		公告及び催告をしたことを証する書面　　　　　　　　　　○通
		異議を述べた債権者に対して弁済し、若しくは担保を供し、若しくは財産を信託したことを証する書面又は債権者を害するおそれがないことを証する書面　○通
		委任状　　　　　　　　　　　１通（**注２**）

　　上記のとおり登記の申請をします。

　　平成○○年○○月○○日

　　　　　　　　　東京都千代田区大手町一丁目１番１号
　　　　　　　　　申請人　　東京○○事業協同組合
　　　　　　　　　東京都墨田区墨田一丁目１番１号
　　　　　　　　　代表理事　　甲　山　一　郎　㊞（**注３**）
　　　　　　　　　東京都豊島区東池袋一丁目１番１号
　　　　　　　　　代理人　　　山　川　太　郎　㊞（**注４**）

　　　　　　　　　連絡先の電話番号　　○○○－○○○－○○○○

東京法務局　御中

127

(注1) 本例は、登記すべき事項を直接申請書に記載する方法による場合ですが、登記すべき事項については、登記申請書への記載に代えて、磁気ディスク（法務省令で定める電磁的記録に限る。）であるCD-R又はFD（フロッピーディスク）に記録し、これを登記所に提出することができます（組合法103条、商業登記法17条4項）。
(注2) 代理人に登記申請を委任した場合に添付します。
(注3) 代表理事の印鑑は、代表理事が登記所に提出した印鑑を押印します。
(注4) 代理人が申請する場合に記載し、代理人の印鑑を押印します。この場合には、代表理事の押印は必要ありません。

第8章　出資1口の金額及びその払込の方法並びに出資の総口数及び払込済出資総額の変更登記

（総会議事録）

臨 時 総 会 議 事 録

1　総 会 の 日 時　　平成○○年○○月○○日　午前10時
1　開 催 の 場 所　　当組合会議室（東京都千代田区大手町一丁目1番1号）
1　組 合 員 総 数　　○○名
1　出 席 組 合 員 数　○○名
　　　　　　　　　　内訳　本人出席　　　○○名
　　　　　　　　　　　　　委任状出席　　○○名
1　議長選任の経過
　　定刻に至り、理事乙川英雄が仮議長となり、本総会における議長の選任を諮ったところ、議長として代表理事甲山一郎が選任され、就任した。代表理事甲山一郎は、議長席に着き、本総会の出席者数を調査の上、本総会は有効に成立した旨を述べ、直ちに議案の審議に入った。
1　議事の経過の要領及びその結果
　　　第1号議案　出資1口の金額の減少の件
　　議長は、当組合の組合員の負担軽減のため、未払込出資金1口につき、金○○円の払込みを免除し、当組合の出資1口の金額を金○○円とすることとしたい旨を議場に諮ったところ、満場一致をもって異議なく可決決定した。
　　　第2号議案　出資1口の金額の減少に伴う定款変更の件
　　議長は、第1号議案が承認可決されたのを受け、当組合の定款第○号を次のとおり変更したい旨を議場に諮ったところ、満場一致をもって異議なく可決した。
　　（出資1口の金額）
　第○条　出資1口の金額は、○○円とする。

　以上をもって本日の議案全部の審議を終了したので、議長は、閉会を宣し、午前11時散会した。

　上記議決を明確にするため、議事録を作成し、議長及び出席理事が次に記名押印する。

　　　平成○○年○○月○○日

　　　　　　　　東京○○事業協同組合第○○回臨時総会において

129

議長代表理事	甲 山 一 郎	㊞
出 席 理 事	乙 川 英 雄	㊞
同	内 野 洋 子	㊞

（公告をしたことを証する書面―官報の写し）

出資1口の金額減少公告

　当組合は、平成〇〇年〇〇月〇〇日開催の第〇〇回臨時総会において、出資1口の金額を〇〇円減少し、〇〇円とすることを決議しました。
　この減少に対して異議のある債権者は、本広告掲載の日から1か月以内にその旨を申し出てください。

　以上、中小企業等協同組合法第56条の2第2項の規定により、公告します。

　　平成〇〇年〇〇月〇〇日

　　　　　　　　　　東京都千代田区大手町一丁目1番1号
　　　　　　　　　　東京〇〇事業協同組合
　　　　　　　　　　　　代表理事　　甲　山　一　郎

第8章　出資1口の金額及びその払込の方法並びに出資の総口数及び払込済出資総額の変更登記

（催告書）

催　告　書

　拝啓、時下益々御清祥の段、お慶び申し上げます。
　さて、当組合は、平成〇〇年〇〇月〇〇日開催の第〇〇回臨時総会において、出資1口の金額を〇〇円減少し、〇〇円とする旨の決議をしました。
　このことに対して御異議がありましたら、平成〇〇年〇〇月〇〇日までに、その旨をお申し出ください。

　以上、中小企業等協同組合法第56条の2第2項の規定により、催告いたします。
　追って、御異議がなければ、お手数ですが、別紙承諾書に御捺印の上、御返送下さいますようお願いいたします。

　　平成〇〇年〇〇月〇〇日

　　　　　　　　　　　　東京都千代田区大手町一丁目1番1号
　　　　　　　　　　　　　東京〇〇事業協同組合
　　　　　　　　　　　　　　　代表理事　　甲　山　一　郎　㊞

　東京都〇〇区〇〇町一丁目1番1号
　　　〇　〇　〇　〇　殿

（承諾書）

（別紙）　　　　承　諾　書

　平成〇〇年〇〇月〇〇日付けをもって催告のありました出資1口の金額減少の件につきましては、別段異議はありません。

　　平成〇〇年〇〇月〇〇日

　　　　　　　　　　　　東京都〇〇区〇〇町一丁目1番1号
　　　　　　　　　　　　　　　債権者　　　〇　〇　〇　〇　㊞

　東京〇〇事業協同組合
　　　代表理事　　甲　山　一　郎　殿

131

（異議申述書）

出資 1 口の金額減少につき異議申述書

　平成○○年○○月○○日付けをもって催告のありました出資 1 口の金額減少につきまして、私は、異議がありますので、貴組合に対して有する債権額金○○円は、平成○○年○○月○○日までに弁済していただきたい。

　　平成○○年○○月○○日

　　　　　　　　　　　　　　　　　東京都○○区○○町一丁目 1 番 1 号
　　　　　　　　　　　　　　　　　　　債権者　　○　○　○　○　㊞

東京○○事業協同組合
　　代表理事　　甲　山　一　郎　殿

（弁済金受領書）

受　　領　　書

1　金○○円　也
　　ただし、○○の売掛代金

　貴組合の出資 1 口の金額の減少をされることにつき、平成○○年○○月○○日付け異議申述書をもって異議を述べたところ、本日、債権金額の弁済を受け、正に受領いたしました。

　　　　　　　　　　　　　　　　　東京都○○区○○町一丁目 1 番 1 号
　　　　　　　　　　　　　　　　　　　債権者　　○　○　○　○　㊞

東京○○事業協同組合
　　代表理事　　甲　山　一　郎　殿

(委任状)

委　任　状

　　　　　　　　　　　　　東京都豊島区東池袋一丁目1番1号
　　　　　　　　　　　　　　　　　山　川　太　郎

　私は、上記の者を代理人に定め、下記の権限を委任する。

1　出資1口の金額及び払込済出資総額の変更の登記を申請する一切の件
1　原本還付の請求及び受領の件

　平成〇〇年〇〇月〇〇日

　　　　　　　　　　　東京都千代田区大手町一丁目1番1号
　　　　　　　　　　　東京〇〇事業協同組合
　　　　　　　　　　　　　代表理事　甲　山　一　郎　㊞

(注) 代表理事の印鑑は、代表理事が登記所に提出している印鑑を押印します。

第9章
事務所の移転等の登記

1 主たる事務所の移転（管轄区域外への移転）の登記

Q55
主たる事務所を登記所の管轄区域外に移転する場合の手続を説明してください。

　定款に記載すべき主たる事務所の所在地は、最小行政区画である市区町村により表示すれば足り、何丁目何番地まで表示する必要はないとされています。この場合において、定款記載の最小行政区画内における具体的な主たる事務所の所在場所の決定は、事業協同組合の業務執行の意思決定機関である理事会により行うことになります。

　主たる事務所の移転は、その所在地である最小行政区画が変更になる場合には、総会の特別議決により定款を変更した上、理事会の決議により、移転の時期及び場所を定めることによって行います。定款の変更は、行政庁の認可を受けなければ、その効力を生じないとされていますので（組合法51条2項）、行政庁に対し定款変更の認可申請をしなければなりません。

　登記所の管轄区域外に主たる事務所を移転した場合には、主たる事務所の新所在地及び旧所在地のほか、各従たる事務所の所在地においても、主たる事務所移転の登記をする必要があります。

Q56
主たる事務所を登記所の管轄区域外に移転する場合の登記手続について、教えてください。

　事業協同組合が主たる事務所を他の登記所の管轄区域内に移転した場合

には、旧所在地における登記の申請書と新所在地における登記の申請書とを、同時に旧所在地を管轄する登記所に提出する必要があります（組合法103条、商業登記法51条1項・2項）。

旧所在地を管轄する登記所では、旧所在地あての申請書及び新所在地あての申請書の双方を審査し、いずれかにつき却下の事由があるときは、これらの申請を共に却下することを要し（組合法103条、商業登記法52条1項）、却下の事由が存しないときは、新所在地あての申請書及び印鑑届書を新所在地を管轄する登記所に送付することになります。その後、新所在地において登記をした旨の通知を待って、旧所在地において事務所移転の登記をすることになります（組合法103条、商業登記法52条2項〜5項）。

(1) 旧所在地における登記

　ア　登記期間及び登記すべき事項

　　　事業協同組合が主たる事務所を他の登記所の管轄区域内に移転したときは、移転した日から2週間以内に、旧所在地においては移転の登記をし、新所在地においては設立の際の登記事項と同一の事項等を登記しなければならないとされています（組合法86条1号）。

　　　旧所在地における登記すべき事項は、移転後の主たる事務所の所在場所及び移転年月日です。

　イ　登記申請人

　　　登記の申請は、代表理事が申請人になります。

　ウ　添付書類

　　　旧所在地における登記の申請書には、変更を証する書面として、次の書面を添付しなければならないとされています（組合法99条1項）。

　　① 定款変更に関する総会（又は総代会）の議事録

　　　　総代会において定款の変更を議決したときは、総代会の議事録を添付しますが、この場合には、総代会を設けたことを証するために、定款を添付しなければならないとされています。

　　② 行政庁の定款変更認可書

　　③ 理事会の議事録

　　④ 委任状

　　　　代理人によって登記を申請する場合は、代理権限を証する書面として、申請人の委任状を添付します（組合法103条、商業登記法18

条)。

(2) **新所在地における登記**
　ア　**登記すべき事項**
　　　登記すべき事項は、次のとおりです。
　① 設立の登記事項と同一の事項（組合法86条1号）
　② 法人成立の年月日（組合法103条、商業登記法53条）
　③ 主たる事務所を移転した旨及びその年月日（組合法103条、商業登記法53条）
　④ 現に存する代表理事の就任年月日（各種法人等登記規則5条、商業登記規則65条2項）。

　イ　**添付書面**
　　　新所在地において登記をする場合には、代理人によって登記を申請する場合の委任状以外の添付書面を要しないとされています（組合法103条、商業登記法51条3項）。

　ウ　**印鑑届出**
　　　登記所の管轄区域外に主たる事務所を移転した場合には、新所在地における登記を申請するのと同時に、印鑑を提出する必要があり（組合法103条、商業登記法20条）、申請人は、登記申請書及び印鑑届書を旧所在地を管轄する登記所に提出することとされています（組合法103条、商業登記法51条1項）。

(3) **従たる事務所の所在地における登記の申請**
　　従たる事務所の所在地における登記の手続は、申請書に、新主たる事務所の所在地においてした登記を証する書面（登記事項証明書）を添付して行います。

申請書書式

(主たる事務所移転登記申請書―旧所在地用)

事業協同組合主たる事務所移転登記申請書

```
1  名         称      東京○○事業協同組合
1  主 た る 事 務 所    東京都千代田区大手町一丁目1番1号（注1）
1  登 記 の 事 由      主たる事務所移転
1  認可書到達の年月日   平成○○年○○月○○日
1  登 記 す べ き 事 項   平成○○年○○月○○日主たる事務所移転
                     主たる事務所
                     東京都新宿区西新宿一丁目1番1号（注2）
1  添 付 書 類        総会議事録       1通
                     定款変更認可書   1通
                     理事会議事録     1通
                     委任状           1通（注3）
```

　上記のとおり登記の申請をします。

　　平成○○年○○月○○日

　　　　　　　　　東京都新宿区西新宿一丁目1番1号（注4）
　　　　　　　　　申 請 人　　東京○○事業協同組合
　　　　　　　　　東京都墨田区墨田一丁目1番1号
　　　　　　　　　代表理事　　甲　山　一　郎　㊞（注5）
　　　　　　　　　東京都豊島区東池袋一丁目1番1号
　　　　　　　　　代 理 人　　山　川　太　郎　㊞（注6）

　　　　　　　　　連絡先の電話番号　○○○－○○○－○○○○

東京法務局　御中（注7）

（注1）旧主たる事務所を記載します。
（注2）本例は、登記すべき事項を直接申請書に記載する方法による場合ですが、登記すべき事項については、登記申請書への記載に代えて、磁気ディスク（法務省令で定める電磁的記録に限る。）であるCD-R又はFD（フロッピーディスク）に記録し、これを登記所に提出することができます

　　　　（組合法 103 条、商業登記法 17 条 4 項）。
(注3) 代理人に登記申請を委任した場合に添付します。
(注4) 新主たる事務所を記載します。
(注5) 代表理事の印鑑は、代表理事が登記所に提出した印鑑を押印します。
(注6) 代理人が申請する場合に記載し、代理人の印鑑を押印します。この場合には、代表理事の押印は必要ありません。
(注7) 旧主たる事務所を管轄する登記所あてに提出します。

（総会議事録）

臨時総会議事録

1 総会の日時　　平成〇〇年〇〇月〇〇日午前10時
1 開催の場所　　当組合会議室（東京都千代田区大手町一丁目1番1号）
1 組合員総数　　〇〇名
1 出席組合員数　〇〇名
　　　　　　　　内訳　本人出席　　〇〇名
　　　　　　　　　　　委任状出席　〇〇名
1 議長選任の経過
　　定刻に至り、理事乙川英雄が仮議長となり、本総会における議長の選任を諮ったところ、議長として代表理事甲山一郎が選任され、就任した。代表理事甲山一郎は、議長席に着き、本総会の出席者数を調査の上、本総会は有効に成立した旨を述べ、直ちに議案の審議に入った。
1 議事の経過の要領及びその結果
　　　議案　主たる事務所の移転に伴う定款変更の件
　　議長は、当組合の主たる事務所を東京都新宿区に移転したい旨を述べ、これに伴い定款第〇条を次のとおり変更する必要があることを説明し、これを議場に諮ったところ、満場一致をもって、異議なく可決決定した。
　（事務所の所在地）
　第〇条　本組合は、主たる事務所を東京都新宿区に、従たる事務所を東京都八王子市に置く。

　以上をもって本日の議案全部の審議を終了したので、議長は、閉会を宣し、午前11時散会した。

　上記議決を明確にするため、議事録を作成し、議長及び出席理事全員が次に記名押印する。

　平成〇〇年〇〇月〇〇日

　　　　　　　東京〇〇事業協同組合第〇〇回臨時総会において
　　　　　　　　議長代表理事　　甲　山　一　郎　㊞
　　　　　　　　出　席　理　事　乙　川　英　雄　㊞
　　　　　　　　　　同　　　　　丙　野　洋　子　㊞

（理事会議事録）

> 理 事 会 議 事 録
>
> 1　開催日時　　平成〇〇年〇〇月〇〇日午前 10 時 30 分
> 1　開催場所　　当組合事務所（東京都千代田区大手町一丁目 1 番 1 号）
> 1　出席理事　　甲山一郎、乙川英雄、丙野洋子
>
> 1　議事の経過の要領及び結果
> 　　定款の規定により、代表理事甲山一郎が議長に就任し、直ちに議案の審議に入った。
> 　　　第 1 号議案　主たる事務所の移転の件
> 　　議長は、定款の変更に伴い、主たる事務所を、東京都新宿区西新宿一丁目 1 番 1 号に移転したい旨を述べ、その移転する日を平成〇〇年〇〇月〇〇日とすることを諮ったところ、理事全員異議なく可決決定した。
>
> 　以上で議案の全部の審議を終了したので、議長は閉会を宣し、午前 11 時 30 分散会した。
>
> 　上記の議決を明確にするため、議長及び出席理事において、次に記名押印する。
>
> 　平成〇〇年〇〇月〇〇日
>
> 　　　　　東京〇〇事業協同組合理事会において
> 　　　　　　　　議長代表理事　　甲　山　一　郎　㊞
> 　　　　　　　　出　席　理　事　　乙　川　英　雄　㊞
> 　　　　　　　　　　同　　　　　　丙　野　洋　子　㊞

（委任状）

委　任　状

　　　　　　　　　　　　東京都豊島区東池袋一丁目1番1号
　　　　　　　　　　　　　　　　山　川　太　郎

　私は、上記の者を代理人に定め、次の権限を委任する。

1　当組合の主たる事務所移転の登記を申請する一切の件
1　原本還付の請求及び受領の件

平成〇〇年〇〇月〇〇日

　　　　　　　　　　　　東京都新宿区西新宿一丁目1番1号
　　　　　　　　　　　　　東京〇〇事業協同組合
　　　　　　　　　　　　　　　代表理事　甲　山　一　郎　㊞

（注）代表理事の印鑑は、代表理事が登記所に提出している印鑑を押印します。

（主たる事務所移転登記申請書―新所在地用）

事業協同組合主たる事務所移転登記申請書

1　名　　　　　称　　東京○○事業協同組合
1　主 た る 事 務 所　東京都新宿区西新宿一丁目１番１号（注１）
1　登 記 の 事 由　　主たる事務所移転
1　認可書到達の年月日　平成○○年○○月○○日
1　登 記 す べ き 事 項　別添 CD-R のとおり
1　添 付 書 類　　　委任状　１通（注２）

　上記のとおり登記の申請をします。

　平成○○年○○月○○日

　　　　　　　　　東京都新宿区西新宿一丁目１番１号
　　　　　　　　　申 請 人　　東京○○事業協同組合
　　　　　　　　　東京都墨田区墨田一丁目１番１号
　　　　　　　　　代表理事　　甲　山　一　郎　㊞
　　　　　　　　　東京都豊島区東池袋一丁目１番１号
　　　　　　　　　代 理 人　　山　川　太　郎　㊞

　　　　　　　　　連絡先の電話番号　○○○－○○○－○○○○

　東京法務局新宿出張所　御中（注３）

（注１）新主たる事務所を記載します。
（注２）代理人に登記申請を委任した場合に添付します。
（注３）本件申請は、移転後の主たる事務所の所在地を管轄する登記所あてとします。

（登記すべき事項を磁気ディスクに記録して提出する場合の入力例）

「名称」東京〇〇事業協同組合
「主たる事務所」東京都新宿区西新宿一丁目1番1号
「目的等」
事業
1　組合員の取り扱う〇〇品の共同生産
2　組合員の取り扱う〇〇品の共同販売
3　組合員の取り扱う〇〇品の共同宣伝
4　組合員の取り扱う〇〇品の共同運送
5　組合員の新たな事業分野への進出の円滑化を図るための新商品若しくは新技術の研究開発又は需要の開拓
6　組合員のためにする〇〇に生ずる損害又は〇〇に生ずる傷害をうめるための〇〇共済事業
7　前各号の事業に附帯する事業
「役員に関する事項」
「資格」代表理事
「住所」東京都墨田区墨田一丁目1番1号
「氏名」甲山一郎
「原因年月日」平成〇〇年〇〇月〇〇日就任
「従たる事務所番号」1
「従たる事務所の所在地」東京都八王子市西八王子四丁目4番4号
「公告の方法」本組合の公告は、主たる事務所の店頭に掲示してする。
「出資1口の金額」金〇〇円
「出資の総口数」〇〇口
「払込済出資総額」金〇〇〇万円
「出資払込の方法」出資は全額を一時に払い込むものとする。
「地区」東京都の区域
「登記記録に関する事項」
　平成〇〇年〇〇月〇〇日東京都千代田区大手町一丁目1番1号から主たる事務所移転

2　主たる事務所の移転（管轄区域内への移転）の登記

Q57
主たる事務所を同一登記所の管轄区域内で移転する場合の登記手続について、教えてください。

1　主たる事務所移転の手続

　主たる事務所の移転は、その所在地である最小行政区画が変更になる場合には、総会の特別議決により定款を変更した上、理事会の決議により、移転の時期及び場所を定めることによって行います。なお、定款を変更する場合には、行政庁の認可を受けなければ、その効力を生じないとされていますので（組合法51条2項）、行政庁に対し定款変更の認可申請をしなければなりません。

　登記所の管轄区域内において主たる事務所を移転した場合には、主たる事務所の所在地のほか、従たる事務所の所在地においても、主たる事務所移転の登記をする必要があります。

2　本店所在地における登記手続

　同一登記所の管轄区域内において主たる事務所を移転した場合には、管轄区域外への主たる事務所の移転と異なり、1通の申請書を提出すれば足ります。

(1)　登記期間

　　事業協同組合が主たる事務所を同一の登記所の管轄区域内において移転したときは、2週間以内に、管轄する登記所に主たる事務所移転による変更登記をしなければならないとされています（組合法85条1項）。また、従たる事務所での主たる事務所の移転の登記は、3週間以内に、当該従たる事務所の所在地において登記をしなければなりません（同法93条3項）。

(2)　登記すべき事項

　　登記すべき事項は、移転後の主たる事務所の所在場所及び移転年月日です。

(3) 登記申請人

　　登記の申請は、代表理事が申請人になります。

(4) 添付書類

　　主たる事務所の移転登記の申請書には、主たる事務所の移転に係る登記事項の変更を証する書面を添付しなければならないとされています（組合法99条1項）。

　ア　理事会議事録

　　定款を変更しない場合には、主たる事務所の移転場所及び移転時期について決定した理事会議事録を添付します。

　イ　総会議事録及び定款変更認可書

　　定款の変更を要する場合には、総会の議事録及び行政庁の定款変更認可書も添付書面となります。

　ウ　委任状

　　代理人によって登記を申請する場合は、代理権限を証する書面として、申請人の委任状を添付します（組合法103条、商業登記法18条）。

3　従たる事務所における登記手続

　従たる事務所の所在地における登記の手続は、申請書1通に、主たる事務所の所在地で登記をしたことを証する登記事項証明書を添付して行います。

第9章　事務所の移転等の登記

申請書書式
（主たる事務所の移転登記―管轄区域内で移転する場合）

事業協同組合主たる事務所移転登記申請書

1　名　　　　　称　　東京○○事業協同組合
1　主 た る 事 務 所　　東京都千代田区大手町一丁目1番1号（注1）
1　登 記 の 事 由　　主たる事務所の移転
(1　認可書到達の年月日　　平成○○年○○月○○日）
1　登記すべき事項　　平成○○年○○月○○日主たる事務所を東京
　　　　　　　　　　　都千代田区平河町二丁目2番2号に移転
　　　　　　　　　　　　　　　　　　　　　　　　（注2）
1　添 付 書 類　　理事会議事録　　1通
　　　　　　　　　　　（総会議事録　　　1通）
　　　　　　　　　　　（定款変更認可書　1通）
　　　　　　　　　　　委任状　　　　　　1通（注3）

　　上記のとおり登記の申請をします。

　　平成○○年○○月○○日

　　　　　　　　　　　東京都千代田区平河町二丁目2番2号（注4）
　　　　　　　　　　　申　請　人　　東京○○事業協同組合
　　　　　　　　　　　東京都墨田区墨田一丁目1番1号
　　　　　　　　　　　代表理事　　甲　山　一　郎　㊞（注5）
　　　　　　　　　　　東京都豊島区東池袋一丁目1番1号
　　　　　　　　　　　代　理　人　　山　川　太　郎　㊞（注6）

　　　　　　　　　　　連絡先の電話番号　　○○○－○○○－○○○○

東京法務局　御中

（注1）旧主たる事務所を記載します。
（注2）本例は、登記すべき事項を直接申請書に記載する方法による場合ですが、登記すべき事項については、登記申請書への記載に代えて、磁気ディスク（法務省令で定める電磁的記録に限る。）であるCD-R又はFD（フロッピーディスク）に記録し、これを登記所に提出することができます

147

（組合法103条、商業登記法17条4項）。
(注3) 代理人に登記申請を委任した場合に添付します。
(注4) 新主たる事務所を記載します。
(注5) 代表理事の印鑑は、代表理事が登記所に提出した印鑑を押印します。
(注6) 代理人が申請する場合に記載し、代理人の印鑑を押印します。この場合には、代表理事の押印は必要ありません。

(理事会議事録)

```
                   理 事 会 議 事 録

 1  開催日時    平成○○年○○月○○日午前 10 時 30 分
 1  開催場所    当組合事務所(東京都千代田区大手町一丁目1番1号)
 1  出席理事    甲山一郎、乙川英雄、丙野洋子

 1  議事の経過の要領及び結果
      定款の規定により、代表理事甲山一郎が議長に就任し、直ちに議案の
    審議に入った。
        第1号議案  主たる事務所の移転の件
      議長は、主たる事務所を、東京都千代田区平河町二丁目2番2号に移
    転したい旨を述べ、その移転する日を平成○○年○○月○○日とするこ
    とを諮ったところ、理事全員異議なく可決決定した。

    以上で議案の全部の審議を終了したので、議長は閉会を宣し、午前 11
 時 30 分散会した。

    上記の議決を明確にするため、議長及び出席理事において、次に記名押
 印する。

    平成○○年○○月○○日

                東京○○事業協同組合理事会において
                    議長代表理事    甲 山 一 郎  ㊞
                    出 席 理 事    乙 川 英 雄  ㊞
                          同      丙 野 洋 子  ㊞
```

3　従たる事務所の所在地における登記手続

> **Q58**
> 従たる事務所の所在地において、主たる事務所の移転の登記をしたいのですが、その手続を教えてください。

　登記所の管轄区域内において主たる事務所を移転した場合には、主たる事務所の所在地のほか、従たる事務所の所在地においても、主たる事務所移転の登記をする必要があります。従たる事務所の所在地で登記をする場合には、1通の申請書を提出すれば足りますし、添付書面についても、新主たる事務所の所在地においてした登記を証する書面（登記事項証明書）を添付するのみです（組合法103条、商業登記法48条1項）。

申請書書式
（主たる事務所移転登記申請書―従たる事務所所在地用）

　　　　　　　　事業協同組合主たる事務所移転登記申請書

1　名　　　　　称　　東京〇〇事業協同組合
1　主 た る 事 務 所　　東京都千代田区大手町一丁目1番1号（注1）
1　従 た る 事 務 所　　東京都八王子市西八王子四丁目4番4号
1　登 記 の 事 由　　主たる事務所の移転
1　認可書到達の年月日　平成〇〇年〇〇月〇〇日
1　登 記 す べ き 事 項　平成〇〇年〇〇月〇〇日主たる事務所を東京
　　　　　　　　　　　都新宿区西新宿一丁目1番1号に移転
1　添　付　書　類　　登記事項証明書　1通

　上記のとおり登記の申請をします。

　　平成〇〇年〇〇月〇〇日

　　　　　　　　　　東京都新宿区西新宿一丁目1番1号（注2）
　　　　　　　　　　申 請 人　　東京〇〇事業協同組合
　　　　　　　　　　東京都墨田区墨田一丁目1番1号
　　　　　　　　　　代表理事　　甲　山　一　郎　㊞（注3）
　　　　　　　　　　東京都豊島区東池袋一丁目1番1号
　　　　　　　　　　代 理 人　　山　川　太　郎　㊞（注4）

　　　　　　　　　　連絡先の電話番号　〇〇〇－〇〇〇－〇〇〇〇

東京法務局八王子支局　　御中

（注1）旧主たる事務所を記載します。
（注2）新主たる事務所を記載します。
（注3）代表理事の印鑑は、代表理事が登記所に提出した印鑑を押印します。
（注4）代理人が申請する場合に記載し、代理人の印鑑を押印します。この場合には、代表理事の押印は必要ありません。

4　従たる事務所の設置の登記

Q59
従たる事務所を設置したいのですが、その手続を教えてください。

　事業協同組合が成立後に従たる事務所を設ける場合には、事務所の所在地は定款の記載事項とされています（組合法33条1項4号）ので、初めて従たる事務所を設置する場合には、総会の議決により定款を変更し、次いで、理事会の決議により、設置の時期及び場所を定めることによって行います。

　なお、従たる事務所の設置をする場合に、既に定款に定められている最小行政区画内に従たる事務所を追加設置する場合には、定款変更の手続は要しないため、理事会において従たる事務所設置に関する決議をするのみで足りることになります。

　従たる事務所を設置した場合には、主たる事務所の所在地のほか、設置に係る当該従たる事務所の所在地においても、その登記をする必要があります（同法93条1項・2項）。

Q60
従たる事務所を設置した場合の登記手続について、教えてください。

　従たる事務所の設置をした場合には、主たる事務所の所在地のほか、設置に係る当該従たる事務所の所在地においても、その登記をする必要があります（組合法93条1項・2項）。

1　主たる事務所所在地における登記手続
　(1)　登記期間
　　　事業協同組合が成立後に従たる事務所を設けた場合には、主たる事務所の所在地においては、設置した日から2週間以内に、従たる事務

所の設置による変更の登記をしなければならないとされています（組合法85条1項）。
- (2) **登記すべき事項**

    登記すべき事項は、設置後の従たる事務所の所在場所及び変更年月日です。
- (3) **添付書類**

    次の書面を添付しなければならないとされています（同法99条1項、51条1項1号、2項）。

    ア　定款変更に関する総会の議事録

    　　総代会で定款を変更した場合には、総代会の議事録を添付します。この場合には、総代会を置いたことを証するために定款の添付が必要です。

    イ　定款変更の認可書

    ウ　理事会の議事録

    エ　委任状

2　従たる事務所所在地における登記手続

- (1) **登記期間**

    従たる事務所の所在地においては、設置した日から3週間以内に、従たる事務所の設置による変更の登記をしなければなりません（組合法93条1項）。
- (2) **登記すべき事項**

    登記すべき事項は、名称、主たる事務所の所在場所及び当該従たる事務所の所在場所のほか、事業協同組合の成立年月日、従たる事務所を設置した旨及びその年月日を登記しなければならないとされています（組合法93条2項、103条、商業登記法48条2項）。

    また、既存の従たる事務所の所在地内に新たに従たる事務所を設置した場合には、当該設置した従たる事務所及び従たる事務所設置の年月日を登記すれば足ります（組合法93条2項ただし書）。
- (3) **添付書類**

    添付書面は、主たる事務所の所在地においてした登記を証する書面（登記事項証明書）のみです（組合法103条、商業登記法48条1項）。

申請書書式
（従たる事務所の設置の登記―主たる事務所の所在地及び従たる事務所の所在地においてする登記の一括申請）

事業協同組合従たる事務所設置登記申請書

1 名　　　　　称　　　東京○○事業協同組合
1 主 た る 事 務 所　　東京都千代田区大手町一丁目１番１号
1 従 た る 事 務 所　　東京都府中市中央二丁目２番２号
　　　　　　　　　　　管轄登記所　東京法務局府中支局（注１）
1 登 記 の 事 由　　　従たる事務所設置
1 認可書到達の年月日　平成○○年○○月○○日
1 登 記 す べ き 事 項　平成○○年○○月○○日従たる事務所設置
　　　　　　　　　　　従たる事務所　東京都府中市中央二丁目２番
　　　　　　　　　　　２号（注２）
1 登 記 手 数 料　　　金300円（注３）
　　　　　　　　　　　従たる事務所所在地登記所数　　１庁
1 添 付 書 類　　　　総会議事録　　　　　１通
　　　　　　　　　　　定款変更の認可書　　１通
　　　　　　　　　　　理事会議事録　　　　１通
　　　　　　　　　　　委任状　　　　　　　１通（注４）

　上記のとおり登記の申請をします。

　　平成○○年○○月○○日

　　　　　　　　　　　東京都千代田区大手町一丁目１番１号
　　　　　　　　　　　申 請 人　　東京○○事業協同組合
　　　　　　　　　　　東京都墨田区墨田一丁目１番１号
　　　　　　　　　　　代表理事　　甲　山　一　郎　㊞（注５）
　　　　　　　　　　　東京都豊島区豊島一丁目１番１号
　　　　　　　　　　　代 理 人　　山　川　太　郎　㊞（注６）
　　　　　　　　　　　連絡先の電話番号　　○○○－○○○－○○○○

　東京法務局　御中

（注１）従たる事務所設置登記の申請について、その従たる事務所が、主たる事

務所の所在地を管轄する以外の登記所の管轄区域内にあるときは、所定の手数料を納付して、主たる事務所の所在地を管轄する登記所を経由して行うことができます。この場合、従たる事務所の所在地においてする登記の申請と主たる事務所の所在地においてする登記の申請とは、同一の書面をもって同時に一括して申請しなければなりません。従たる事務所の所在地においてする登記の申請には、書面の添付は必要ありません。

（注2）本例は、登記すべき事項を直接申請書に記載する方法による場合ですが、登記すべき事項については、登記申請書への記載に代えて、磁気ディスク（法務省令で定める電磁的記録に限る。）であるCD-R又はFD（フロッピーディスク）に記録し、これを登記所に提出することができます（組合法103条、商業登記法17条4項）。

（注3）従たる事務所の所在地においてする登記の申請と主たる事務所の所在地においてする登記の一括申請は、1件につき300円の手数料を納付します（登記手数料令12条）。

（注4）代理人に登記申請を委任した場合に添付します。

（注5）代表理事の印鑑は、代表理事が登記所に提出した印鑑を押印します。

（注6）代理人が申請する場合に記載し、代理人の印鑑を押印します。この場合には、代表理事の押印は必要ありません。

（総会議事録）

臨 時 総 会 議 事 録

1　総 会 の 日 時　　平成〇〇年〇〇月〇〇日午前10時30分
1　開 催 の 場 所　　当組合会議室（東京都千代田区大手町一丁目1番1号）
1　組 合 員 総 数　　〇〇名
1　出 席 組 合 員 数　〇〇名
　　　　　　　　　　内訳　本人出席　　　〇〇名
　　　　　　　　　　　　　委任状出席　　〇〇名
1　議長選任の経過
　　定刻に至り、理事丙野洋子が仮議長となり、本総会における議長の選任を諮ったところ、議長として代表理事甲山一郎が選任され、就任した。代表理事甲山一郎は、議長席に着き、本総会の出席者数を調査の上、本総会は有効に成立した旨を述べ、直ちに議案の審議に入った。
1　議事の経過の要領及びその結果
　　　議案　従たる事務所の設置に伴う定款変更の件
　　議長は、当組合の従たる事務所を東京都府中市に設置したい旨を述べ、これに伴い、定款第〇条を次のとおり変更する必要があることを説明し、これを議場に諮ったところ、満場一致をもって、異議なく可決決定した。
　（事務所の所在地）
　第〇条　本組合は、主たる事務所を東京都千代田区に、従たる事務所を東京都府中市に置く。

　以上をもって本日の議案全部の審議を終了したので、議長は、閉会を宣し、午前11時30分散会した。

　上記議決を明確にするため、議事録を作成し、議長及び出席理事全員が次に記名押印する。

　平成〇〇年〇〇月〇〇日

　　　　　　　　東京〇〇事業協同組合第〇〇回臨時総会において
　　　　　　　　　　議長代表理事　　甲　山　一　郎　㊞
　　　　　　　　　　出　席　理　事　乙　川　英　雄　㊞
　　　　　　　　　　　　　同　　　　丙　野　洋　子　㊞

（理事会議事録）

理 事 会 議 事 録

1　開催日時　　平成〇〇年〇〇月〇〇日午後1時30分
1　開催場所　　当組合事務所（東京都千代田区大手町一丁目1番1号）
1　出席理事　　甲山一郎、乙川英雄、丙野洋子

1　議事の経過の要領及び結果
　　定款の規定により、代表理事甲山一郎が議長に就任し、直ちに議案の審議に入った。
　　　議案　従たる事務所設置の件
　　議長は、定款の変更に伴い、従たる事務所を東京都府中市中央二丁目2番2号に設置することとし、その設置の日を平成〇〇年〇〇月〇〇日とすることを諮ったところ、理事全員異議なく可決決定した。

　以上で議案の全部の審議を終了したので、議長は閉会を宣し、午後2時30分散会した。

　上記の決議を明確にするため、議長及び出席理事において、次に記名押印する。

　　平成〇〇年〇〇月〇〇日

　　　　　　　　東京〇〇事業協同組合理事会において
　　　　　　　　　　議長代表理事　　甲　山　一　郎　㊞
　　　　　　　　　　出　席　理　事　　乙　川　英　雄　㊞
　　　　　　　　　　　　同　　　　　　丙　野　洋　子　㊞

（委任状）

委　任　状

　　　　　　　　　東京都豊島区東池袋一丁目1番1号
　　　　　　　　　　　山　川　太　郎

　私は、上記の者を代理人に定め、次の権限を委任する。

1　当組合の従たる事務所設置の登記をする一切の件
1　原本還付の請求及び受領の件

　平成○○年○○月○○日

　　　　　　　　　東京都千代田区大手町一丁目1番1号
　　　　　　　　　東京○○事業協同組合
　　　　　　　　　　　代表理事　　甲　山　一　郎　㊞

(**注**) 代表理事の印鑑は、代表理事が登記所に提出している印鑑を押印します。

申請書書式
（従たる事務所の設置の登記―一括申請ではなく、従たる事務所の所在地においてする登記の申請）

```
            事業協同組合従たる事務所設置登記申請書
 1  名        称      東京○○事業協同組合
 1  主 た る 事 務 所   東京都千代田区大手町一丁目１番１号
 1  従 た る 事 務 所   東京都府中市中央二丁目２番２号（注１）
 1  登 記 の 事 由     従たる事務所の設置
 1  認可書到達年月日    平成○○年○○月○○日
 1  登 記 す べ き 事 項  別添CD-Rのとおり（注２）
 1  添 付 書 類       登記事項証明書    １通

    上記のとおり登記の申請をします。

     平成○○年○○月○○日

                東京都千代田区大手町一丁目１番１号
                申 請 人    東京○○事業協同組合
                東京都墨田区墨田一丁目１番１号
                代表理事    甲 山 一 郎 ㊞（注３）

                連絡先の電話番号   ○○○－○○○－○○○○

 東京法務局府中支局　御中
```

（注１）申請する登記所の管轄区域内に設置した従たる事務所の所在場所を記載します。
（注２）申請書に記載すべき登記事項を磁気ディスクに記録し（法務省令で定める電磁的記録に限ります。）、申請書とともに提出した場合は、当該申請書には、当該磁気ディスクに記録された事項は記載する必要はありません（組合法103条、商業登記法17条4項）。
（注３）代表理事の印鑑は、代表理事が登記所に提出した印鑑を押印します。

(登記すべき事項を磁気ディスクに記録して提出する場合の入力例)

「名称」東京○○事業協同組合
「主たる事務所」東京都千代田区大手町一丁目1番1号
「法人成立の年月日」平成○○年○○月○○日
「従たる事務所番号」1
「従たる事務所の所在地」東京都府中市中央二丁目2番2号
「登記記録に関する事項」平成○○年○○月○○日従たる事務所設置

5 従たる事務所移転の登記

Q61
従たる事務所を移転した場合の登記手続について、教えてください。

　定款に、従たる事務所の所在地を最小行政区画までを定めている事業協同組合が、従たる事務所を最小行政区画外に移転するとき、また、定款に従たる事務所の所在地を地番まで定めている事業協同組合が、従たる事務所を移転するときは、定款の変更が必要になります。これに対して、従たる事務所を定款で定める最小行政区画内において移転する場合には、定款の変更を要しません。

　定款の変更を要するときは、総会の特別議決により定款を変更した上、理事会の決議により、移転の時期及び場所を定めなければなりません。なお、定款を変更する場合には、行政庁の認可を受けなければ、その効力を生じないとされていますので、行政庁に対し定款変更の認可申請をしなければなりません（組合法51条2項）。定款の変更を要しないときは、理事会の決議で、移転の時期及び場所を決定しなければなりません。

　従たる事務所の移転をした場合には、本店の所在地のほか、移転に係る当該従たる事務所の所在地においても、その登記をする必要があります。

1　登記期間

　事業協同組合がその従たる事務所を移転したときは、主たる事務所の

所在地においては、2週間以内に、従たる事務所を移転したことを登記しなければならないとされています（組合法85条1項）。また、事業協同組合がその従たる事務所を他の登記所の管轄区域内に移転したときは、従たる事務所の旧所在地においては3週間以内に移転の登記をし、新所在地においては、4週間以内に登記しなければならないとされています（組合法94条）。

2 登記すべき事項

　ア 主たる事務所所在地における登記

　　移転後の従たる事務所の所在場所及び変更年月日です。

　イ 従たる事務所所在地における登記

　　① 管轄区域内における従たる事務所の移転の場合

　　　当該従たる事務所及び従たる事務所移転の年月日です。

　　② 管轄区域を越える従たる事務所の移転の場合

　　　旧従たる事務所の所在地においては、従たる事務所が移転した旨及び移転年月日であり、新従たる事務所の所在地においては、当該管轄区域内に初めて従たる事務所を置く場合には、①名称、②主たる事務所の所在場所、③従たる事務所（その所在地を管轄する登記所の管轄区域内にあるものに限る。）の所在場所のほか、法人成立の年月日並びに従たる事務所を移転した旨及びその年月日をも登記しなければなりません（組合法94条、103条、商業登記法48条2項）。ただし、既存の従たる事務所の所在地内に新たに従たる事務所を移転したときは、当該移転した従たる事務所及び従たる事務所移転の年月日を登記します（組合法94条ただし書）。

3 添付書類

　従たる事務所の移転登記の申請書には、従たる事務所の移転を証する書面を添付しなければなりません（組合法99条1項）。

　従たる事務所の所在地で登記する場合には、主たる事務所においてした登記を証する書面（登記事項証明書）を添付するのみです（組合法103条、商業登記法48条1項）。

申請書書式

（従たる事務所移転の登記—主たる事務所の所在地に申請する場合）

事業協同組合従たる事務所移転登記申請書

1　名　　　　　称　　東京〇〇事業協同組合
1　主 た る 事 務 所　　東京都千代田区大手町一丁目1番1号
1　従 た る 事 務 所　　東京都府中市中央二丁目2番2号
1　登 記 の 事 由　　従たる事務所移転
1　認可書到達の年月日　平成〇〇年〇〇月〇〇日
1　登 記 す べ き 事 項　平成〇〇年〇〇月〇〇日東京都府中市中央二
　　　　　　　　　　　丁目2番2号の従たる事務所移転
　　　　　　　　　　　従たる事務所　東京都渋谷区渋谷三丁目3番
　　　　　　　　　　　3号（注1）
1　添　付　書　類　　総会議事録　　　1通
　　　　　　　　　　　定款変更の認可書　1通
　　　　　　　　　　　理事会議事録　　1通
　　　　　　　　　　　委任状　　　　　1通（注2）

　上記のとおり登記の申請をします。

　　平成〇〇年〇〇月〇〇日

　　　　　　　　　　東京都千代田区大手町一丁目1番1号
　　　　　　　　　　申　請　人　　東京〇〇事業協同組合
　　　　　　　　　　東京都墨田区墨田一丁目1番1号
　　　　　　　　　　代表理事　　甲　山　一　郎　㊞（注3）
　　　　　　　　　　東京都豊島区東池袋一丁目1番1号
　　　　　　　　　　代　理　人　　山　川　太　郎　㊞（注4）

　　　　　　　　　　連絡先の電話番号　〇〇〇－〇〇〇－〇〇〇〇

東京法務局　御中

（注1）本例は、登記すべき事項を直接申請書に記載する方法による場合ですが、登記すべき事項については、登記申請書への記載に代えて、磁気ディスク（法務省令で定める電磁的記録に限る。）であるCD-R又はFD（フ

　　　　ロッピーディスク）に記録し、これを登記所に提出することができます（組合法103条、商業登記法17条4項）。
(注2) 代理人に登記申請を委任した場合に添付します。
(注3) 代表理事の印鑑は、代表理事が登記所に提出した印鑑を押印します。
(注4) 代理人が申請する場合に記載し、代理人の印鑑を押印します。この場合には、代表理事の押印は必要ありません。

（総会議事録）

臨 時 総 会 議 事 録

1　総会の日時　　平成○○年○○月○○日午前 10 時
1　開催の場所　　当組合会議室（東京都千代田区大手町一丁目 1 番 1 号）
1　組合員総数　　○○名
1　出席組合員数　○○名
　　　　　　　　　内訳　本人出席　　　○○名
　　　　　　　　　　　　委任状出席　　○○名
1　議長選任の経過
　　定刻に至り、理事内野洋子が仮議長となり、本総会における議長の選任を諮ったところ、議長として代表理事甲山一郎が選任され、就任した。代表理事甲山一郎は、議長席に着き、本総会の出席者数を調査の上、本総会は有効に成立した旨を述べ、直ちに議案の審議に入った。
1　議事の経過の要領及びその結果
　　　議案　従たる事務所の移転に伴う定款変更の件
　　議長は、当組合の東京都府中市中央二丁目 2 番 2 号の従たる事務所を東京都渋谷区渋谷三丁目 3 番 3 号に移転することに伴い、定款第○条を変更したい旨を議場に諮ったところ、満場一致をもって、異議なく可決決定した。

　（事務所の所在地）
　第○条　本組合は、主たる事務所を東京都千代田区に、従たる事務所を
　　　　東京都渋谷区に置く。

　以上をもって本日の議案全部の審議を終了したので、議長は、閉会を宣し、午前 11 時散会した。

　上記議決を明確にするため、議事録を作成し、議長及び出席理事全員が次に記名押印する。

　　平成○○年○○月○○日

　　　　　　　　東京○○事業協同組合第○○回臨時総会において
　　　　　　　　　議長代表理事　　甲　山　一　郎　㊞
　　　　　　　　　出席理事　　　　乙　川　英　雄　㊞
　　　　　　　　　　同　　　　　　内　野　洋　子　㊞

（理事会議事録）

理 事 会 議 事 録

1　開催日時　　平成〇〇年〇〇月〇〇日午後1時30分
1　開催場所　　当組合事務所（東京都千代田区大手町一丁目1番1号）
1　出席理事　　甲山一郎、乙川英雄、丙野洋子

1　議事の経過の要領及び結果
　　定款の規定により、代表理事甲山一郎が議長に就任し、直ちに議案の審議に入った。
　　議長は、定款の変更に伴い、従たる事務所を東京都府中市中央二丁目2番2号から東京都渋谷区渋谷三丁目3番3号に移転することとし、その移転の日を平成〇〇年〇〇月〇〇日とすることを諮ったところ、理事全員異議なく可決決定した。

　　以上で議案の全部の審議を終了したので、議長は閉会を宣し、午後2時30分散会した。

　　上記の決議を明確にするため、議長及び出席理事において、次に記名押印する。

　　平成〇〇年〇〇月〇〇日

　　　　　　　　　　東京〇〇事業協同組合理事会において
　　　　　　　　　　　　議長代表理事　　甲　山　一　郎　㊞
　　　　　　　　　　　　出　席　理　事　　乙　川　英　雄　㊞
　　　　　　　　　　　　　　　同　　　　　丙　野　洋　子　㊞

(委任状)

委　任　状

　　　　　　　　　　東京都豊島区東池袋一丁目1番1号
　　　　　　　　　　　　山　川　太　郎

　私は、上記の者を代理人に定め、次の権限を委任する。

1　当組合の従たる事務所を東京都渋谷区渋谷三丁目3番3号に移転したので、これに伴う変更登記の申請をする一切の件
1　原本還付の請求及び受領の件

平成〇〇年〇〇月〇〇日

　　　　　　　　　　東京都千代田区大手町一丁目1番1号
　　　　　　　　　　東京〇〇事業協同組合
　　　　　　　　　　　　代表理事　甲　山　一　郎　㊞

(注)代表理事の印鑑は、代表理事が登記所に提出している印鑑を押印します。

申請書書式
(従たる事務所移転の登記―従たる事務所の旧所在地で申請する場合)

事業協同組合従たる事務所移転登記申請書

1　名　　　　称　　　東京○○事業協同組合
1　主たる事務所　　　東京都千代田区大手町一丁目1番1号
1　従たる事務所　　　東京都府中市中央二丁目2番2号
1　登記の事由　　　　従たる事務所移転
1　認可書到達の年月日　平成○○年○○月○○日
1　登記すべき事項　　平成○○年○○月○○日東京都府中市中央二丁目2番2号の従たる事務所を東京都渋谷区渋谷三丁目3番3号に移転
1　添　付　書　類　　登記事項証明書　1通

　上記のとおり登記の申請をします。

　平成○○年○○月○○日

　　　　　　　東京都千代田区大手町一丁目1番1号
　　　　　　　申　請　人　　東京○○事業協同組合
　　　　　　　東京都墨田区墨田一丁目1番1号
　　　　　　　代表理事　　甲　山　一　郎　㊞
　　　　　　　東京都豊島区東池袋一丁目1番1号
　　　　　　　代　理　人　　山　川　太　郎　㊞

　　　　　　　連絡先の電話番号　○○○-○○○-○○○○

東京法務局府中支局　御中

申請書書式

（従たる事務所移転の登記―従たる事務所の新所在地で申請する場合）

事業協同組合従たる事務所移転登記申請書

1　名　　　　称　　　東京○○事業協同組合
1　主たる事務所　　　東京都千代田区大手町一丁目1番1号
1　従たる事務所　　　東京都渋谷区渋谷三丁目3番3号
1　登記の事由　　　　従たる事務所移転
1　認可書到達の年月日　平成○○年○○月○○日
1　登記すべき事項　　別添CD-Rのとおり
1　添付書類　　　　　登記事項証明書　　1通

上記のとおり登記の申請をします。

平成○○年○○月○○日

　　　　　　東京都千代田区大手町一丁目1番1号
　　　　　　申請人　　東京○○事業協同組合
　　　　　　東京都墨田区墨田一丁目1番1号
　　　　　　代表理事　　甲山一郎　㊞
　　　　　　東京都豊島区東池袋一丁目1番1号
　　　　　　代理人　　山川太郎　㊞

　　　　　　連絡先の電話番号　○○○-○○○-○○○○

東京法務局渋谷出張所　御中

（登記すべき事項を磁気ディスクに記録して提出する場合の入力例）

```
「名称」東京○○事業協同組合
「主たる事務所」東京都千代田区大手町一丁目１番１号
「法人成立の年月日」平成○○年○○月○○日
「従たる事務所番号」1
「従たる事務所の所在地」東京都渋谷区渋谷三丁目３番３号
「登記記録に関する事項」
平成○○年○○月○○日東京都府中市中央二丁目２番２号から従たる事務所移転
```

6　従たる事務所廃止の登記

Q62
従たる事務所を廃止した場合の登記手続について、教えてください。

　従たる事務所の所在地は定款の記載事項です（組合法33条１項４号）ので、従たる事務所を廃止するときは、基本的には、定款の変更及び行政庁に対する定款変更の認可申請の手続が必要となります。この場合の手続は、総会の特別議決により、定款を変更し、行政庁の認可を受けた後、理事会の決議により廃止されます（組合法51条１項１号、２項）。ただし、定款の変更を要しない場合にあっては、理事会の決議のみによって、従たる事務所を廃止することができます。

　従たる事務所を廃止した場合には、本店の所在地のほか、廃止に係る当該従たる事務所の所在地においても、その登記をする必要があります。

1　登記期間
　従たる事務所を廃止したときは、主たる事務所の所在地においては２週間以内に、従たる事務所の所在地においては３週間以内に、従たる事務所の廃止の登記をしなければなりません（組合法85条１項、93条３

項)。

2 登記すべき事項

　主たる事務所の所在地において登記すべき事項は、従たる事務所の廃止の旨及び変更年月日であり、従たる事務所の所在地においては、廃止する従たる事務所及び廃止の年月日です。

　従たる事務所の所在地の登記所の管轄区域内に他の従たる事務所がない場合には、登記記録中登記記録区に「平成〇〇年〇〇月〇〇日東京都渋谷区渋谷三丁目3番3号の従たる事務所廃止」と記録し、従たる事務所区に当該従たる事務所を抹消する記号を記録した上で、その登記記録を閉鎖します。また、当該登記所の管轄区域内に他の従たる事務所がある場合には、登記記録中従たる事務所区において、廃止された従たる事務所につき変更登記をすることだけで足ります（各種法人等登記規則5条、商業登記規則41条、80条1項2号・2項）。

3 添付書類

　従たる事務所の廃止を証する書面を添付しなければなりません（組合法99条1項）。

(1) 定款変更に関する総会の議事録

　　総代会で定款を変更した場合には、総代会の議事録を添付します。この場合には、総代会を置いたことを証するために定款の添付が必要です。

(2) 定款変更の認可書

(3) 理事会の議事録

(4) 委任状

　なお、従たる事務所の所在地において登記を申請する場合は、主たる事務所の所在地においてした登記を証する書面（登記事項証明書）を添付すれば足ります（組合法103条、商業登記法48条1項）。

申請書書式
（従たる事務所の廃止の登記―主たる事務所の所在地及び従たる事務所の所在地においてする登記の一括申請）

事業協同組合従たる事務所廃止登記申請書

1	名　　　　　称	東京〇〇事業協同組合
1	主 た る 事 務 所	東京都千代田区大手町一丁目1番1号
1	従 た る 事 務 所	東京都渋谷区渋谷三丁目3番3号
		管轄登記所　東京法務局渋谷出張所（注1）
1	登 記 の 事 由	従たる事務所の廃止
1	認可書到達の年月日	平成〇〇年〇〇月〇〇日
1	登記すべき事項	平成〇〇年〇〇月〇〇日東京都渋谷区渋谷三丁目3番3号の従たる事務所廃止　（注2）
1	登 記 手 数 料	金300円（注3）
		従たる事務所所在地登記所数　　1庁
1	添 付 書 類	総会議事録　　　　1通
		定款変更の認可書　1通
		理事会議事録　　　1通
		委任状　　　　　　1通（注4）
		（登記事項証明書　1通）

　上記のとおり登記の申請をします。

　平成〇〇年〇〇月〇〇日

　　　　　　　　　　東京都千代田区大手町一丁目1番1号
　　　　　　　　　　申 請 人　　東京〇〇事業協同組合
　　　　　　　　　　東京都墨田区墨田一丁目1番1号
　　　　　　　　　　代表理事　　甲　山　一　郎　㊞（注5）
　　　　　　　　　　東京都豊島区東池袋一丁目1番1号
　　　　　　　　　　代 理 人　　山　川　太　郎　㊞（注6）

　　　　　　　　　　連絡先の電話番号　〇〇〇－〇〇〇－〇〇〇〇

　東京法務局　御中

(注1) 従たる事務所廃止の登記の申請について、従たる事務所の所在地においてする登記の申請は、その従たる事務所が、主たる事務所の所在地を管轄する以外の登記所の管轄区域内にあるときは、所定の手数料を納付して、主たる事務所の所在地を管轄する登記所を経由して行うことができます。この場合、従たる事務所の所在地においてする登記の申請と主たる事務所の所在地においてする登記の申請とは、同一の書面をもって同時に一括して申請しなければなりません。

(注2) 本例は、登記すべき事項を直接申請書に記載する方法による場合ですが、登記すべき事項については、登記申請書への記載に代えて、磁気ディスク（法務省令で定める電磁的記録に限る。）であるCD-R又はFD（フロッピーディスク）に記録し、これを登記所に提出することができます（組合法103条、商業登記法17条4項）。

(注3) 従たる事務所の所在地においてする登記の申請と主たる事務所の所在地においてする登記の一括申請は、1件につき300円の手数料を納付します（登記手数料令12条）。

(注4) 代理人に登記申請を委任した場合に添付します。

(注5) 代表理事の印鑑は、代表理事が登記所に提出した印鑑を押印します。

(注6) 代理人が申請する場合に記載し、代理人の印鑑を押印します。この場合には、代表理事の押印は必要ありません。

(総会議事録)

臨 時 総 会 議 事 録

1　総 会 の 日 時　　平成○○年○○月○○日午前10時
1　開 催 の 場 所　　当組合会議室（東京都千代田区大手町一丁目1番1号）
1　組 合 員 総 数　　○○名
1　出 席 組 合 員 数　○○名
　　　　　　　　　　内訳　本人出席　　　○○名
　　　　　　　　　　　　　委任状出席　　○○名
1　議長選任の経過
　　定刻に至り、理事乙川英雄が仮議長となり、本総会における議長の選任を諮ったところ、議長として代表理事甲山一郎が選任され、就任した。代表理事甲山一郎は、議長席に着き、本総会の出席者数を調査の上、本総会は有効に成立した旨を述べ、直ちに議案の審議に入った。
1　議事の経過の要領及びその結果
　　　議案　従たる事務所の廃止に伴う定款変更の件
　　議長は、当組合の東京都渋谷区渋谷三丁目3番3号に設置している従たる事務所を廃止したい旨を述べ、これに伴い、定款第○条を次のとおり変更する必要があることを説明し、これを議場に諮ったところ、満場一致をもって、異議なく可決決定した。
　　（事務所の所在地）
　　第○条　本組合は、主たる事務所を東京都千代田区に置く。

　以上をもって本日の議案全部の審議を終了したので、議長は閉会を宣し、午前11時30分散会した。

　上記議決を明確にするため、議事録を作成し、議長及び出席理事全員が次に記名押印する。

　　平成○○年○○月○○日

　　　　　　　　東京○○事業協同組合第○○回臨時総会において
　　　　　　　　　議長代表理事　　甲　山　一　郎　㊞
　　　　　　　　　出 席 理 事　　乙　川　英　雄　㊞
　　　　　　　　　　　同　　　　　丙　野　洋　子　㊞

(理事会議事録)

理 事 会 議 事 録

1　開催日時　　平成〇〇年〇〇月〇〇日午後1時30分
1　開催場所　　当組合事務所(東京都千代田区大手町一丁目1番1号)
1　出席理事　　甲山一郎、乙川英雄、丙野洋子

1　議事の経過の要領及び結果
　　定款の規定により、代表理事甲山一郎が議長に就任し、直ちに議案の審議に入った。
　　　議案　従たる事務所廃止の件
　　議長は、当組合の東京都渋谷区渋谷三丁目3番3号に設置している従たる事務所を、平成〇〇年〇〇月〇〇日限りで廃止したい旨を諮ったところ、理事全員異議なく可決決定した。

以上で議案の全部の審議を終了したので、議長は閉会を宣し、午後2時30分散会した。

上記の決議を明確にするため、議長及び出席理事において、次に記名押印する。

　　平成〇〇年〇〇月〇〇日

　　　　　　　　　東京〇〇事業協同組合理事会において
　　　　　　　　　　　議長代表理事　　甲　山　一　郎　㊞
　　　　　　　　　　　出　席　理　事　　乙　川　英　雄　㊞
　　　　　　　　　　　　　同　　　　　　丙　野　洋　子　㊞

(委任状)

```
                    委　任　状

                        東京都豊島区東池袋一丁目1番1号
                                    山　川　太　郎

    私は、上記の者を代理人に定め、次の権限を委任する。

    1　当組合の従たる事務所廃止の登記をする一切の件
    1　原本還付の請求及び受領の件

    平成○○年○○月○○日

                        東京都千代田区大手町一丁目1番1号
                        東京○○事業協同組合
                            代表理事　甲　山　一　郎　㊞
```

(注)代表理事の印鑑は、代表理事が登記所に提出している印鑑を押印します。

7　行政区画等の変更に伴う主たる事務所の変更の登記

Q63
行政区画等の変更に伴い地番が変更された場合の変更登記の手続について、説明してください。

　市町村の合併、境界の変更等により、行政区画、郡、区、市町村内の町若しくは字が変更し、又はその名称が変更した場合には、変更による登記があったものとみなされており（組合法103条、商業登記法26条）、当事者に変更登記申請の義務はありません。この場合には、登記官は、職権で、その変更があったことを記録することができるとされています（各種法人等登記規則5条、商業登記規則42条1項）。記録をする場合には、登記の年月日の記録に代えて、「平成何年何月何日修正」と記録するものとされて

175

います（商業登記準則83条、56条）。

　ところで、行政区画の変更に伴い、土地の地番が変更されて、事業協同組合の主たる事務所又は従たる事務所に変更が生じた場合には、商業登記法26条の適用はなく、また、住居表示が実施された場合や、土地改良事業、土地区画整理事業等の施行のために地番が変更された場合も、行政区画の変更とは異なり、当事者に変更登記申請の義務があるとされています（昭和4.9.18民事8379号回答）。

1　登記期間

　行政区画の変更に伴い地番が変更された場合には、その変更の日から、主たる事務所の所在地においては2週間以内に、従たる事務所の所在地においては3週間以内に、変更登記の申請をしなければなりません（組合法85条1項、93条3項）。

2　添付書類

　申請書には、変更の事由を証する書面を添付します（組合法99条1項）。

　従たる事務所の所在地においては、主たる事務所の所在地でした登記を証する登記事項証明書を添付します（組合法103条、商業登記法48条1項）。

申請書書式
（行政区画変更に伴う地番の変更による主たる事務所の変更の登記―主たる事務所の所在地及び従たる事務所の所在地においてする登記の一括申請）

事業協同組合変更登記申請書

1　名　　　　　称　　多摩□□事業協同組合
1　主 た る 事 務 所　　東京都府中市府中100番地100（注1）
1　従 た る 事 務 所　　東京都港区麻布一丁目1番1号
　　　　　　　　　　　　管轄登記所　東京法務局港出張所（注2）
1　登 記 の 事 由　　主たる事務所の地番変更
1　登記すべき事項　　平成○○年○○月○○日主たる事務所変更
　　　　　　　　　　　主たる事務所
　　　　　　　　　　　東京都府中市府中10番地10（注3）
1　登 記 手 数 料　　金300円（注4）
　　　　　　　　　　　従たる事務所所在地登記所数　　1庁
1　添 付 書 類　　証明書　　1通（注5）
　　　　　　　　　　委任状　　1通（注6）

　　上記のとおり登記の申請をします。

　　　平成○○年○○月○○日

　　　　　　　　　　　東京都府中市府中10番地10（注7）
　　　　　　　　　　　申　請　人　　多摩□□事業協同組合
　　　　　　　　　　　東京都立川市立川一丁目1番1号
　　　　　　　　　　　代表理事　　丁　海　三　郎　㊞（注8）
　　　　　　　　　　　東京都西東京市保谷一丁目1番1号
　　　　　　　　　　　代　理　人　　丘　野　　　登　㊞（注9）

　　　　　　　　　　　連絡先の電話番号　　○○○－○○○－○○○○

東京法務局府中支局　御中

（注1）変更前の主たる事務所を記載します。
（注2）従たる事務所の所在地においてする登記の申請は、その従たる事務所

が、主たる事務所の所在地を管轄する以外の登記所の管轄区域内に在るときは、所定の手数料を納付して、主たる事務所の所在地を管轄する登記所を経由して行うことができます。この場合、従たる事務所の所在地においてする登記の申請と主たる事務所の所在地においてする登記の申請は、同一の書面をもって同時に一括して申請しなければなりません。
（注3）本例は、登記すべき事項を直接申請書に記載する方法による場合ですが、登記すべき事項については、登記申請書への記載に代えて、磁気ディスク（法務省令で定める電磁的記録に限る。）であるCD-R又はFD（フロッピーディスク）に記録し、これを登記所に提出することができます（組合法103条、商業登記法17条4項）。
（注4）従たる事務所の所在地においてする登記の申請と主たる事務所の所在地においてする登記の一括申請は、1件につき300円の手数料を納付します（登記手数料令12条）。
（注5）市町村長の証明書、土地改良事業等の施行者の証明書を添付します。
（注6）代理人に登記申請を委任した場合に添付します。
なお、従たる事務所の所在地で申請する場合には、主たる事務所の所在地において登記をしたことを証する書面（登記事項証明書）を添付します。
（注7）変更後の主たる事務所を記載します。
（注8）代表理事の印鑑は、代表理事が登記所に提出した印鑑を押印します。
（注9）代理人が申請する場合に記載し、代理人の印鑑を押印します。この場合には、代表理事の押印は必要ありません。

8　住居表示の実施による主たる事務所の変更の登記

Q64

住居表示の実施により、主たる事務所の所在場所に変更があった場合の登記手続について、説明してください。

住居表示に関する法律（昭和37年法律第119号）に基づく住居表示の実施により、事業協同組合の事務所の所在場所に変更があった場合には、主たる事務所の所在地においては2週間以内に、従たる事務所の所在地においては3週間以内に、その変更の登記をしなければならないとされています（組合法85条1項、93条3項）。

登記申請書には、変更の事由を証する書面として、市町村長の証明書又は住居表示の実施に係る住居番号決定通知書を添付することを要します（組合法99条1項）。

　従たる事務所の所在地において申請する場合には、主たる事務所の所在地においてした登記事項証明書を添付すれば足りるとされています（組合法103条、商業登記法48条1項）。

申請書書式

（主たる事務所の変更登記―住居表示の実施による場合）

事業協同組合変更登記申請書

1　名　　　称　　　多摩□□事業協同組合
1　主たる事務所　　東京都府中市府中100番地10（注1）
1　登 記 の 事 由　住居表示の実施による主たる事務所の変更
1　登記すべき事項　平成〇〇年〇〇月〇〇日主たる事務所変更
　　　　　　　　　主たる事務所
　　　　　　　　　東京都府中市府中一丁目1番1号（注2）
1　添 付 書 類　　証明書（又は住居番号決定通知書）　　1通
　　　　　　　　　委任状　　　　　　　　　　　　　　　1通

　上記のとおり登記の申請をします。

　　平成〇〇年〇〇月〇〇日

　　　　　　　　　　　東京都府中市府中一丁目1番1号（注3）
　　　　　　　　　　　申 請 人　　多摩□□事業協同組合
　　　　　　　　　　　東京都立川市立川一丁目1番1号
　　　　　　　　　　　代表理事　　丁　海　三　郎　㊞（注4）
　　　　　　　　　　　東京都西東京市保谷一丁目1番1号
　　　　　　　　　　　代 理 人　　丘　野　　　登　㊞（注5）

　　　　　　　　　　　連絡先の電話番号　〇〇〇－〇〇〇－〇〇〇〇

東京法務局府中支局　御中

（注1）変更前の主たる事務所を記載します。
（注2）本例は、登記すべき事項を直接申請書に記載する方法による場合ですが、登記すべき事項については、登記申請書の記載に代えて、磁気ディスク（法務省令で定める電磁的記録に限る。）であるCD-R又はFD（フロッピーディスク）に記録し、これを登記所に提出することができます（組合法103条、商業登記法17条4項）。この場合には、当該申請書には、当該電磁的記録に記録された事項を記載することは必要ありません。
（注3）変更後の主たる事務所を記載します。

(**注4**) 代表理事の印鑑は、代表理事が登記所に提出した印鑑を押印します。
(**注5**) 代理人が申請する場合に記載し、代理人の印鑑を押印します。この場合には、代表理事の押印は必要ありません。

第 10 章
代表理事の変更登記

1　理事の選任手続

Q65
理事・代表理事の選任手続について、教えてください。

1　理事の選任手続

　事業協同組合は、理事会の決議により、理事の中から組合を代表する理事（以下「代表理事」という。）を選定しなければならないとされています（組合法36条の8第1項）。そして、代表権を有する者（代表理事）の氏名、住所及び資格が登記事項とされています（同法84条2項7号）。

　代表理事は、理事の地位にあることを要しますので、まず、総会で理事に選任される必要があります。理事の選任方法は、定款の定めるところにより、総会において選挙又は選任することとされ（同法35条3項・13項）、選挙の方法によるときは、無記名投票（同条8項）又は出席者に異議がないときは、指名推選の方法（同条10項）によって行うことができるとされています。

2　代表理事の選任手続

　理事会は、理事の中から代表理事を選定しなければならないとされています（組合法36条の8第1項）。理事会の決議は、議決に加わることができる理事の過半数が出席し、その過半数で決するものとされています。ただし、これらの定足数又は決議要件を上回る割合を定款又は規約で定めた場合にあっては、その割合以上であることを要します（同法36条の6第1項・2項）。

　選定された代表理事は、その就任を承諾することにより、代表理事に就任します。

Q66
理事及び監事の任期はどのようになっていますか。

理事の任期については、「2年以内において定款で定める期間」とされ、監事の任期については、「4年以内において定款で定める期間」とされています。したがって、その期間内であれば、定款によって、その任期を短縮することも可能です（組合法36条1項・2項）。

また、組合法は、定款によって、理事及び監事の任期を任期中の最終の決算期に関する通常総会の終結の時まで伸長することができるとしています（同条4項）。この任期伸長規定により、2年（4年）を超えることも許容されます。

2 代表理事の変更

Q67
代表理事を新たに就任した場合や、代表理事が退任した場合には、登記事項である、代表理事の氏名、住所及び資格に変更があった場合に該当し、その変更の登記をしなければなりませんが、代表理事の退任事由について、教えてください。

代表理事の退任事由は、死亡、辞任、解任、任期満了、資格喪失（欠格事由に該当する場合）等です。

(1) 死　亡

　　死亡の日に、代表理事は退任します。

(2) 辞　任

　　代表理事は、辞任の意思表示が組合に到達した日に、辞任することができます。なお、代表理事の辞任により、法律又は定款に定める代表理事の員数が欠けることとなる場合は、新たに選任された者が就任するまで、代表理事としての権利義務を有することになります（組合法36条の

2）。

(3) 解　任

組合法には代表理事の解任に関する規定はありませんが、代表理事は、選任機関である理事会の決議により解任することができると解されています。

(4) 代表理事の資格喪失

① 理事の任期満了

理事は、その任期が満了した日に退任します。理事の地位を失うと、これを前提とする代表理事の地位についても、資格喪失により退任します。ただし、代表理事の員数が欠けることとなる場合には、新たに選任された者が就任するまで、なお代表理事としての権利義務を有することになります（組合法36条の2）。

② 理事（監事）の改選請求

総組合員の5分の1（これを下回る割合を定款で定めた場合にあっては、その割合）以上の連署をもって、理事の改選を請求することができるとされ、その請求につき総会において出席者の過半数の同意があったときは、その請求に係る理事は、その地位を失うこととされています（同法42条1項）。

③ 理事の資格喪失

理事は、組合法35条の4第1項の欠格事由に該当した場合には、その該当した日に、資格喪失により退任します。また、代表理事は、その前提となる理事の地位を失うと、資格喪失により退任します。

理事が、辞任、解任等により理事の地位を失う場合にも、これを前提とする代表理事の地位についても、資格喪失により退任します。

Q68

事業協同組合の代表理事に変更が生じた場合の変更登記について、説明してください。

事業協同組合の代表理事に変更が生じたときは、その変更の登記をしなければなりません（組合法85条1項）。変更が生じた場合とは、代表理事

の氏若しくは名又は住所に変更があった場合のほか、代表理事が新たに就任した場合や退任した場合が該当します。

1 登記期間

　　代表理事に変更が生じたときは、2週間以内に、その主たる事務所の所在地において、変更の登記をしなければなりません（組合法85条1項）。

2 登記すべき事項

　　登記すべき事項は、代表理事の氏名、住所及び就任年月日です（組合法84条2項7号）。登記原因としては、「就任」「重任」を用います。また、代表理事が退任した場合は、退任の旨（退任事由）及び退任年月日です。

3 添付書類

(1) 代表理事の就任（重任）による変更登記の添付書面は、次のとおりです（組合法99条1項）。

　　ア　総会議事録

　　　　代表理事に選定された理事を選任した総会の議事録を添付します。総代会において選任されたときは、総代会の議事録を添付します。

　　イ　理事会議事録

　　　　代表理事の選定に係る理事会の議事録を添付します。

　　ウ　定　款

　　　　理事が、定款の定めるところにより総会で選任された場合等には、定款で定める理事改選に関する決議要件及び選任方法により決議されたことを証するために添付します。

　　エ　就任承諾書

　　　　代表理事の理事及び代表理事の就任についての就任承諾書を添付します。なお、総会又は理事会の席上で被選任者が就任を承諾した場合には、登記申請書において「就任承諾書は、総会議事録（又は理事会議事録）の記載を援用する。」と記載されていれば就任承諾書の添付は省略できます。

　　オ　印鑑証明書

　　　　代表理事の選定に係る理事会議事録に署名（記名）押印した理事

全員の印鑑につき、市区町村長の作成した印鑑証明書を添付します。ただし、理事会議事録に、変更前の代表理事が登記所に提出している印鑑が押印されているときは、印鑑証明書の添付は省略できます（各種法人等登記規則5条、商業登記規則61条4項）。

(2) **代表理事の退任を証する書面は、次のとおりです。**

　ア　死亡の場合

　　戸籍の謄抄本、死亡診断書、遺族等からの組合に対する死亡届出等が退任を証する書面に該当します。

　イ　辞任の場合

　　辞任届が、退任を証する書面に該当します。

　　なお、取締役の地位を失うと、代表取締役の地位についても、資格喪失により退任します。

　ウ　解任の場合

　　理事会の決議により解任したときは、理事会の議事録が解任を証する書面となります。

　エ　任期満了・資格喪失

　　理事の任期満了の場合には、改選の際の総会議事録に任期満了により退任した旨の記載がある場合には、これで足ります。また、理事の資格喪失については、その事由を証する書面が必要ですが、代表理事は、その前提となる理事の地位を失うと、資格喪失により退任することから、特に添付書面は要しません。

(3) **委任状**

代理人に登記申請を委任した場合に添付します。

申請書書式

（役員変更の登記―代表理事が退任、就任した場合）

事業協同組合変更登記申請書

1 名　　　　称　　東京○○事業協同組合
1 主たる事務所　　東京都千代田区大手町一丁目1番1号
1 登記の事由　　　代表理事の変更
1 登記すべき事項　別添CD-Rのとおり　（注1）
1 添付書面　　　　総会議事録　　1通（注2）
　　　　　　　　　理事会議事録　1通（注3）
　　　　　　　　　定款　　　　　1通（注4）
　　　　　　　　　就任承諾書　　○通（注5）
　　　　　　　　　印鑑証明書　　○通（注6）
　　　　　　　　　委任状　　　　1通（注7）

　上記のとおり登記の申請をします。

　　平成○○年○○月○○日

　　　　　　　　　東京都千代田区大手町一丁目1番1号
　　　　　　　　　申　請　人　　東京○○事業協同組合
　　　　　　　　　東京都江戸川区小松川二丁目2番2号
　　　　　　　　　代表理事　　乙　川　英　雄　㊞（注8）
　　　　　　　　　東京都豊島区東池袋一丁目1番1号
　　　　　　　　　代　理　人　　山　川　太　郎　㊞（注9）

　　　　　　　　　連絡先の電話番号　○○○－○○○－○○○○

　東京法務局　御中

（注1）登記すべき事項については、磁気ディスク（法務省令で定める電磁的記録に限る。）であるCD-R又はFD（フロッピーディスク）に記録し、これを登記所に提出することができます。この場合には、登記すべき事項を登記申請書に記載する必要はありません（組合法103条、商業登記法17条4項）。

（注2）代表理事に就任した理事が理事に選任されたことを証するために添付し

ます。
(注3) 代表理事に選定されたことを証するために、代表理事の選定に関する理事会の議事録を添付します。
(注4) 理事が、総会における選挙ではなく、総会において選任の方法によった場合等（組合法35条13項）には、役員改選に関する定款所定の決議要件及び選任方法により決議されたことを証するために添付します。、
　また、理事が定款で定めた任期の満了により退任した場合において、改選の際の議事録に、任期満了により退任した旨の記載がある場合には、定款の添付は要しませんが、任期満了により退任した旨の記載がない場合には、任期を明らかにするために、添付を要します。
(注5) 就任承諾書は、理事及び代表理事それぞれの就任承諾書が必要です。被選任者が総会及び理事会の席上で就任を承諾し、その旨が各議事録の記載から明らかな場合は、「就任承諾書は、総会及び理事会の議事録の記載を援用する。」と記載すれば、就任承諾書の添付は必要ありません。
(注6) 代表理事の選定に係る理事会議事録に署名（記名）押印した理事全員の印鑑につき、市区町村長の作成した印鑑証明書を添付します。ただし、当該議事録に、変更前の代表理事が署名（記名）し、登記所に提出している印鑑と同一のものを押印しているときは、印鑑証明書の添付は省略することができます（各種法人等登記規則5条、商業登記規則61条4項）。
(注7) 代理人に登記申請を委任した場合に添付します。
(注8) 代表理事の印鑑は、代表理事が登記所に提出している印鑑を押印します。
(注9) 代理人が申請する場合に記載し、代理人の印鑑を押印します。この場合には、代表理事の押印は必要ありません。

(登記すべき事項を磁気ディスクに記録して提出する場合の入力例)

「役員に関する事項」
「資格」代表理事
「住所」東京都墨田区墨田一丁目1番1号
「氏名」甲山一郎
「原因年月日」平成○○年○○月○○日退任
「役員に関する事項」
「資格」代表理事
「住所」東京都江戸川区小松川二丁目2番2号
「氏名」乙川英雄
「原因年月日」平成○○年○○月○○日就任

(総会議事録)

第○○回通常総会議事録

1 総 会 の 日 時　　平成○○年○○月○○日午前10時30分
1 開 催 の 場 所　　当組合会議室（東京都千代田区大手町一丁目1番1号）
1 組 合 員 総 数　　○○名
1 出 席 組 合 員　　○○名
　　　　　　　　　　内訳　本人出席　　　○○名
　　　　　　　　　　　　　委任状出席　　○○名
1 議長選任の経過
　定刻に至り、理事丙野洋子が仮議長となり、本総会における議長の選任を諮ったところ、議長として代表理事甲山一郎が選任され、就任した。次いで、代表理事甲山一郎は議長席に着き、本総会の出席者数を調査の上、本総会は有効に成立した旨を述べ、直ちに議案の審議に入った。
1 議事の経過の要領及び議案別決議の結果
　　第1号議案　平成○○年度決算書類の承認を求める件
　議長は、理事乙川英雄に平成○○年度（自平成○○年○○月○○日至平成○○年○○月○○日）における当組合の事業状況を詳細に報告させ、次の書類を提出して、その承認を求めた。
　① 事業報告書
　② 財産目録
　③ 貸借対照表
　④ 損益計算書
　⑤ 剰余金処分案
　次いで監事松野次郎は、事業報告書等を綿密に調査したところ、いずれも正確かつ適切であることが認められた旨を報告した。
　総会は、満場異議なく、これを承認した。
　　第2号議案　平成○○年度の収支予算案及び事業計画案の承認を求める件
　議長は、事務担当者○○○○に次年度の収支予算案及び事業計画案を詳細に説明させた後、その可否を議場に諮ったところ、満場一致でこれを承認可決した。
　　第3号議案　役員全員任期満了につき改選の件
　議長は、理事3名及び監事1名の役員全員が本総会終結時をもって任期満了により退任するので、定款の定めるところにより、その後任者を

選挙する必要がある旨説明し、無記名投票を行った結果、次のとおり理事及び監事に当選した。
　当選者は、いずれも席上その就任を承諾した。
　理事　乙川英雄、丙野洋子、甲山一郎　監事　松野次郎
　以上をもって議案の全部を終了したので、議長は閉会を宣し午後2時30分散会した。

　上記の議決を明確にするため、この議事録を作り、議長及び出席理事の全員がこれに記名押印する。

　平成○○年○○月○○日

　　　　　　　　東京○○事業協同組合第○○回通常総会において
　　　　　　　　　　　議長理事　　甲　山　一　郎　㊞
　　　　　　　　　　　出席理事　　乙　川　英　雄　㊞
　　　　　　　　　　　　同　　　　丙　野　洋　子　㊞

（理事会議事録）

<pre>   理 事 会 議 事 録</pre>

1　開催日時　　平成○○年○○月○○日午後3時
1　開催場所　　当組合事務所（東京都千代田区大手町一丁目1番1号）
1　出席理事　　甲山一郎、乙川英雄、丙野洋子

1　議事の経過の要領及び結果
　　定刻に至り、理事丙野洋子が議長席に着き、本理事会は有効に成立した旨を告げ、議案の審議に入った。
　　　第1号議案　代表理事選定の件
　　議長は、前代表理事甲山一郎が平成○○年○○月○○日をもって任期満了によって理事を退任したことに伴い、代表理事の資格を喪失したので、その後任者を選定しなければならない旨を述べ、その選定方法を諮ったところ、議長の指名に一任するとの発言があり、一同これを承認した。そこで議長は、代表理事として乙川英雄を指名し、満場一致でこれを承認可決した。
　　被選任者は、席上その就任を承諾した。

　　以上をもって議案の全部の審議を終了したので、議長は閉会を宣し、午後4時30分散会した。

　　上記の決議を明確にするため、議長及び出席理事において、次に記名押印する。

　　平成○○年○○月○○日

　　　　　　　　　　　　　　東京○○事業協同組合理事会において
　　　　　　　　　　　　　　　議長理事　　丙　野　洋　子　㊞
　　　　　　　　　　　　　　　出席理事　　乙　川　英　雄　㊞
　　　　　　　　　　　　　　　　同　　　　甲　山　一　郎　㊞

(就任承諾書)

就 任 承 諾 書

　私は、平成〇〇年〇〇月〇〇日開催の理事会において代表理事に選定されましたので、その就任を承諾します。

　　平成〇〇年〇〇月〇〇日

　　　　　　　　　　　東京都江戸川区小松川二丁目2番2号
　　　　　　　　　　　　　　代表理事　　乙　川　英　雄　㊞

　東京〇〇事業協同組合　御中

(委任状)

委 　任 　状

　　　　　　　　　　　　東京都豊島区東池袋一丁目1番1号
　　　　　　　　　　　　　　山　川　太　郎

　私は、上記の者を代理人に定め、下記の権限を委任する。

1　当組合の代表理事の変更登記を申請する一切の件
1　原本還付の請求及び受領の件

　　平成〇〇年〇〇月〇〇日

　　　　　　　　　　　東京都千代田区大手町一丁目1番1号
　　　　　　　　　　　　東京〇〇事業協同組合
　　　　　　　　　　　　　　代表理事　　乙　川　英　雄　㊞

(注)代表理事の印鑑は、代表理事が登記所に提出している印鑑を押印します。

第10章　代表理事の変更登記

申請書書式
（役員変更登記―代表理事の重任の場合）

事業協同組合変更登記申請書

1　名　　　称　　　東京○○事業協同組合
1　主たる事務所　　東京都千代田区大手町一丁目１番１号
1　登記の事由　　　代表理事の変更
1　登記すべき事項　別添CD-Rのとおり　（注１）
1　添付書類　　　　総会議事録　　　１通（注２）
　　　　　　　　　　理事会議事録　　１通（注３）
　　　　　　　　　　（定款　　　　　１通）（注４）
　　　　　　　　　　就任承諾書　　　○通（注５）
　　　　　　　　　　印鑑証明書　　　○通（注６）
　　　　　　　　　　委任状　　　　　１通（注７）

　　上記のとおり登記の申請をします。

　　平成○○年○○月○○日

　　　　　　　　　　東京都千代田区大手町一丁目１番１号
　　　　　　　　　　申請人　　東京○○事業協同組合
　　　　　　　　　　東京都墨田区墨田一丁目１番１号
　　　　　　　　　　代表理事　　甲　山　一　郎　㊞（注８）
　　　　　　　　　　東京都豊島区東池袋一丁目１番１号
　　　　　　　　　　代理人　　　山　川　太　郎　㊞（注９）

　　　　　　　　　　連絡先の電話番号　　○○○－○○○－○○○○

　東京法務局　御中

（注１）登記すべき事項については、磁気ディスク（法務省令で定める電磁的記録に限る。）であるCD-R又はFD（フロッピーディスク）に記録し、これを登記所に提出することができます。この場合には、登記すべき事項を登記申請書に記載する必要はありません（組合法103条、商業登記法17条4項）。
（注２）代表理事に就任した理事が理事に選任されたことを証するために添付し

ます。
(注3) 代表理事に選定されたことを証するために、代表理事の選定に関する理事会の議事録を添付します。
(注4) 理事が、総会における選挙ではなく、総会において選任の方法によった場合等（組合法35条13項）には、役員改選に関する定款所定の決議要件及び選任方法により決議されたことを証するために添付します。
　　　また、理事が定款で定めた任期満了により退任した場合において、改選の際の議事録に、任期満了により退任した旨の記載がある場合には、定款の添付は要しませんが、任期満了により退任した旨の記載がない場合には、任期を明らかにするために、添付を要します。
(注5) 代表理事の就任承諾書は、理事及び代表理事それぞれの就任承諾書が必要です。被選任者が総会及び理事会の席上で就任を承諾し、その旨が各議事録の記載から明らかな場合は、「就任承諾書は、総会及び理事会の議事録の記載を援用する。」と記載すれば、就任承諾書の添付は必要ありません。
(注6) 代表理事の選定に係る理事会議事録に署名（記名）押印した理事全員の印鑑につき、市区町村長の作成した印鑑証明書を添付します。ただし、当該議事録に、変更前の代表理事が署名（記名）し、登記所に提出している印鑑と同一のものを押印しているときは、印鑑証明書の添付は省略することができます（各種法人等登記規則5条、商業登記規則61条4項）。
(注7) 代理人に登記申請を委任した場合に添付します。
(注8) 代表理事の印鑑は、代表理事が登記所に提出している印鑑を押印します。
(注9) 代理人が申請する場合に記載し、代理人の印鑑を押印します。この場合には、代表理事の押印は必要ありません。

（登記すべき事項を磁気ディスクに記録して提出する場合の入力例）

```
「役員に関する事項」
「資格」代表理事
「住所」東京都墨田区墨田一丁目1番1号
「氏名」甲山一郎
「原因年月日」平成〇〇年〇〇月〇〇日重任
```

(総会議事録)

第○○回通常総会議事録

1 総会の日時　　平成○○年○○月○○日午前10時30分
1 開催の場所　　当組合会議室（東京都千代田区大手町一丁目1番1号）
1 組合員総数　　○○名
1 出席組合員　　○○名
　　　　　　　内訳　本人出席　　　○○名
　　　　　　　　　　委任状出席　　○○名
1 議長選任の経過
　定刻に至り、理事乙川英雄が仮議長となり、本総会における議長の選任を諮ったところ、議長として代表理事甲山一郎が選任され、就任した。次いで代表理事甲山一郎は議長席に着き、本総会の出席者数を調査の上、本総会は有効に成立した旨を述べ、直ちに議案の審議に入った。
1 議事の経過の要領及び議案別決議の結果
　　第1号議案　平成○○年度決算書類の承認を求める件
　　（省略）
　総会は、満場異議なく、これを承認した。
　　第2号議案　平成○○年度の収支予算案及び事業計画案の承認を求める件
　　（省略）
　満場一致でこれを承認可決した。
　　第3号議案　理事全員任期満了につき改選の件
　議長は、理事全員が本総会終結時をもって任期満了により退任するので、定款の定めるところにより、その後任者を選挙する必要がある旨説明し、その選挙方法として指名推薦制を採りたい旨を議場に諮ったところ全員異議なく賛成した。議長は、指名推薦制の選考委員の選出方法を議場に諮ったところ、議長一任と決し、議長は、○○○○、○○○○及び○○○○の3名を選考委員に指名した。
　選考の結果、議長から、選考委員が指名推薦した被指名人は次のとおりである旨を告げ、これを議場に諮ったところ、出席者全員の同意により被指名人全員が当選人となった。
　当選人は、いずれも席上、就任を承諾した。
　　理事　甲山一郎、乙川英雄、丙野洋子

以上をもって議案の全部を終了したので、議長は閉会を宣し午前11時

30分散会した。

　上記の決議を明確にするため、この議事録を作り、議長及び出席理事の全員がこれに記名押印する。

　　　　　　　　　東京○○事業協同組合第○○回通常総会において
　　　　　　　　　　議長　理　　事　　甲　山　一　郎　㊞
　　　　　　　　　　　　　出席理事　　乙　川　英　雄　㊞
　　　　　　　　　　　　　　同　　　　丙　野　洋　子　㊞

(注) 指名推薦制
　役員は、定款の定めるところにより、総会において選挙するとされ、選挙方法は、原則として無記名方法によるとされていますが、指名推薦の方法によることもできるとされています（組合法35条）。この方法で行う場合には、この制度によることができる旨を定款に定めておくほか、出席者中に異議がないこと、さらに、被指名人を当選人と定めるべきかどうかを総会に諮り、出席者の全員の同意があった者を当選人とするものです（同条11項）。
　なお、被指名人の選定は、選考委員会による方法をとることもできると解されています（全国中小企業団体中央会編『改訂版中小企業等協同組合法逐条解説』164頁（第一法規））。

(理事会議事録)

理 事 会 議 事 録

1　開催日時　　平成○○年○○月○○日午後1時30分
1　開催場所　　当組合事務所（東京都千代田区大手町一丁目1番1号）
1　出席理事　　甲山一郎、乙川英雄、丙野洋子

1　議事の経過の要領及び結果
　定刻に至り理事丙野洋子が議長席に着き、本理事会は有効に成立した旨を告げ、議案の審議に入った。
　　第1号議案　代表理事選定の件
　議長は、前代表理事甲山一郎が平成○○年○○月○○日をもって任期満了によって理事を退任したことに伴い、代表理事の資格を喪失したので、その後任者を選定しなければならない旨を述べ、その選定方法を諮ったところ、議長の指名に一任するとの発言があり、一同これを承認した。
　議長は、代表理事として甲山一郎を指名し、満場一致でこれを承認可決した。被選任者は、席上その就任を承諾した。

　以上をもって議案の全部の審議を終了したので、議長は閉会を宣し、午後2時30分散会した。

　上記の議決を明確にするため、議長及び出席理事において、次に記名押印する。

　平成○○年○○月○○日

　　　　　　　　　　　東京○○事業協同組合理事会において
　　　　　　　　　　　　議長理事　　丙　野　洋　子　㊞
　　　　　　　　　　　　出席理事　　甲　山　一　郎　㊞
　　　　　　　　　　　　　同　　　　乙　川　英　雄　㊞

(就任承諾書)

```
　　　　　　　　就　任　承　諾　書

　私は、平成〇〇年〇〇月〇〇日開催の理事会において代表理事に選定されたので、その就任を承諾します。

　　平成〇〇年〇〇月〇〇日

　　　　　　　　　　　　　東京都墨田区墨田一丁目1番1号
　　　　　　　　　　　　　　代表理事　　甲　山　一　郎　㊞

東京〇〇事業協同組合　御中
```

(委任状)

```
　　　　　　　　　委　任　状

　　　　　　　　　　　　　東京都豊島区東池袋一丁目1番1号
　　　　　　　　　　　　　　　　　　山　川　太　郎

　私は、上記の者を代理人に定め、下記の権限を委任する。

　　　　　　　　　　　記
1　当組合の代表理事の変更登記を申請する一切の件
1　原本還付の請求及び受領の件

　　平成〇〇年〇〇月〇〇日

　　　　　　　　　　　　　東京都千代田区大手町一丁目1番1号
　　　　　　　　　　　　　東京〇〇事業協同組合
　　　　　　　　　　　　　　代表理事　　甲　山　一　郎　㊞
```

(注)代表理事の印鑑は、代表理事が登記所に提出している印鑑を押印します。

Q69 代表理事の氏名又は住所に変更が生じたときの登記手続について、教えてください。

　事業協同組合は、代表理事の氏名・住所に変更があった場合には、その変更登記をしなければなりません。

　代表理事の氏の変更は、婚姻、離婚、養子縁組、離縁等によって生じます。また、住所の変更は、住所移転、行政区画の変更に伴う地番の変更又は住居表示の実施等によって生じます。なお、行政区画の変更の場合（地番の変更を伴わないもの）については、その変更による登記があったものとみなされますので、組合に変更登記申請の義務はありません。

1　登記期間
　代表理事の氏名又は住所に変更を生じたときは、2週間以内に、その主たる事務所の所在地において、変更の登記をしなければなりません（組合法85条1項）。

2　登記すべき事項
　登記すべき事項は、変更後の氏名（又は住所）及び変更年月日です。

3　添付書類
　代理人によって登記を申請する場合の委任状以外の添付書面は必要ありません。

申請書書式

(役員変更登記―代表理事の氏名変更の場合)

事業協同組合変更登記申請書

1　名　　　　称　　東京○○事業協同組合
1　主たる事務所　　東京都千代田区大手町一丁目1番1号
1　登 記 の 事 由　　代表理事の氏名変更
1　登記すべき事項　　平成○○年○○月○○日代表理事甲山一郎の氏変更
　　　　　　　　　　氏名　丁海一郎（注1）
1　添 付 書 類　　委任状　　1通

　上記のとおり登記の申請をします。

　　平成○○年○○月○○日

　　　　　　　　東京都千代田区大手町一丁目1番1号
　　　　　　　　申　請　人　　東京○○事業協同組合
　　　　　　　　東京都墨田区墨田一丁目1番1号
　　　　　　　　代表理事　　丁　海　一　郎　㊞（注2）
　　　　　　　　東京都豊島区東池袋一丁目1番1号
　　　　　　　　代　理　人　　山　川　太　郎　㊞（注3）

　　　　　　　　　連絡先の電話番号　○○○－○○○－○○○○

東京法務局　御中

（注1）本例は、登記すべき事項を直接申請書に記載する方法による場合ですが、登記すべき事項については、登記申請書への記載に代えて、磁気ディスク（法務省令で定める電磁的記録に限る。）であるCD-R又はFD（フロッピーディスク）に記録し、これを登記所に提出することができます（組合法103条、商業登記法17条4項）。

（注2）変更後の氏名を記載します。
　　　代表理事の印鑑は、代表理事が登記所に提出している印鑑を押印します。

（注3）代理人が申請する場合に記載し、代理人の印鑑を押印します。この場合には、代表理事の押印は必要ありません。

（委任状）

```
                  委 任 状

                        東京都豊島区東池袋一丁目1番1号
                                山 川 太 郎

   私は、上記の者を代理人に定め、次の権限を委任します。

 1  代表理事甲山一郎は、平成○○年○○月○○日養子離縁により、その
    氏名を丁海一郎に変更したので、この変更登記の申請に関する一切の件
 1  原本還付の請求及び受領の件

    平成○○年○○月○○日

                        東京都千代田区大手町一丁目1番1号
                        東京○○事業協同組合
                              代表理事   丁 海 一 郎 ㊞
```

（注）代表理事の印鑑は、代表理事が登記所に提出している印鑑を押印します。

3　行政庁に対する役員変更の届出

Q70
行政庁に対する役員の変更等の届出について、説明してください。

　事業協同組合は、その役員の氏名又は住所に変更があったときは、その変更の日から2週間以内に、行政庁にその旨を届け出なければならないとされています（組合法35条の2）。届出は、組合法施行規則の様式第8による届書に、変更した事項を記載した書面並びに変更の年月日及び理由を記載した書面を添えて提出しなければならないとされています（同法施行規則61条1項）。

なお、役員の変更の届出が役員の選挙又は選任による変更に係るものであるときは、通常総会（又は通常総代会）において新たな役員を選挙又は選任した場合を除き、上記の書類のほか、新たな役員を選挙若しくは選任した総会又は選任した理事会の議事録又はその謄本を提出しなければならないとされています（組合法施行規則61条2項）。

　この届出義務に違反したときは、組合の理事に罰則の適用があります（組合法115条1項11号）。

（組合法施行規則様式第8―役員変更届出書）

```
                                            年　　月　　日
○○大臣
○○局長　　　　　殿
○○都道府県知事

                        東京都千代田区大手町一丁目1番1号
                        東京○○事業協同組合
                            代表理事　甲山一郎　㊞

            中小企業等協同組合役員変更届書

　中小企業等協同組合法第35条の2の規定により中小企業等協同組合の役員の変更を別紙の変更した事項を記載した書面その他の必要書類を添えて届け出ます。
```

第11章
参事に関する登記

1　参事の選任の登記

Q71
事業協同組合の参事について、説明してください。

　事業協同組合は、理事会の決議により参事を選任し、その主たる事務所又は従たる事務所において、その業務を行わせることができるとされています（組合法44条1項）。

　参事については、会社の支配人に関する規定が準用されていますので、参事は、組合に代わってその事業に関する一切の裁判上及び裁判外の行為をする権限を有するものとされています（同条2項、会社法11条）。

　したがって、参事は、その参事を置いた主たる事務所、又は従たる事務所の業務について、組合に代わって、一切の裁判上及び裁判外の行為をする権限を有することになります。この参事の代理権に加えた制限は、善意の第三者に対抗することはできません（組合法44条2項、会社法11条3項）。

　また、参事については、競業禁止義務が定められていますし（組合法44条2項、会社法12条）、参事以外の使用人に、組合の主たる事務所又は従たる事務所の事業の主任者であると認められる名称を付した場合には、組合は、その者がした行為について、善意の第三者に対して責任を負わなければならないとされています（組合法44条2項、会社法13条）。

　組合が参事を選任したときは、参事の氏名及び住所並びに参事を置いた事務所を登記しなければなりません（組合法88条）。

Q72 事業協同組合が参事を選任した場合の登記手続について、教えてください。

　参事を選任した場合には、これを置いた主たる事務所又は従たる事務所にかかわらず、全て主たる事務所の所在地において、その登記をする必要があります（組合法88条）。

1　登記期間

　組合が参事を選任したときは、2週間以内に、主たる事務所の所在地において登記をしなければならないとされています（組合法88条）。

2　登記すべき事項

　登記すべき事項は、参事の氏名及び住所、参事を置いた主たる事務所又は従たる事務所です（同条）。

3　添付書類

　参事の選任の登記申請書には、参事の選任を証する書面として、理事会議事録を添付しなければなりません（組合法103条、商業登記法45条1項）。

　代理人によって登記を申請する場合には、代理権限を証する書面として、委任状を添付します。

第11章　参事に関する登記

申請書書式
（参事の選任の登記）

事業協同組合参事選任登記申請書

1　名　　　　称　　東京○○事業協同組合
1　主たる事務所　　東京都千代田区大手町一丁目1番1号
1　登記の事由　　　平成○○年○○月○○日参事の選任
1　登記すべき事項　参事の氏名及び住所（注1）
　　　　　　　　　　東京都中野区中野五丁目5番5号
　　　　　　　　　　　　大　池　満　夫
　　　　　　　　　参事を置いた事務所
　　　　　　　　　　東京都府中市中央二丁目2番2号（注2）
1　添　付　書　類　理事会議事録　　1通（注3）
　　　　　　　　　　委任状　　　　　1通（注4）

　上記のとおり登記の申請をします。

　平成○○年○○月○○日

　　　　　　　　　　　東京都千代田区大手町一丁目1番1号
　　　　　　　　　　　申　請　人　　東京○○事業協同組合
　　　　　　　　　　　東京都墨田区墨田一丁目1番1号
　　　　　　　　　　　代表理事　　甲　山　一　郎　㊞（注5）
　　　　　　　　　　　東京都豊島区東池袋一丁目1番1号
　　　　　　　　　　　代　理　人　　山　川　太　郎　㊞（注6）

　　　　　　　　　　　連絡先の電話番号　　○○○－○○○－○○○○

東京法務局　御中

（注1）本例は、登記すべき事項を直接申請書に記載する方法による場合ですが、登記すべき事項については、登記申請書への記載に代えて、磁気ディスク（法務省令で定める電磁的記録に限る。）であるCD-R又はFD（フロッピーディスク）に記録し、これを登記所に提出することができます（組合法103条、商業登記法17条4項）。
（注2）参事を置いた場所は、主たる事務所又は従たる事務所です。

207

(注3) 参事に選任されたことを証するために、選任に関する理事会の議事録を添付します。
(注4) 代理人に登記申請を委任した場合に添付します。
(注5) 代表理事の印鑑は、代表理事が登記所に提出している印鑑を押印します。
(注6) 代理人が申請する場合に記載し、代理人の印鑑を押印します。この場合には、代表理事の押印は必要ありません。

(理事会議事録)

　　　　　　　　　　理　事　会　議　事　録

1　開催日時　　平成○○年○○月○○日午前10時30分
1　開催場所　　当組合事務所（東京都千代田区大手町一丁目1番1号）
1　出席理事　　甲山一郎、乙川英雄、丙野洋子

1　議事の経過の要領及び結果
　　定刻に至り、定款の規定によって代表理事甲山一郎が議長に就任し、直ちに議案の審議に入った。
　　　第1号議案　参事選任の件
　　議長は、東京都府中市中央二丁目2番2号の従たる事務所において業務を行わせるため、参事を選任する必要がある旨を述べ、その可否を諮ったところ、満場一致で次の者を参事に選任することに決定した。
　　参事の氏名及び住所
　　東京都中野区中野五丁目5番5号　　大池満夫

　以上をもって議案の全部の審議を終了したので、議長は閉会を宣し、午前11時30分散会した。

　上記の決議を明確にするため、議長及び出席理事において、次に記名押印する。

　　平成○○年○○月○○日

　　　　　　　　　　東京○○事業協同組合理事会において
　　　　　　　　　　議長代表理事　　甲　山　一　郎　㊞
　　　　　　　　　　出　席　理　事　　乙　川　英　雄　㊞
　　　　　　　　　　　　同　　　　　　丙　野　洋　子　㊞

（委任状）

委　任　状

東京都豊島区東池袋一丁目1番1号
山　川　太　郎

　私は、上記の者を代理人に定め、下記のとおり、参事の選任登記を申請する一切の権限を委任する。

記

参事の氏名及び住所
東京都中野区中野五丁目5番5号　　大池満夫

参事を置いた事務所
東京都府中市中央二丁目2番2号

　平成○○年○○月○○日

東京都千代田区大手町一丁目1番1号
東京○○事業協同組合
代表理事　甲　山　一　郎　㊞

（注） 代表理事の印鑑は、代表理事が登記所に提出している印鑑を押印します。

2　参事の代理権消滅の登記

Q73
参事の代理権の消滅とは、どのようなことですか。

　参事の選任及び解任は、理事会の決議によって行われます（組合法44条1項）。そして、組合の参事の代理権は、辞任、死亡、理事会による解任等により消滅します。

なお、組合員は、総組合員の10分の1（これを下回る割合を定款で定めた場合にあっては、その割合）以上の同意を得て、組合に対し、参事の解任を請求することができるとされています（組合法45条1項）。この解任の請求は、解任の理由を記載した書面を組合に提出してしなければならないとされています（同条2項）。この解任の請求があったときは、理事会は、その参事の解任の可否を決しなければならないとされています（同条4項）。なお、理事は、可否の決定の日の7日前までに、当該参事に対し、解任を請求する書面を送付し、かつ、弁明する機会を与えなければならないとされています（同条5項）。参事が辞任、死亡、解任等によりその代理権が消滅したときは、参事の代理権の消滅の登記を申請しなければなりません（組合法88条）。

なお、組合が解散した場合も、登記実務上、解散時における参事の代理権は消滅するとして取り扱われています。すなわち、組合の参事の登記は、組合の解散の登記をしたときは、登記官は、参事の登記に抹消する記号を記録しなければならないとされています（各種法人等登記規則5条、商業登記規則59条）。

Q74 参事の代理権消滅の登記について、教えてください。

1　登記期間

参事の辞任、死亡、解任等により参事の代理権が消滅したときは、2週間以内に、主たる事務所の所在地において、消滅の登記をしなければなりません（組合法88条）。

2　添付書類

参事の代理権の消滅の登記の申請書には、これを証する書面を添付しなければならないとされています（組合法103条、商業登記法45条2項）。

具体的には、参事の辞任届、死亡診断書、解任に関する理事会議事録等が該当します。

申請書書式
（参事の代理権消滅の登記）

事業協同組合参事代理権消滅登記申請書

1　名　　　称　　　東京〇〇事業協同組合
1　主たる事務所　　東京都千代田区大手町一丁目１番１号
1　登 記 の 事 由　　参事の代理権消滅
1　登記すべき事項　　参事大池満夫は、平成〇〇年〇〇月〇〇日辞任
　　　　　　　　　　　　　　　　　　　　　　　　　　（注１）
1　添 付 書 類　　辞任届　　　１通（注２）
　　　　　　　　　（死亡届　　　１通）（注３）
　　　　　　　　　（理事会議事録　１通）（注４）
　　　　　　　　　委任状　　　　１通（注５）

　上記のとおり登記の申請をします。

　平成〇〇年〇〇月〇〇日

　　　　　　　　　　東京都千代田区大手町一丁目１番１号
　　　　　　　　　　申 請 人　　東京〇〇事業協同組合
　　　　　　　　　　東京都墨田区墨田一丁目１番１号
　　　　　　　　　　代表理事　　甲　山　一　郎　㊞（注６）
　　　　　　　　　　東京都豊島区東池袋一丁目１番１号
　　　　　　　　　　代 理 人　　山　川　太　郎　㊞（注７）

　　　　　　　　　　連絡先の電話番号　〇〇〇－〇〇〇－〇〇〇〇

東京法務局　御中

（注１）本例は、登記すべき事項を直接申請書に記載する方法による場合ですが、登記すべき事項については、登記申請書への記載に代えて、磁気ディスク（法務省令で定める電磁的記録に限る。）であるCD-R又はFD（フロッピーディスク）に記録し、これを登記所に提出することができます（組合法103条、商業登記法17条4項）。
（注２）参事が辞任した場合に添付します。
（注３）参事が死亡した場合に添付します。

(**注4**)理事会において参事を解任した場合に添付します。
(**注5**)代理人に登記申請を委任した場合に添付します。
(**注6**)代表理事の印鑑は、代表理事が登記所に提出している印鑑を押印します。
(**注7**)代理人が申請する場合に記載し、代理人の印鑑を押印します。この場合には、代表理事の押印は必要ありません。

（辞任届）

辞 任 届

　私は、この度、一身上の都合により、平成〇〇年〇〇月〇〇日をもって、貴組合の参事を辞任したく、お届けします。

　　平成〇〇年〇〇月〇〇日

東京都中野区中野五丁目5番5号
大 池 満 夫 ㊞

東京〇〇事業協同組合
　　代表理事　甲　山　一　郎　殿

（委任状）

委 任 状

東京都豊島区東池袋一丁目1番1号
山　川　太　郎

　私は、上記の者を代理人に定め、次の権限を委任する。

1　当組合の参事大池満夫の代理権消滅の登記を申請する一切の件

　　平成〇〇年〇〇月〇〇日

東京都千代田区大手町一丁目1番1号
東京〇〇事業協同組合
代表理事　甲　山　一　郎　㊞

（注） 代表理事の印鑑は、代表理事が登記所に提出している印鑑を押印します。

3　参事を置いた事務所の移転等の登記

Q75
参事を置いた組合の事務所を移転、変更又は廃止した場合には、どのような登記をすればよいのですか。

　参事を置いた組合の事務所を移転、変更又は廃止したときは、組合の主たる事務所又は従たる事務所の移転、変更又は廃止の登記の申請と同時に、参事を置いた事務所に関する移転、変更又は廃止の登記を、申請しなければならないとされています（各種法人等登記規則5条、商業登記規則58条）。

(1)　例えば、参事を置いた主たる事務所を他の登記所の管轄区域内に移転した場合には、主たる事務所移転の登記及び参事を置いた事務所の移転の登記を内容とする旧所在地あての申請書及び全ての登記事項を記載した新所在地あての申請書の2通を同時に提出しなければなりません（組合法86条、88条、103条、商業登記法51条1項・2項、各種法人等登記規則5条、商業登記規則58条）。

(2)　また、参事を置いた従たる事務所を他の登記所の管轄区域内に移転した場合には、主たる事務所の所在地においては従たる事務所移転の登記の申請及び参事を置いた事務所の移転の登記の申請を、従たる事務所の旧所在地及び新所在地においては支店移転の登記を申請しなければならないとされています（組合法85条1項、88条、各種法人等登記規則5条、商業登記規則58条）。

(3)　参事を置いた従たる事務所を廃止したときは、主たる事務所の所在地においては2週間以内に、従たる事務所の廃止の登記の申請と参事を置いた事務所の廃止の登記の申請を同時にしなければならず（組合法85条1項、88条、各種法人等登記規則5条、商業登記規則58条）、従たる事務所の所在地においては3週間以内に、従たる事務所の廃止の登記をしなければなりません（組合法93条3項）。

申請書書式
（参事を置いた主たる事務所を他の登記所の管轄区域内に移転した場合の登記―旧所在地用）

　　　　　　　事業協同組合主たる事務所移転及び
　　　　　　　参事を置いた事務所移転登記申請書

1　名　　　　　称　　東京〇〇事業協同組合
1　主 た る 事 務 所　　東京都千代田区大手町一丁目１番１号（注１）
1　登 記 の 事 由　　主たる事務所の移転及び参事を置いた事務所
　　　　　　　　　　の移転
1　認可書到達の年月日　平成〇〇年〇〇月〇〇日（注２）
1　登 記 す べ き 事 項　平成〇〇年〇〇月〇〇日主たる事務所移転
　　　　　　　　　　主たる事務所
　　　　　　　　　　東京都新宿区西新宿一丁目１番１号
　　　　　　　　　　平成〇〇年〇〇月〇〇日参事大池満夫を置い
　　　　　　　　　　た事務所移転
　　　　　　　　　　参事を置いた事務所
　　　　　　　　　　東京都新宿区西新宿一丁目１番１号（注３）
1　添 付 書 類　　総会議事録　　　１通
　　　　　　　　　　定款変更認可書　１通
　　　　　　　　　　理事会議事録　　１通
　　　　　　　　　　委任状　　　　　１通（注４）

　　上記のとおり登記の申請をします。

　　　平成〇〇年〇〇月〇〇日

　　　　　　　　　東京都新宿区西新宿一丁目１番１号（注５）
　　　　　　　　　申　請　人　　東京〇〇事業協同組合
　　　　　　　　　東京都墨田区墨田一丁目１番１号
　　　　　　　　　代表理事　　甲　山　一　郎　㊞（注６）
　　　　　　　　　東京都豊島区東池袋一丁目１番１号
　　　　　　　　　代　理　人　　山　川　太　郎　㊞（注７）

　　　　　　　　　連絡先の電話番号　〇〇〇―〇〇〇―〇〇〇〇

　　東京法務局　御中（注８）

（注１）旧主たる事務所を記載します。

(注２) 事務所の移転につき、定款を変更した場合に記載します。
(注３) 本例は、登記すべき事項を直接申請書に記載する方法による場合ですが、登記すべき事項については、登記申請書への記載に代えて、磁気ディスク（法務省令で定める電磁的記録に限る。）であるCD-R又はFD（フロッピーディスク）に記録し、これを登記所に提出することができます（組合法103条、商業登記法17条4項）。
(注４) 代理人に登記申請を委任した場合に添付します。
(注５) 新主たる事務所を記載します。
(注６) 代表理事の印鑑は、代表理事が登記所に提出した印鑑を押印します。
(注７) 代理人が申請する場合に記載し、代理人の印鑑を押印します。この場合には、代表理事の押印は必要ありません。
(注８) 旧主たる事務所を管轄する登記所あてに提出します。

申請書書式
(参事を置いた主たる事務所を他の登記所の管轄区域内に移転した場合の登記―新所在地)

事業協同組合主たる事務所移転登記申請書

1　名　　　　称　　　東京○○事業協同組合
1　主たる事務所　　　東京都新宿区西新宿一丁目1番1号（注1）
1　登記の事由　　　　主たる事務所移転
1　認可書到達の年月日　平成○○年○○月○○日
1　登記すべき事項　　別添CD-Rのとおり
1　添付書類　　　　　委任状　1通（注2）

　上記のとおり登記の申請をします。

　　平成○○年○○月○○日

　　　　　　　　　東京都新宿区西新宿一丁目1番1号
　　　　　　　　　申請人　　東京○○事業協同組合
　　　　　　　　　東京都墨田区墨田一丁目1番1号
　　　　　　　　　代表理事　　甲　山　一　郎　㊞
　　　　　　　　　東京都豊島区東池袋一丁目1番1号
　　　　　　　　　代理人　　山　川　太　郎　㊞

　　　　　　　　　連絡先の電話番号　○○○－○○○－○○○○

東京法務局新宿出張所　御中（注3）

（注1）新主たる事務所を記載します。
（注2）代理人に登記申請を委任した場合に添付します。
（注3）本件申請は、移転後の主たる事務所の所在地を管轄する登記所あてとします。

第12章　合併の登記

1　総説

Q76

事業協同組合の合併について、説明してください。

　組合法63条は、組合の合併について、「組合は、総会の議決を経て、他の組合と合併することができる。」と定めています。
　組合の合併には、合併により消滅する組合の権利義務の全部を合併後存続する組合に承継させる吸収合併（組合法63条の2）と、合併により消滅する組合の権利義務の全部を合併により設立する組合に承継させる新設合併（同法63条の3）とがあります。
　組合の合併は、行政庁の認可を受けなければ、その効力を生じないとされています（同法66条1項）。
　吸収合併の効力については、契約で定めた効力発生日又は合併に係る行政庁の認可を受けた日のいずれか遅い日に、吸収合併後存続する組合は、吸収合併により消滅する組合の権利義務を承継するとされていますので、合併の効力は、そのいずれかの日に生ずることになります（同法65条1項）。また、新設合併の場合には、新設合併により設立する組合は、その成立の日（設立登記の日）に、新設合併により消滅する組合の権利義務を承継するとされています（同条2項）。

2　吸収合併の手続

Q77
事業協同組合の吸収合併の手続について、教えてください。

吸収合併の手続の流れは、次のとおりです。

> 合併契約の締結（組合法63条）
> ↓
> 合併契約に関する書面等の備置き・閲覧等（事前開示）（同法63条の4［消滅組合］、63条の5［存続組合］）
> ↓
> 合併契約の承認（同法63条の4第3項［消滅組合］、63条の5第3項［存続組合］）
> ↓
> 債権者保護手続（同法63条の4第4項［消滅組合］、63条の5第6項［存続組合］）
> ↓
> 行政庁の合併の認可（同法66条1項）
> ↓
> 合併の効力発生（同法65条1項）
> ↓
> 登記（同法89条）
> ↓
> 吸収合併に関する書面等の備置き及び閲覧等（事後開示）（同法63条の5［存続組合］）

1　当事者

　組合は、他の組合と合併をすることができます（組合法63条）。組合が吸収合併するには、まず、合併当事組合間で、合併契約の締結をする

必要があります。

2 合併契約の締結

組合が吸収合併をするには、合併当事組合間で合併契約を締結しなければなりません（組合法63条）。

吸収合併契約においては、次の事項を定めなければならないとされています（同法63条の2）。

(1) 吸収合併後存続する組合（以下「吸収合併存続組合」という。）及び吸収合併により消滅する組合（以下「吸収合併消滅組合」という。）の名称及び住所
(2) 吸収合併存続組合の地区及び出資1口の金額
(3) 吸収合併消滅組合の組合員に対する出資の割当てに関する事項
(4) 吸収合併消滅組合の組合員に対して支払をする金額を定めたときは、その定め
(5) 効力発生日
(6) その他主務省令で定める事項

3 吸収合併契約に関する書面等の備置き及び閲覧等（事前開示）

(1) 吸収合併消滅組合

ア　吸収合併消滅組合は、合併契約の承認のための総会の会日の2週間前の日あるいは組合法63条の4第4項において準用する56条の2の規定による手続をしなければならないときは、同条2項の規定による公告の日又は同項の規定による催告の日のいずれか早い日から吸収合併の効力が生ずる日までの間、吸収合併契約の内容その他主務省令で定める事項を記載し、又は記録した書面又は電磁的記録をその主たる事務所に備え置かなければならないとされています（組合法63条の4第1項）。

イ　吸収合併消滅組合の組合員及び債権者は、消滅組合に対して、その業務取扱時間内は、いつでも、次に掲げる請求をすることができます（同条2項）。

① アの書面の閲覧の請求
② アの書面の謄本又は抄本の交付の請求
③ アの電磁的記録に記録された事項を主務省令で定める方法により表示したものの閲覧の請求

④　アの電磁的記録に記録された事項を電磁的方法であって主務省令で定めるものにより提供することの請求又はその事項を記載した書面の交付の請求

なお、上記②又は④に掲げる請求をするには、消滅組合の定めた費用を支払わなければならないとされています。

(2) **吸収合併存続組合**

ア　吸収合併存続組合は、吸収合併契約について総会の決議によってその承認を受けなければならないときは、総会の会日の2週間前の日、あるいは組合法63条の5第5項の規定による公告又は通知の日のいずれか早い日又は組合法63条の5第6項において準用する56条の2の規定による手続をしなければならないときは、同条2項の規定による公告の日又は同項の規定による催告の日のいずれか早い日から吸収合併の効力が生じた日後6か月を経過する日までの間、吸収合併契約の内容その他主務省令で定める事項を記載し、又は記録した書面又は電磁的記録をその主たる事務所に備え置かなければならないとされています（組合法63条の5第1項）。

イ　吸収合併存続組合の組合員又は債権者は、存続組合に対して、その業務取扱時間内は、いつでも、次に掲げる請求をすることができます（同条2項）。

①　アの書面の閲覧の請求

②　アの書面の謄本又は抄本の交付の請求

③　アの電磁的記録に記録された事項を主務省令で定める方法により表示したものの閲覧の請求

④　アの電磁的記録に記録された事項を電磁的方法であって吸収合併存続組合の定めたものにより提供することの請求又はその事項を記載した書面の交付の請求

4　**合併契約の承認**

(1) **吸収合併存続組合における承認決議**

ア　**総会の特別決議**

吸収合併存続組合は、効力発生日の前日までに、総会の特別決議によって、合併契約の承認を受けなければならないとされています（組合法63条の5第3項本文、53条2号）。

イ　簡易合併（総会の決議を要しない場合）

　　吸収合併消滅組合の総組合員の数が吸収合併存続組合の総組合員の数の5分の1を超えない場合であって、かつ、吸収合併消滅組合の最終の貸借対照表により現存する総資産額が吸収合併存続組合の最終の貸借対照表により現存する総資産額の5分の1を超えない場合には、吸収合併存続組合における総会の決議を要しないとされています（組合法63条の5第3項ただし書）。

　　吸収合併存続組合が、この簡易合併をする場合には、効力発生日の20日前までに、合併をする旨並びに吸収合併消滅組合の名称及び住所を公告し、又は組合員に通知しなければならないとされています（同法63条の5第5項）。

　　なお、吸収合併存続組合の総組合員の6分の1以上の組合員が合併に反対する旨を吸収合併存続組合に対し通知したときは、総会の決議を省略することができないとされています（同法63条の5第4項）。

(2)　吸収合併消滅組合における承認決議

　　吸収合併消滅組合は、効力発生日の前日までに、総会の特別決議によって、合併契約の承認を受けなければならないとされています（組合法63条の4第3項、53条2号）。

5　債権者保護手続

　合併をする組合がしなければならない債権者保護手続については、吸収合併消滅組合及び吸収合併存続組合ともに組合法56条の2の規定を準用していますので、その手続は、組合が出資1口の金額の減少する場合の手続と同様とされています（組合法63条の4第4項、63条の5第6項、56条の2）。

　組合が合併をする場合には、組合の債権者は、当該組合に対し異議を述べることができるとされています。そこで、合併をする組合は、債権者に対し、合併について異議があれば一定の期間（1か月を下ることができない。）内に異議を述べることができる旨等を官報に公告し、かつ、知れている債権者（預金者及び定期積金の積金者等を除く。）には各別に催告しなければならないとされ、債権者が一定の期間内に異議を述べなかった場合には、合併について承認したものとみなされるが、異議を

223

述べた場合には、合併をしても当該債権者を害するおそれがないときを除き、当該組合は、当該債権者に対し弁済し若しくは相当の担保を提供し又は当該債権者に弁済を受けさせることを目的として信託会社等に相当の財産を信託しなければならないとされています（組合法63条の4第4項、63条の5第6項、56条の2）。

ただし、組合がこの公告を、官報のほか、定款の定めに従い時事に関する事項を掲載する日刊新聞紙又は電子公告によりするときは、各別の催告は要しないとされています（同法63条の4第4項、63条の5第6項、56条の2第3項）。

6 行政庁による合併の認可

組合の合併は、行政庁の認可を受けなければその効力を生じないとされています（組合法66条1項）。

7 合併の効力

吸収合併の効力は、登記の日ではなく、効力発生日又は行政庁の認可を受けた日のいずれか遅い日に生ずるとされています（組合法65条1項）。

なお、新設合併の効力は、登記の日に生じます（同条2項）。

8 合併の登記

吸収合併の場合には、吸収合併存続組合の主たる事務所の所在地を管轄する登記所に対し、存続組合についての変更登記申請書と消滅組合についての解散の登記申請書を、同時に提出する必要があります（組合法89条、103条、商業登記法82条）。

9 吸収合併に関する書面等の備置き及び閲覧等（事後開示）

吸収合併存続組合は、吸収合併の効力が生じた日から6か月間、吸収合併により吸収合併存続組合が承継した吸収合併消滅組合の権利義務その他主務省令で定める事項を記載し、又は記録した書面又は電磁的記録をその主たる事務所に備え置き（組合法63条の5第7項・8項）、当該組合の組合員及び債権者の閲覧、又は謄本等の交付請求（有料）に応じなければならないとされています（同条9項）。

なお、主務省令で定める事項は、次に掲げる事項です。

① 吸収合併が効力を生じた日
② 吸収合併消滅組合における債権者保護手続の経過

③　吸収合併存続組合における債権者保護手続の経過
④　吸収合併により吸収合併存続組合が吸収合併消滅組合から承継した重要な権利義務に関する事項
⑤　吸収合併消滅組合が組合法63条の4第1項の規定により備え置いた書面又は電磁的記録に記載された事項（吸収合併契約の内容を除く。）
⑥　以上のほか、吸収合併に関する重要な事項

Q78

事業協同組合の吸収合併についての行政庁の認可手続について、教えてください。

　組合の合併は、行政庁の認可を受けなければその効力を生じないとされています（組合法66条1項）。

　組合の吸収合併の認可を受けようとする者は、組合法施行規則の様式第22による申請書2通に、それぞれ次の書類を添付して提出しなければならないとされています（同法施行規則178条）。

①　合併理由書
②　合併後存続する組合の定款
③　合併契約書又はその謄本
④　合併後存続する組合の事業計画書
⑤　合併後存続する組合の収支予算書
⑥　合併の当事者たる組合が合併に関する事項につき議決した総会の議事録又はその謄本
⑦　合併の当事者たる組合が作成した財産目録及び貸借対照表
⑧　合併の当事者たる組合が、公告及び催告をしたこと並びに異議を述べた債権者があったときは、弁済、担保の提供又は財産の信託をしたことを証する書面

225

(組合法施行規則様式第22―吸収合併認可申請書)

　　　　　　　　　　　　　　　　　　　　　年　月　日

○○大臣
○○局長　　　　殿
○○都道府県知事

　　　　　　　　　　　　合併後存続する組合の住所及び名称
　　　　　　　　　　　　並びにその組合を代表する理事の氏
　　　　　　　　　　　　名　　　　　　　　　　　　　　㊞

　　　　　　　　　　　　合併によって消滅する組合の住所及
　　　　　　　　　　　　び名称並びにその組合を代表する理
　　　　　　　　　　　　事の氏名　　　　　　　　　　　㊞

中小企業等協同組合合併認可申請書

　中小企業等協同組合法第66条第1項の規定により中小企業等協同組合の合併の認可を受けたいので、別紙の合併理由書その他の必要書類を添えて申請します。

〔添付書類〕
①合併理由書
②合併後存続する組合の定款
③(以下省略)
④
⑤

3 吸収合併の登記手続

Q79 事業協同組合の吸収合併の登記手続について、教えてください。

　吸収合併の場合には、存続組合の主たる事務所の所在地を管轄する登記所に対し、存続組合についての変更の登記申請書と消滅組合についての解散の登記申請書を、同時に提出する必要があります（組合法103条、商業登記法82条）。

1 登記期間
　組合が吸収合併をしたときは、合併の効力が生じた日から2週間以内に、主たる事務所の所在地において、吸収合併存続組合については変更の登記をし、吸収合併消滅組合については解散の登記をしなければなりません（組合法89条）。

2 登記すべき事項
　吸収合併存続組合についての変更登記における登記すべき事項は、次のとおりです（組合法103条、商業登記法79条）。
① 変更後の出資の総口数、払込済出資総額及び変更年月日
② 合併の年月日、合併をした旨並びに吸収合併消滅組合の名称及び主たる事務所

3 添付書類
　主たる事務所の所在地における吸収合併による変更登記の申請書には、次の書面を添付しなければなりません（組合法102条）。

(1) **行政庁の認可書又はその認証がある謄本**（組合法66条、103条、商業登記法19条）

(2) **登記すべき事項の変更を証する書面**
　ア　吸収合併契約書
　イ　吸収合併存続組合の総会の議事録
　　　簡易合併の場合には、理事会の議事録及び簡易合併の要件を満たすことを証する書面を添付します。

ウ　吸収合併存続組合の出資の総口数及び払込済出資総額の変更を証する書面
　　エ　吸収合併消滅組合の総会の議事録
(3)　**吸収合併存続組合及び吸収合併消滅組合における債権者保護手続に関する書面**
　　債権者保護手続のための公告及び催告をしたこと並びに異議を述べた債権者があるときは、当該債権者に対し弁済し若しくは相当の担保を提供し若しくは当該債権者に弁済を受けさせることを目的として相当の財産を信託したこと又は当該債権者を害するおそれがないことを証する書面を添付します。
(4)　**吸収合併消滅組合の登記事項証明書**

第 12 章　合併の登記

申請書書式
（吸収合併の登記―存続会社についての変更の登記）

事業協同組合合併による変更登記申請書

1	名　　　　　称	東京〇〇事業協同組合
1	主たる事務所	東京都千代田区大手町一丁目１番１号
1	登記の事由	吸収合併による変更
1	認可書到達の年月日	平成〇〇年〇〇月〇〇日
1	登記すべき事項	平成〇〇年〇〇月〇〇日東京都中野区中野一丁目１番１号□□事業協同組合を合併 同日次のとおり変更 出資の総口数　　〇〇口 払込済出資総額　金〇〇円（注１）
1	添付書類	合併契約書　　　　　　　　　１通 総会議事録　　　　　　　　　〇通（注２） (理事会議事録　　　　　　　１通)（注３） (簡易合併の要件を満たすことを証する書面　　　　　　　１通)（注４） 出資の総口数及び払込済出資総額の変更を証する書面　１通 公告及び催告をしたことを証する書面　　　　　　　　〇通（注５） 異議を述べた債権者に対し弁済し若しくは相当の担保を提供し若しくは相当の財産を信託したこと又は当該債権者を害するおそれがないことを証する書面　　　　　　　　　〇通（注６） 合併の認可書　　　　　　　　１通 吸収合併消滅組合の登記事項証明書　　　　　　　　　１通 委任状　　　　　　　　　　　１通（注７）

上記のとおり登記の申請をします。

　平成〇〇年〇〇月〇〇日

229

　　　　　　　　　東京都千代田区大手町一丁目1番1号
　　　　　　　　　申　請　人　　東京○○事業協同組合
　　　　　　　　　東京都墨田区墨田一丁目1番1号
　　　　　　　　　代表理事　　甲　山　一　郎　㊞（注8）
　　　　　　　　　東京都豊島区東池袋一丁目1番1号
　　　　　　　　　代　理　人　　山　川　太　郎　㊞（注9）

　　　　　　　　　連絡先の電話番号　○○○－○○○－○○○○

　　東京法務局　御中

（注1）本例は、登記すべき事項を直接申請書に記載する方法による場合ですが、登記すべき事項については、登記申請書への記載に代えて、磁気ディスク（法務省令で定める電磁的記録に限る。）であるCD-R又はFD（フロッピーディスク）に記録し、これを登記所に提出することができます（組合法103条、商業登記法17条4項）。
（注2）吸収合併存続組合及び吸収合併消滅組合の総会議事録を添付します。
（注3）簡易合併の場合には、総会議事録に代えて、吸収合併存続組合の理事会議事録を添付します。
（注4）簡易合併の要件を満たすことを証する書面としては、具体的には、代表者の作成に係る証明書等が該当します。
（注5）公告をしたことを証する書面とは、公告を掲載した官報又は日刊新聞紙等が該当します。また、催告をしたことを証する書面としては、催告書の控えが該当します。
（注6）異議を述べた債権者がある場合には、債権者の異議申立書と、債権者作成の弁済金受領書、担保契約書又は信託証書等を添付します。
（注7）代理人に登記申請を委任した場合に添付します。
（注8）代表理事の印鑑は、代表理事が登記所に提出している印鑑を押印します。
（注9）代理人が申請する場合に記載し、代理人の印鑑を押印します。この場合には、代表理事の押印は必要ありません。

(合併契約書)

合併契約書

　東京○○事業協同組合（以下「甲」という。）と□□事業協同組合（以下「乙」という。）は、両組合の合併に関して、次の契約を締結する。
1　甲と乙は、甲を吸収合併存続組合、乙を吸収合併消滅組合として合併し、甲は乙の権利義務の全てを承継する。
2　合併当事者の名称及び住所は、以下のとおりである。
　(1)　吸収合併存続組合
　　　　名　　　　称　　東京○○事業協同組合
　　　　主たる事務所　　東京都千代田区大手町一丁目1番1号
　(2)　吸収合併消滅組合
　　　　名　　　　称　　□□事業協同組合
　　　　主たる事務所　　東京都中野区中野一丁目1番1号
3　合併後の甲の地区及び出資1口の金額は、以下のとおりとする。
　　　　地　　　　区　　東京都の区域
　　　　出資1口の金額　　金○○円
4　甲は、この合併により出資の口数を○○口増加し、合併の効力発生日前日の組合員名簿に記載された乙の組合員に対して、持分の出資1口につき、○口の割合により交付する。
5　甲は、合併の効力発生日前日の組合員名簿に記載された乙の組合員に対して、その所有する乙の出資1口につき、金○円の割合による交付金を支払う。
6　効力発生日は、平成○○年○○月○○日とする。
(7　その他主務省令で定める事項)

　合併契約の成立を証するため、本契約書2通を作成し、甲及び乙が各1通を保有する。

　　平成○○年○○月○○日

　　　　　　　　　　　　　　東京都千代田区大手町一丁目1番1号
　　　　　　　　　　　　　　(甲)　東京○○事業協同組合
　　　　　　　　　　　　　　　　　代表理事　甲　山　一　郎　㊞
　　　　　　　　　　　　　　東京都中野区中野一丁目1番1号
　　　　　　　　　　　　　　(乙)　□□事業協同組合
　　　　　　　　　　　　　　　　　代表理事　乙　野　和　夫　㊞

（総会議事録―吸収合併存続組合の合併契約承認総会）

臨 時 総 会 議 事 録

1 開 催 の 日 時　　平成〇〇年〇〇月〇〇日午前10時30分
1 開 催 の 場 所　　当組合会議室（東京都千代田区大手町一丁目1番1号）
1 組 合 員 総 数　　〇〇名
1 出 席 組 合 員　　〇〇名
　　　　　　　　　内訳　本人出席　　〇〇名
　　　　　　　　　　　　委任状出席　〇〇名
1 議長選任の経過
　定刻に至り、理事乙川英雄が仮議長となり、本総会における議長の選任を諮ったところ、議長として代表理事甲山一郎が選任され、就任した。次いで、代表理事甲山一郎は議長席に着き、本総会の出席者数を調査の上、本総会は有効に成立した旨を述べ、直ちに議案の審議に入った。
1 議事の経過の要領及びその結果
　　議案　合併契約書承認の件
　議長は、当組合と東京都中野区中野一丁目1番1号□□事業協同組合と合併する必要があることを説明した後、平成〇〇年〇〇月〇〇日付けで作成した□□事業協同組合との別紙合併契約書の承認を議場に諮ったところ、満場一致をもって異議なく承認可決された。

　以上をもって、議事の全部の審議を終了したので、議長は閉会を宣し、午前11時30分散会した。

　上記の議決を明確にするため、この議事録を作り、議長、出席理事がこれに記名押印する。

　　平成〇〇年〇〇月〇〇日

　　　　　　　　東京〇〇事業協同組合第〇〇回臨時総会において
　　　　　　　　　　議長代表理事　　甲　山　一　郎　㊞
　　　　　　　　　　出　席　理　事　　乙　川　英　雄　㊞
　　　　　　　　　　　　　同　　　　　丙　野　洋　子　㊞

（理事会議事録―簡易合併を行う場合の吸収合併存続組合の合併決議の場合）

理 事 会 議 事 録

1　開催日時　　平成○○年○○月○○日午前10時30分
1　開催場所　　当組合事務所（東京都千代田区大手町一丁目1番1号）
1　出席理事　　甲山一郎、乙川英雄、丙野洋子

1　議事の経過の要領及び結果
　　定刻に至り、代表理事甲山一郎は議長に就任し、議案の審議に入った。
　　　第1号議案　簡易合併に関する合併契約締結の件
　　当組合と□□事業協同組合との合併に関する件につき、満場一致をもって、簡易合併手続による別添の合併契約書を締結することに可決決定した。

　　以上をもって議案の全部の審議を終了したので、議長は閉会を宣し午前11時30分散会した。

　　上記の議決を明確にするため、議長及び出席理事において、次に記名押印する。

　　　平成○○年○○月○○日

　　　　　　　　　東京○○事業協同組合理事会において
　　　　　　　　　　議長代表理事　　甲　山　一　郎　㊞
　　　　　　　　　　出　席　理　事　　乙　川　英　雄　㊞
　　　　　　　　　　　　同　　　　　　丙　野　洋　子　㊞

（注）簡易合併の場合には、理事会の議事録及び簡易合併の要件を満たすことを証する書面を添付します。

(委任状)

>
> 委　任　状
>
> 　　　　　　　　　　　東京都豊島区東池袋一丁目1番1号
> 　　　　　　　　　　　　　　山　川　太　郎
>
> 　私は、上記の者を代理人に定め、下記の権限を委任する。
>
> 　　　　　　　　　　　　　記
>
> 1　当組合は、平成○○年○○月○○日□□事業協同組合を合併したので、その変更登記を申請する一切の件
>
> 1　原本還付の請求及び受領の件
>
> 　平成○○年○○月○○日
>
> 　　　　　　　　　　　東京都千代田区大手町一丁目1番1号
> 　　　　　　　　　　　東京○○事業協同組合
> 　　　　　　　　　　　　代表理事　甲　山　一　郎　㊞

(注)代表理事の印鑑は、代表理事が登記所に提出している印鑑を押印します。

Q80 吸収合併により消滅する組合の解散の登記手続について、教えてください。

　吸収合併の場合には、吸収合併存続組合の主たる事務所の所在地を管轄する登記所に対し、存続組合についての変更の登記申請書と吸収合併消滅組合についての解散の登記申請書を、同時に提出する必要があります。また、合併による解散の登記の申請については、吸収合併存続組合を代表すべき者が吸収合併消滅組合を代表して申請することになります（組合法103条、商業登記法82条）。

1　**登記すべき事項**

　登記すべき事項は、解散の旨並びにその事由及び年月日です（組合法103条、商業登記法71条1項）。

2　**添付書類**

　添付書面は、委任状を含め一切要しません（組合法103条、商業登記法82条4項）。

申請書書式
(吸収合併による登記―吸収合併消滅会社についての解散の登記)

事業協同組合合併による解散登記申請書

1 名　　　　称　　□□事業協同組合
1 主 た る 事 務 所　東京都中野区中野一丁目1番1号
1 登 記 の 事 由　　吸収合併による解散
1 認可書到達の年月日　平成○○年○○月○○日
1 登 記 す べ き 事 項　平成○○年○○月○○日東京都千代田区大手町一丁目1番1号東京○○事業協同組合に合併し解散

　上記のとおり登記の申請をします。

　　平成○○年○○月○○日

　　　　　　　　　東京都中野区中野一丁目1番1号
　　　　　　　　　申 請 人　　□□事業協同組合（注1）
　　　　　　　　　東京都千代田区大手町一丁目1番1号
　　　　　　　　　存続組合　　東京○○事業協同組合
　　　　　　　　　東京都墨田区墨田一丁目1番1号
　　　　　　　　　代表理事　　甲　山　一　郎　㊞（注2）
　　　　　　　　　東京都豊島区東池袋一丁目1番1号
　　　　　　　　　代 理 人　　山　川　太　郎　㊞

　　　　　　　　　連絡先の電話番号　○○○－○○○－○○○○

　東京法務局　御中

(注1) 吸収合併消滅組合を記載します。
(注2) 吸収合併存続組合の代表理事を記載します。
(注) 解散登記申請書は、吸収合併存続組合の合併による変更の登記申請書と同時に提出しなければなりません。

4 新設合併の手続

Q81
事業協同組合の新設合併の手続について、教えてください。

　新設合併とは、合併により消滅する組合の権利義務の全部を合併により設立する組合に承継させるものをいいます。新設合併の効力は、吸収合併の場合と異なり、設立の登記をすることによって生じます。

　新設合併の手続の流れは、次のとおりです。

合併契約の締結（組合法63条）
　↓
合併契約に関する書面等の備置き・閲覧等（同法63条の6［消滅組合］）
　↓
合併契約の承認（同法63条の6第3項［消滅組合］）
　↓
設立委員による定款の作成・役員の選任等（同法64条2項［消滅組合］）
　↓
債権者保護手続（同法63条の6第3項［消滅組合］）
　↓
行政庁の合併の認可（同法66条1項）
　↓
登記・合併の効力発生（同法90条、65条2項［設立組合］）
　↓
新設合併に関する書面等の備置き・閲覧等（同法64条7項・8項［設立組合］）

1　当事者

　新設合併とは、2つ以上の組合が合併して新たな組合を設立し、合併

した組合の全部が解散するものです。

2　合併契約の締結

　　組合が新設合併をするには、合併当事組合で合併契約を締結しなければなりません（組合法63条）。

　　合併契約においては、次の事項を定めなければならないとされています（組合法63条の3）。

① 　新設合併消滅組合の名称及び住所
② 　新設合併設立組合の事業、名称、地区、主たる事務所の所在地及び出資1口の金額
③ 　新設合併消滅組合の組合員に対する出資の割当てに関する事項
④ 　新設合併消滅組合の組合員に対して支払をする金額を定めたときは、その定め
⑤ 　その他主務省令で定める事項

3　合併契約に関する書面等の備置き及び閲覧等

(1)　新設合併消滅組合は、新設合併契約の承認のための総会の会日の2週間前の日あるいは組合法63条の6第4項において準用する56条の2の規定による手続をしなければならないときは、同条第2項の規定による公告の日又は同項の規定による催告の日のいずれか早い日から新設合併設立組合の成立の日までの間、新設合併契約の内容その他主務省令で定める事項を記載し、又は記録した書面又は電磁的記録をその主たる事務所に備え置かなければならないとされています（組合法63条の6第1項）。

(2)　新設合併消滅組合の組合員及び債権者は、消滅組合に対して、その業務取扱時間内は、いつでも、次に掲げる請求をすることができます（同条2項）。

　　ア　(1)の書面の閲覧の請求
　　イ　(1)の書面の謄本又は抄本の交付の請求
　　ウ　(1)の電磁的記録に記録された事項を主務省令で定める方法により表示したものの閲覧の請求
　　エ　(1)の電磁的記録に記録された事項を電磁的方法であって新設合併消滅組合の定めたものにより提供することの請求又はその事項を記載した書面の交付の請求

なお、上記イ又はエに掲げる請求をするには、消滅組合の定めた費用を支払わなければならないとされています。

4　新設合併契約の承認
新設合併をする組合は、総会の特別決議によって、合併契約の承認を受けなければなりません（組合法63条の6第3項、53条2号）。

5　設立委員による新設合併設立組合の設立手続
合併によって組合を設立するには、各組合がそれぞれ総会の特別決議により組合員のうちから選任した設立委員が共同して定款を作成し、役員を選任し、その他設立に必要な行為をしなければならないとされています（組合法64条2項・4項）。

なお、設立委員によって選任された理事及び監事の任期は、合併後最初の通常総会の日までとされています（同法64条3項）。

6　債権者保護手続
組合が合併をする場合には、組合の債権者は、当該組合に対し異議を述べることができるとされています。合併をする組合は、債権者に対し、合併について異議があれば一定の期間（1か月を下ることができない。）内に意義を述べることができる旨等を官報に公告し、かつ、知れている債権者（預金者及び定期積金の積金者等を除く。）には各別に催告しなければならないとされ、債権者が一定の期間内に異議を述べなかった場合には、合併について承認したものとみなされるが、異議を述べた場合には、合併をしても当該債権者を害するおそれがないときを除き、当該組合は、当該債権者に対し弁済し若しくは相当の担保を提供し又は当該債権者に弁済を受けさせることを目的として信託会社等に相当の財産を信託しなければならないとされています（組合法63条の6第4項）。

7　行政庁の合併の認可
組合の合併は、行政庁の認可を受けなければその効力を生じないとされています（組合法66条1項）。

8　登記・合併の効力発生
新設合併をする場合には、新設合併設立組合の主たる事務所の所在地において、新設合併により消滅する組合については解散の登記をし、新設合併により設立する組合については設立の登記をしなければなりませ

ん(組合法90条)。
　登記の申請は、新設合併設立組合の主たる事務所の所在地を管轄する登記所に対し、合併による設立の登記申請書と各新設合併消滅組合についての解散の登記申請書を、同時に提出する必要があります(組合法103条、商業登記法82条)。
　新設合併の効力は、登記の日に生じます(組合法65条2項)。
9　新設合併に関する書面等の備置き・閲覧等
　新設合併設立組合は、新設合併により新設合併設立組合が承継した新設合併消滅組合の権利義務その他の新設合併に関する事項として主務省令で定める事項を記載し、又は記録した書面又は電磁的記録を新設合併設立組合の成立の日から6か月間、主たる事務所に備え置き(組合法64条7項)、当該組合の組合員及び債権者の閲覧、又は謄本等の交付請求(有料)に応じなければならないとされています(同条8項)。

Q82
事業協同組合の新設合併についての行政庁の認可手続について、教えてください。

　組合の合併は、行政庁の認可を受けなければその効力を生じないとされています(組合法66条1項)。
　組合の新設合併の認可を受けようとする者は、組合法施行規則の様式第23による申請書2通に、それぞれ次の書類を添付して提出しなければならないとされています(同法施行規則178条)。
①　合併の理由書
②　合併によって設立する組合の定款
③　合併契約書又はその謄本
④　合併によって設立する組合の事業計画書
⑤　合併によって設立する組合の収支予算書
⑥　合併の当事者たる組合が合併に関する事項について議決した総会の議事録又はその謄本
⑦　合併の当事者たる組合が作成した財産目録及び貸借対照表

⑧ 合併によって設立する組合の役員の氏名及び住所を記載した書面、並びにこれらの役員の選任及び上記②、④及び⑤の書類の作成が設立委員によってなされたものであることを証する書面

（組合法施行規則様式第 23―新設合併認可申請書）

```
                                          年    月    日
  ○○大臣
  ○○局長           殿
  ○○都道府県知事

                           合併によって設立しようとする組合
                           の住所及び名称

                           合併によって消滅する組合の住所及
                           び名称並びにその組合から選任され
                           た設立委員の住所及び氏名又は名称
                                                        ㊞

              中小企業等協同組合合併認可申請書

    中小企業等協同組合法第 66 条第 1 項の規定により中小企業等協同組合
  の合併の認可を受けたいので、別紙の合併理由書その他の必要書類を添え
  て申請します。

  〔添付書類〕
  ①合併の理由書
  ②合併によって設立する組合の定款
  ③合併契約書又はその謄本
  ④(以下省略)
  ⑤
  ⑥
```

5　新設合併の登記手続

Q83
事業協同組合の新設合併の登記手続について、教えてください。

　組合が新設合併をする場合には、その主たる事務所の所在地において、新設合併により消滅する組合については解散の登記をし、新設合併により設立する組合については設立の登記をしなければなりません（組合法90条）。

　登記の申請は、設立組合の主たる事務所の所在地を管轄する登記所に対し、合併による設立の登記申請書と各消滅組合についての解散の登記申請書を、同時に提出する必要があります（組合法103条、商業登記法82条）。

1　新設合併による設立の登記

(1)　登記期間

　新設合併による組合の登記は、①新設合併消滅組合の合併契約承認に係る総会の決議があった日、②債権者保護手続が終了した日、③新設合併消滅組合が合意により定めた日、又は④組合の合併について、行政庁の認可を受けた日のいずれか遅い日から2週間以内に、その主たる事務所の所在地において登記をしなければならないとされています（組合法90条）。

(2)　登記すべき事項

　登記すべき事項は、通常の設立の登記事項と同一の事項及び合併をした旨並びに各消滅組合の名称及び主たる事務所です（組合法103条、商業登記法79条）。

(3)　添付書類

　添付書類は、次のとおりです（組合法102条の2）。

ア　新設合併契約書
イ　定款
ウ　代表権を有する者の資格を証する書面
　　設立委員による理事の選任書、理事会の議事録及び代表理事の就

任承諾書が該当します。
　　エ　出資の総口数及び出資の払込みがあったことを証する書面
　　オ　新設合併消滅組合における債権者保護手続に関する書面
　　カ　新設合併消滅組合の登記事項証明書
　　キ　新設合併消滅組合の総会議事録
　　ク　合併の認可書又は行政庁の認証のあるその謄本（組合法103条、商業登記法19条）。

2　**新設合併による解散の登記**
　(1)　**登記すべき事項**
　　登記すべき事項は、解散の旨並びにその事由及び年月日です（組合法103条、商業登記法71条1項）。
　(2)　**添付書類**
　　添付書面は要しません（組合法103条、商業登記法82条4項）。

申請書書式
(新設合併の登記―合併による設立の登記)

事業協同組合合併による設立登記申請書

1	名　　　　称	中央○○事業協同組合	
1	主たる事務所	東京都千代田区永田町一丁目1番1号	
1	登記の事由	平成○○年○○月○○日新設合併の手続終了	
1	認可書到達の年月日	平成○○年○○月○○日	
1	登記すべき事項	別添CD-Rのとおり(注1)	
1	添付書類	合併契約書	1通
		総会議事録	○通(注2)
		定款	1通
		設立委員による理事の選任に関する書面	1通(注3)
		理事会議事録	1通
		代表理事の就任承諾書	1通
		出資の総口数及び出資の払込みのあったことを証明する書面	1通(注4)
		公告及び催告をしたことを証する書面	○通(注5)
		異議を述べた債権者があるときはこれに対し弁済し、担保を供し、若しくは信託をしたこと又は合併をしてもその者を害するおそれがないことを証する書面	○通(注6)
		合併の認可書(行政庁の認証のあるその謄本)	1通
		委任状	1通(注7)

　上記のとおり登記の申請をします。

　　平成○○年○○月○○日

　　　　　　　東京都千代田区永田町一丁目1番1号
　　　　　　　申請人　　中央○○事業協同組合

                    東京都渋谷区松濤一丁目1番1号
                    代表理事　　丁　村　栄　一　㊞（注8）
                    東京都豊島区東池袋一丁目1番1号
                    代　理　人　　山　川　太　郎　㊞（注9）

                    連絡先の電話番号　○○○−○○○−○○○○

東京法務局　御中

（注1）登記すべき事項については、磁気ディスク（法務省令で定める電磁的記録に限る。）であるCD-R又はFD（フロッピーディスク）に記録し、これを登記所に提出することができます。この場合には、登記すべき事項を登記申請書に記載する必要はありません（組合法103条、商業登記法17条4項）。登記申請書の登記すべき事項欄に「別添CD-Rのとおり」と記載します。
（注2）新設合併消滅組合の設立委員選任及び合併契約書承認に関する総会議事録を添付します。
（注3）設立委員による理事を選任した議決書を添付します。
（注4）設立委員代表の証明書です。
（注5）公告をしたことを証する書面としては、公告をした官報等が該当します。また、催告をしたことを証する書面としては、催告書の控えが該当します。
（注6）異議を述べた債権者がある場合には、債権者の異議申立書と、債権者作成の弁済金受領書、担保契約書又は信託証書を添付することになります。
　　　　異議を述べた債権者がないときは、申請書にその旨記載します。
（注7）代理人に登記申請を委任した場合に添付します。
（注8）代表理事の印鑑は、代表理事が登記所に提出した印鑑を押印します。
（注9）代理人が申請する場合に記載し、代理人の印鑑を押印します。この場合には、代表理事の押印は必要ありません。

（登記すべき事項を磁気ディスクに記録して提出する場合の入力例）

「名称」中央○○事業協同組合
「主たる事務所」東京都千代田区永田町一丁目1番1号
「目的等」
事業
1　組合員の取り扱う○○品の共同生産
2　組合員の取り扱う○○品の共同販売
3　組合員の取り扱う○○品の共同保管
4　組合員の取り扱う○○品の共同受注
5　組合員の福利厚生に関する事業
6　前各号の事業に附帯する事業
「役員に関する事項」
「資格」代表理事
「住所」東京都渋谷区松濤一丁目1番1号
「氏名」丁村栄一
「公告の方法」
本組合の公告は、主たる事務所の店頭に掲示してする。
「出資1口の金額」金○○円
「出資の総口数」○○口
「払込済出資総額」金○○円
「出資払込の方法」出資は全額を一時に払い込むものとする。
「地区」東京都の区域
「登記記録に関する事項」東京都千代田区大手町一丁目1番1号東京○○事業協同組合と東京都中野区中野一丁目1番1号□□事業協同組合の合併により設立

(合併契約書)

合併契約書

　東京○○事業協同組合（以下「甲」という。）は□□事業協同組合（以下「乙」という。）と合併して、新たに中央○○事業協同組合（以下「新組合」という。）を設立することにつき、甲乙両組合間に以下の契約を締結する。
1　甲と乙は、合併して新組合を設立し、甲乙両組合は、解散するものとする。
2　新設合併消滅組合の名称及び主たる事務所
　(1)　名　　　称　　東京○○事業協同組合
　　　主たる事務所　　東京都千代田区大手町一丁目1番1号
　(2)　名　　　称　　□□事業協同組合
　　　主たる事務所　　東京都中野区中野一丁目1番1号
3　新設合併設立組合の名称、主たる事務所の所在地、事業、地区及び出資1口の金額
　(1)　名　　　称　　中央○○事業協同組合
　(2)　主たる事務所　　東京都千代田区永田町一丁目1番1号
　(3)　事　　　業
　　①　組合員の取り扱う○○品の共同生産
　　②　組合員の取り扱う○○品の共同販売
　　③　組合員の取り扱う○○品の共同保管
　　④　組合員の取り扱う○○品の共同受注
　　⑤　組合員の福利厚生に関する事業
　　⑥　前各号の事業に附帯する事業
　(4)　地　　　区　　東京都の区域
　(5)　出資1口の金額　金○○円
4　新組合の設立当初の出資の総口数は○○口とし、これを本合併の効力発生日現在の甲の組合員に対して、その所有する持分1口に対し○口の割合をもって割り当て、効力発生日現在の乙の組合員に対しては、その所有する持分1口に対し○口の割合をもって割り当てるものとする。
5　乙の組合員に対して、その所有する持分1口につき、金○○円の割合による交付金を支払う。
（6　その他主務省令で定める事項）

　この契約を証するため、本契約書2通を作成し、甲及び乙において各自その1通を保有するものとする。

平成○○年○○月○○日

　　　　　　　　　東京都千代田区大手町一丁目1番1号
　　　　　　　（甲）　東京○○事業協同組合
　　　　　　　　　　　代表理事　　甲　山　一　郎　㊞
　　　　　　　　　東京都中野区中野一丁目1番1号
　　　　　　　（乙）　□□事業協同組合
　　　　　　　　　　　代表理事　　丙　川　英　郎　㊞

(総会議事録—新設合併消滅組合の合併の決議)

臨 時 総 会 議 事 録

1 開 催 の 日 時　　平成〇〇年〇〇月〇〇日午前10時
1 開 催 の 場 所　　当組合会議室（東京都千代田区大手町一丁目1番1号）
1 組 合 員 総 数　　〇〇名
1 出 席 組 合 員　　〇〇名
　　　　　　　　　内訳　本人出席　　　〇〇名
　　　　　　　　　　　　委任状出席　　〇〇名
1 議長選任の経過
　定刻に至り、理事内野洋子が仮議長となり、本総会における議長の選任を諮ったところ、議長として代表理事甲山一郎が選出され、就任した。議長は、直ちに議長席に着き、本総会の出席者数を調査の上、本総会は有効に成立した旨を述べ、議案の審議に入った。
1 議事の経過の要領及び議案別決議の結果
　　第1号議案　合併契約書の承認の件
　議長は、東京都中野区中野一丁目1番1号□□事業協同組合と合併して新しく中央〇〇事業協同組合を設立することについての経緯を説明し、平成〇〇年〇〇月〇〇日付けをもって締結した合併契約書について詳細に説明して、その承認を求めたところ、満場一致をもってこれを承認可決した。
　　第2号議案
　議長は、合併によって組合を設立するのに必要な行為をするため、設立委員として、当組合から〇名を選出する必要がある旨を述べ、その選出方法を諮ったところ、満場一致をもって〇〇〇〇及び〇〇〇〇が選任され、被選任者はいずれも就任を承諾した。

　以上をもって議案の全部の審議を終了したので、議長は閉会を宣し午前11時30分散会した。

　上記の決議を明確にするため、この議事録をつくり、議長及び出席理事の全員がこれに記名押印する。

　平成〇〇年〇〇月〇〇日

　　　　　東京〇〇事業協同組合第〇〇回臨時総会において

　　　　　　　　　　議長代表理事　　甲　山　一　郎　㊞
　　　　　　　　　　出 席 理 事　　乙　川　英　雄　㊞
　　　　　　　　　　　　同　　　　　丙　野　洋　子　㊞

（設立委員による役員選任決議書）

役 員 選 任 決 議 書

　出席した設立委員の全員一致により、設立当初の役員を次のとおり選任する。
　　　理事　　丁　村　栄　一
　　　同　　　乙　野　和　夫
　　　同　　　戊　原　三　郎
　　　監事　　○　○　○　○

　　平成○○年○○月○○日

　　　　　　　　　　　　　中央○○事業協同組合
　　　　　　　　　　　　　　設立委員　○ ○ ○ ○　㊞
　　　　　　　　　　　　　　　同　　　○ ○ ○ ○　㊞
　　　　　　　　　　　　　　　同　　　○ ○ ○ ○　㊞
　　　　　　　　　　　　　　　同　　　○ ○ ○ ○　㊞

（理事会議事録）

理 事 会 議 事 録

1　開催日時　　平成○○年○○月○○日午後1時30分
1　開催場所　　当組合事務所
1　出席理事　　丁村栄一、乙野和夫、戊原三郎

1　議事の経過の要領及び結果
　　定刻に至り理事乙野和夫が議長席に着き、本理事会は有効に成立した旨を告げ、議案の審議に入った。
　　　第1号議案　代表理事選定の件
　　議長は、当組合の代表理事として丁村栄一を選定したい旨を述べ、その賛否を問うたところ、全員異議なく賛成した。

　以上をもって議案の全部の審議を終了したので、議長は閉会を宣し午後2時30分散会した。

　上記の議決を明確にするため、議長及び出席理事において、次に記名押印する。

　　平成○○年○○月○○日

　　　　　　　　中央○○事業協同組合理事会において
　　　　　　　　　　議長理事　　乙　野　和　夫　㊞
　　　　　　　　　　出席理事　　丁　村　栄　一　㊞
　　　　　　　　　　　同　　　　戊　原　三　郎　㊞

（就任承諾書）

　　私は、平成○○年○○月○○日開催の理事会において代表理事に選定されたので、その就任を承諾します。

　　平成○○年○○月○○日

　　　　　　　　　　　　　　　　東京都渋谷区松濤一丁目1番1号
　　　　　　　　　　　　　　　　　代表理事　　丁　村　栄　一　㊞

　中央○○事業協同組合　御中

（合併公告）

　平成○○年○○月○○日付け官報

合　併　公　告

　東京○○事業協同組合（甲）及び□□事業協同組合（乙）は、合併して中央○○事業協同組合（主たる事務所　東京都千代田区永田町一丁目1番1号）を設立し、解散することにしました。
　総会の承認決議は、甲については平成○○年○○月○○日、乙については平成○○年○○月○○日に終了しています。
　この合併に異議のある債権者は、本公告掲載の日から1か月以内にお申し出ください。

　　平成○○年○○月○○日

　　　　　　　　　　　　　　東京都千代田区大手町一丁目1番1号
　　　　　　　　　　　　　　（甲）　東京○○事業協同組合
　　　　　　　　　　　　　　　　　代表理事　　甲　山　一　郎　㊞
　　　　　　　　　　　　　　東京都中野区中野一丁目1番1号
　　　　　　　　　　　　　　（乙）　□□事業協同組合
　　　　　　　　　　　　　　　　　代表理事　　丙　川　英　郎　㊞

(催告書)

　　　　　　　　　催　告　書

　謹啓、貴殿益々御清祥のことと存じます。
　さて、当組合は、平成〇〇年〇〇月〇〇日開催の臨時総会において、東京都中野区中野一丁目1番1号□□事業協同組合と合併し、中央〇〇事業協同組合を設立することを決議し、解散することにしました。
　合併に対し御異議がございましたら、平成〇〇年〇〇月〇〇日までにその旨をお申し出ください。

　上記、中小企業等協同組合法の規定により催告いたします。

　平成〇〇年〇〇月〇〇日

　　　　　　　　　　　　　東京都千代田区大手町一丁目1番1号
　　　　　　　　　　　　　　東京〇〇事業協同組合
　　　　　　　　　　　　　　代表理事　甲　山　一　郎　㊞

(注) 催告をしたことを証する書面としては、催告書の控え1通に催告対象債権者の名簿を合わせとじ、代表者が名簿記載の債権者に対し各別に催告した旨を証明した書面が該当します。

（合併異議申述書）

異 議 申 述 書

　平成〇〇年〇〇月〇〇日付けで貴組合の合併に関する異議申述に関する催告を受けましたが、私は、貴組合に対して有する金〇万円の債権の弁済後でなければ上記合併を承諾しかねますので、本書面をもってその旨を通告します。

　　　平成〇〇年〇〇月〇〇日

　　　　　　　　　　　　　　　　　東京都〇〇区〇〇町〇丁目〇番〇号
　　　　　　　　　　　　　　　　　　債権者　　〇　〇　〇　〇　㊞

　東京〇〇事業協同組合
　　　代表理事　　甲　山　一　郎　殿

（弁済金受領書）

弁 済 金 受 領 書

　　金〇万円　　ただし、〇〇の売掛代金

　上記は、貴組合が合併するにつき平成〇〇年〇〇月〇〇日異議を申し述べたところ、本日、その弁済を受け正に受領しました。

　　　平成〇〇年〇〇月〇〇日

　　　　　　　　　　　　　　　　　東京都〇〇区〇〇町〇丁目〇番〇号
　　　　　　　　　　　　　　　　　　債権者　　〇　〇　〇　〇　㊞

　東京〇〇事業協同組合
　　　代表理事　　甲　山　一　郎　殿

第12章　合併の登記

申請書書式
(新設合併による解散登記申請書)

　　　　　　　事業協同組合合併による解散登記申請書
　1　名　　　　称　　東京○○事業協同組合
　1　主たる事務所　　東京都千代田区大手町一丁目1番1号
　1　登記の事由　　　合併による解散
　1　認可書到達の年月日　平成○○年○○月○○日
　1　登記すべき事項　東京都中野区中野一丁目1番1号□□事業協
　　　　　　　　　　同組合と合併して東京都千代田区永田町一丁
　　　　　　　　　　目1番1号中央○○事業協同組合を設立し解
　　　　　　　　　　散　　　　　　　　　　　　　　　　(注1)

　　　上記のとおり登記の申請をします。

　　　平成○○年○○月○○日

　　　　　　　　　　東京都千代田区大手町一丁目1番1号
　　　　　　　　　　申請人　　東京○○事業協同組合(注2)
　　　　　　　　　　東京都千代田区永田町一丁目1番1号
　　　　　　　　　　新設組合　中央○○事業協同組合
　　　　　　　　　　東京都渋谷区松濤一丁目1番1号
　　　　　　　　　　代表理事　丁　村　栄　一　㊞(注3)
　　　　　　　　　　東京都豊島区東池袋一丁目1番1号
　　　　　　　　　　代理人　　山　川　太　郎　㊞

　　　　　　　　　　連絡先の電話番号　○○○－○○○－○○○○

　　東京法務局中野出張所　御中

(注1) ①　登記すべき事項については、磁気ディスク(法務省令で定める電磁的記録に限る。)であるCD-R又はFD(フロッピーディスク)に記録し、これを登記所に提出することができます。この場合には、登記すべき事項を登記申請書に記載する必要はありません(組合法103条、商業登記法17条4項)。登記申請書の登記すべき事項欄に「別添CD-R(FD)のとおり」と記載します。

255

② 新設合併による解散の年月日は設立登記をした日ですので、登記官が職権で記載するため、申請の際には記載する必要はありません（組合法103条、商業登記法83条2項）。
（注2）新設合併消滅組合を記載します。
（注3）新設合併設立組合の代表理事を記載します。

第13章
事業協同組合の株式会社への組織変更の登記

1　組織変更の手続

Q84
事業協同組合の組織変更とはどのようなことですか。

　事業協同組合は、組合員である中小企業者が行う事業に関して、相互扶助の精神に基づき、協同して事業を行うことにより、中小企業者の経営の合理化、取引条件の改善等を図るものです。しかしながら、組合が共同研究開発の成果を事業化し、これを新たな事業として成長・発展させ、また、組合員以外との取引をすることにより事業を拡大しようとする場合には、事業協同組合から株式会社へ組織変更をすることができます（中小企業団体の組織に関する法律（以下「組織法」という。）100条の3）。

　なお、組織法では、組織を変更して株式会社になることができる組合は、事業協同組合のほか、企業組合、協業組合の3つの類型に限られています。

　事業協同組合の組織変更にあっては、効力発生日に、組織変更をする事業協同組合は株式会社となり、その組合員は、組織変更計画の定めに従い、組織変更後の株式会社の株主となります（組織法100条の10）。

Q85
事業協同組合の組織変更手続について、教えてください。

　事業協同組合の組織変更手続の流れは、次のとおりです。

組織変更計画の作成（組織法100条の4第1項）

```
        ↓
組織変更計画の承認（組織法100条の4第1項・2項）
        ↓
持分の払戻請求権（同法100条の6）
        ↓
債権者保護手続（同法100条の5）
        ↓
組織変更の効力発生（同法100条の10）
        ↓
組織変更の登記（同法100条の14）
```

1 組織変更計画の作成

　事業協同組合が組織を変更する場合には、組織変更計画を作成して次の事項を定めなければならないとされています（組織法100条の4）。

(1) 組織変更後株式会社の目的、商号、本店の所在地及び発行可能株式総数
(2) (1)のほか、組織変更後株式会社の定款で定める事項
(3) 組織変更後株式会社の取締役の氏名
(4) 組織変更後株式会社が会計参与設置会社、監査役設置会社又は会計監査人設置会社である場合には、会計参与、監査役又は会計監査人の氏名又は名称
(5) 組織変更をする組合の組合員が取得する組織変更後株式会社の株式の数又はその数の算定方法
(6) (5)の株式の割当てに関する事項
(7) 組織変更をする組合の組合員に対して金銭を交付するときは、その額又は算定方法
(8) (7)の場合には、当該金銭の割当てに関する事項
(9) 組織変更後株式会社の資本金及び準備金の額に関する事項
(10) 効力発生日
(11) その他主務省令で定める事項

2 組織変更計画の承認

　組織変更をする事業協同組合は、総会の特別議決（組合法53条）に

よって、組織変更計画の承認を受けなければならないとされています（組織法100条の4第1項・2項）。なお、総代会においては、組織変更について議決することができないとされています（同法3項）。

組合が組織変更の議決を行ったときは、議決の日から2週間以内に、その議決の内容及び貸借対照表を公告しなければなりません（同法100条の5第1項）。

3　持分の払戻請求権

組織変更を行う組合の組合員は、その組織変更に反対する場合には、持分の払戻請求権を有します（組織法100条の6第1項）。

持分の払戻請求権の手続については、組合法20条から22条までの規定が準用されています（組織法100条の6第2項）。

4　債権者保護手続

組織変更をする組合は、①組織変更をする旨、②債権者が一定の期間内（1か月を下ることができない。）に異議を述べることができる旨を官報に公告し、かつ、知れている債権者には、各別に催告しなければならないとされています（組織法100条の5第3項）。ただし、公告を、官報のほか、定款の定めに従い時事に関する事項を掲載する日刊新聞紙又は電子公告によりするときは、各別の催告を要しないとされています（同条4項）。

債権者が一定の期間内に異議を述べなかった場合には、組織変更について承認したとみなされるが、異議を述べた場合には、組織変更をしても当該債権者を害するおそれがないときを除き、組合は、当該債権者に対し弁済し若しくは相当の担保を提供し又は当該債権者に弁済を受けさせることを目的として信託会社等に相当の財産を信託しなければならないとされています（同条6項）。

5　組織変更の効力発生

組織変更の効力は、効力発生日に生じます（組織法100条の10）。効力発生日に、組織変更をする組合は株式会社となり、組合の組合員は、組織変更計画の定めに従い、組織変更後株式会社の株主となります（同条1項・2項）。

事業協同組合は、組織変更をしたときは、遅滞なく、その旨を、組合の所管行政庁に届け出なければならないとされています（同法100条の

11)。

6　組織変更の登記

　組合が組織変更をしたときは、その主たる事務所及び本店の所在地において、組織変更前の組合については解散の登記をし、組織変更後株式会社については設立の登記をしなければならないとされています（組織法100条の14第1項）。そして、これらの登記の申請は、同時にしなければならないとされています（組織法100条の14第3項、商業登記法78条1項）。

Q86
組織変更に反対する組合員の持分払戻請求権について、教えてください。

　事業協同組合は、その組織を変更して株式会社になることができるとされていますが、株式会社への組織変更が組合員にとって重大な利害を有する事項であるため、総会の特別議決により、その承認を受けなければならないとされています（組織法100条の4第1項）し、さらに、組織変更に反対する組合員に対しては、持分の払戻しを請求することができるとされています。

　組織変更に反対の組合員が持分払戻請求権を行使するための要件としては、組織変更の議決を行う総会に先立って、組合に対して書面をもって反対の意思を通知し、組織変更の議決の日から20日以内に書面をもって組合に対し持分の払戻しを請求することが必要です（組織法100条の6第1項）。これにより、効力発生日に組合を脱退することができます（同項）。

　組合員の脱退については、組合法20条から22条の規定が準用されることになりますが、持分の払戻については、定款の定めにかかわらず、持分全部の払戻しを請求することができるとされています（同条2項）。

Q87

組織変更後の株式会社に設置される機関について、教えてください。

1　会社に設置する機関

　会社に必ず設置される機関は、株主総会及び取締役です（会社法326条1項）。このほか会社は、定款の定めにより、取締役会、会計参与、監査役、監査役会、会計監査人又は委員会を置くことができます（同条2項）。

　株主総会及び取締役以外の機関の設置状況（取締役会設置会社等）は、登記事項とされています。

2　取締役及び代表取締役

　会社法では、各自代表の場合を含め、会社を代表する取締役を代表取締役というので、常に代表取締役の登記が必要です。

　登記すべき事項は、取締役の氏名、代表取締役の氏名・住所です（会社法911条3項13号・14号）。取締役会設置会社にあっては、取締役会設置会社である旨の登記もする必要があります（同項15号）。なお、取締役は、取締役会設置会社にあっては3名以上でなければなりません（会社法331条4項）。

3　会計参与

　会計参与は、非公開会社が取締役会を置くにもかかわらず監査役を置かない場合には、これを置かなければなりませんが（会社法327条2項）、そのほかは、任意に置くことができます。

　登記すべき事項は、会計参与の氏名又は名称、計算書類等の備置き場所です。また、会計参与設置会社である旨の登記もする必要があります（同法911条3項16号）。

4　監査役

　取締役会設置会社は、公開会社でない会計参与設置会社を除き、監査役を置かなければならない（会社法327条2項）とされ、また、会計監査人設置会社は監査役を置かなければならない（同条3項）とされていますが、そのほかは、委員会設置会社以外であれば、任意に監査役を置

くことができます。

登記すべき事項は、監査役の氏名です。また、監査役設置会社である旨の登記もする必要があります（会社法911条3項17号）。

5　会計監査人

大会社は、会計監査人を置かなければならないとされ（会社法328条）、大会社でなくても、委員会設置会社については、同様であるとされています（同法327条5項）。これ以外の会社であっても、監査役を置く場合には、任意に会計監査人を置くことができるとされています。

会計監査人は、公認会計士又は監査法人でなければならないとされ（同法337条1項）、登記すべき事項は、会計監査人の氏名又は名称とされ、会計監査人設置会社である旨の登記もする必要があります（同法911条3項19号）。

2　組織変更の登記手続

Q88

事業協同組合の組織変更の登記手続について、教えてください。

1　登記期間等

組合が組織変更をしたときは、効力発生日から2週間以内に、その主たる事務所及び本店の所在地において、組織変更前の組合については解散の登記を、組織変更後株式会社について設立の登記をしなければならないとされています（組織法100条の14第1項、組合法91条、会社法911条）。なお、組織変更前の組合についての解散の登記申請書と組織変更後の株式会社についての設立の登記申請書を、同時に提出する必要があります。また、これらの申請のいずれかにつき却下事由があるときは、共に却下しなければなりません（組織法100条の14第3項、商業登記法78条1項・3項）。

2　登記すべき事項

(1)　組織変更後の株式会社の設立登記の登記すべき事項は、株式会社の

設立の登記と同一事項のほか、会社成立の年月日、組織変更前の組合の名称並びに組織変更をした旨及び年月日です（組織法100条の14第3項、商業登記法76条）。
(2) 組織変更前の組合の解散の登記の登記すべき事項は、解散の旨並びにその事由及び年月日です（組合法103条、商業登記法71条1項）。

3 添付書類

(1) 組織変更後株式会社の設立の登記の添付書類

本店の所在地における組織変更後株式会社についてする設立の登記の申請書には、次の書面を添付しなければならないとされています（組織法100条の14第2項）。

ア 組織変更計画書
イ 定款
ウ 組合の総会の議事録
エ 組織変更後株式会社の取締役（監査役設置会社にあっては、取締役及び監査役）が就任を承諾したことを証する書面

組織変更後の株式会社の代表取締役は、組織変更の効力発生日後に、取締役会設置会社にあっては取締役会の決議で選定され、取締役会を設置していない会社にあっては会社法349条3項に規定する方法に従って選定されます。そして、当該代表取締役は、組織変更後の株式会社についてする設立登記の1事項として登記されますので、代表取締役の登記を申請する際には、選定を証する書面として、取締役会議事録等及び就任承諾書の添付を要するとされています（小川秀樹・相澤哲「会社法と商業登記」社団法人金融財政事情研究会343頁）。

オ 組織変更後株式会社の会計参与又は会計監査人を定めたときは、次に掲げる書面
　① 就任を承諾したことを証する書面
　② 会計参与等が法人であるときは、当該法人の登記事項証明書
　③ 会計参与等が法人でないときは、会社法333条1項又は337条1項に規定する資格者であることを証する書面
カ 株主名簿管理人を置いたときは、その者との契約を証する書面
キ 組織法100条の5第1項の規定による組織変更の議決の内容及び

貸借対照表の公告をしたことを証する書面
　ク　債権者保護手続に関する書面
　　債権者保護手続のための公告及び催告（公告を官報のほか時事に関する事項を掲載する日刊新聞紙又は電子公告によってした場合にあっては、これらの方法による広告）をしたこと並びに異議を述べた債権者があるときは、当該債権者に対し弁済し若しくは相当の担保を提供し若しくは当該債権者に弁済を受けさせることを目的として相当の財産を信託したこと又は当該債権者を害するおそれがないことを証する書面
(2)　組織変更による組合の解散登記の添付書類
　　添付書面は要しません（組織法100条の14第3項、商業登記法78条2項）。

Q89
事業協同組合から株式会社への組織変更による株式会社の設立登記については、登録免許税法の適用があるのですか。組織変更による組合の解散登記については、どうですか。

　事業協同組合が、その組織を変更して株式会社となる場合には、登録免許税法の適用を受けます。この場合の税額は、本店の所在地における株式会社の設立の登記については、資本金の額の1,000分の7とされています（登録免許税法17条の2）。
　なお、平成20年1月1日から平成25年3月31日までの間に、オンラインにより上記登記申請を行った場合には、その登記に係る登録免許税の額は、当該金額に100分の10を乗じて算出した金額を控除した額とされていました。この登録免許税額の特別控除（租税特別措置法84条の5）につきましては、所得税法等の一部を改正する法律（平成25年法律第5号）により廃止され、平成25年4月1日以降は、特別控除を受けることができません。
　組織変更による組合の解散登記については、登録免許税法の適用はありません。

第13章　事業協同組合の株式会社への組織変更の登記

申請書書式
（株式会社への組織変更登記）

事業協同組合の組織変更による株式会社設立登記申請書

1	商　　　　　号	東京〇〇株式会社	
1	本　　　　　店	東京都千代田区大手町一丁目１番１号	
1	登 記 の 事 由	組織変更による設立	
1	登記すべき事項	別添CD-Rのとおり（注１）	
1	課 税 標 準 金 額	金〇〇円（注２）	
1	登 録 免 許 税 額	金〇〇円（注３）	
1	添 付 書 類	定款	１通
		組織変更計画書	１通
		総会の議事録	１通（注４）
		代表取締役の選定に関する書面	１通
		取締役、代表取締役及び監査役の就任承諾書	〇通
		（会計参与、又は会計監査人の就任承諾書	〇通）
		（会計参与、又は会計監査人の資格を証する書面	〇通）
		組織変更の公告をしたことを証する書面	１通
		公告及び催告をしたことを証する書面	〇通（注５）
		異議を述べた債権者に対し、弁済し、若しくは相当の担保を提供し、若しくは当該債権者に弁済を受けさせることを目的として相当の財産を信託したこと又は組織変更をしても当該債権者を害するおそれがないことを証する書面	〇通（注６）
		（株主名簿管理人との契約書	１通）
		（株主名簿管理人の設置に関する取締役会議事録	１通）
		委任状	１通（注７）

265

上記のとおり登記の申請をします。

　　　平成〇〇年〇〇月〇〇日

　　　　　　　　　東京都千代田区大手町一丁目1番1号
　　　　　　　　　申　請　人　　東京〇〇株式会社
　　　　　　　　　東京都墨田区墨田一丁目1番1号
　　　　　　　　　代表取締役　　甲　山　一　郎　㊞（注8）
　　　　　　　　　東京都豊島区東池袋一丁目1番1号
　　　　　　　　　代　理　人　　山　川　太　郎　㊞（注9）

　　　　　　　　　連絡先の電話番号　〇〇〇－〇〇〇－〇〇〇〇

東京法務局　御中

（注1）登記すべき事項については、磁気ディスク（法務省令で定める電磁的記録に限る。）であるCD-R又はFD（フロッピーディスク）に記録し、これを登記所に提出することができます。この場合には、登記すべき事項を登記申請書に記載する必要はありません。登記申請書の登記すべき事項欄に「別添CD-Rのとおり」と記載します。
（注2）設立する株式会社の資本金の額を記載します。
（注3）資本金の額の1,000分の7です。
（注4）組織変更計画を承認した総会の議事録を添付します。
（注5）官報及び知れたる債権者に対する催告書の控えを添付します。
（注6）組織変更について、異議を述べた債権者がいる場合に添付します。具体的には、債権者の異議申立書及び弁済金受領書、担保契約書又は信託証書が該当します。
　　　また、異議を述べた債権者がないときは、申請書にその旨記載するか、異議を述べた債権者がいない旨の上申書を添付します。
（注7）代理人に登記申請を委任した場合に添付します。
（注8）代表取締役の印鑑は、代表取締役が登記所に提出した印鑑を押印します。
（注9）代理人が申請する場合に記載し、代理人の印鑑を押印します。この場合には、代表取締役の押印は必要ありません。

第13章　事業協同組合の株式会社への組織変更の登記

（登記すべき事項を磁気ディスクに記録して提出する場合の入力例）

```
「商号」東京○○株式会社
「本店」東京都千代田区大手町一丁目1番1号
「公告をする方法」官報に掲載してする。
「会社成立の年月日」平成○○年○○月○○日
「目的」
1　○○の製造
2　○○の販売
3　上記各号に附帯する一切の事業
「発行可能株式総数」○○株
「発行済株式の総数」○○株
「資本金の額」金○○万円
「株式の譲渡制限に関する規定」
当社の株式を譲渡するには、取締役会の承認を受けなければならない。
「役員に関する事項」
「資格」取締役
「氏名」甲山一郎
「役員に関する事項」
「資格」取締役
「氏名」乙川英雄
「役員に関する事項」
「資格」取締役
「氏名」丙野洋子
「役員に関する事項」
「資格」代表取締役
「住所」東京都墨田区墨田一丁目1番1号
「氏名」甲山一郎
「役員に関する事項」
「資格」監査役
「氏名」丁河花子
「取締役会設置会社に関する事項」
取締役会設置会社
「監査役設置会社に関する事項」
監査役設置会社
「登記記録に関する事項」
平成○○年○○月○○日協同組合を組織変更し設立
```

（組織変更計画書）

組 織 変 更 計 画 書

1　目　　　　　的　　1　○○の販売
　　　　　　　　　　　2　○○の製造
　　　　　　　　　　　3　上記各号に附帯する一切の事業
1　商　　　　　号　　東京○○株式会社
1　本　　　　　店　　東京都千代田区大手町一丁目1番1号
1　発行可能株式総数　○○株
1　上記の事項以外に定款で定める事項
　　別紙定款案のとおり
1　取 締 役 の 氏 名　　甲　山　一　郎
　　　　　　　　　　　乙　川　英　雄
　　　　　　　　　　　丙　野　洋　子
1　監 査 役 の 氏 名　　丁　河　花　子
(1　会計参与の氏名　　○　○　○　○)
(1　会計監査人の氏名　○　○　○　○)
1　組織変更をする組合の組合員が取得する組織変更後株式会社の株式の
　　数又はその数の算定方法
　　○○株
1　組織変更をする組合の組合員に対する株式の割当に関する事項
　　　組織変更の効力発生日における各組合員に対して、その所有する出資
　　1口につき、株式○○株の割合をもって割り当てる。
(1　組織変更後株式会社が組織変更に際して組織変更をする組合の組合員
　　に対して交付する金銭の額又はその算定方法)
(1　上記金銭の割当てに関する事項)
1　効 力 発 生 日　　平成○○年○○月○○日

(定款)

東京○○株式会社定款（案）

第１章　総　　則

（商号）
第○条　当会社は、東京○○株式会社と称する。
（目的）
第○条　当会社は、次の事業を営むことを目的とする。
　　　１　○○の販売
　　　２　○○の製造
　　　３　上記各号に附帯する一切の事業
（本店の所在地）
第○条　当会社は、本店を東京都千代田区に置く。

第２章　株　　式

（発行可能株式総数）
第○条　当会社の発行可能株式総数は、○○株とする。

　（以下省略）

附　　則

　上記定款は、東京都千代田区大手町一丁目１番１号東京○○事業協同組合の組織を変更して株式会社とするにつき作成したものであって、組織変更が効力を生じた日から、これを施行するものとする。

（総会議事録）

臨 時 総 会 議 事 録

1 開 催 の 日 時　　平成○○年○○月○○日午前10時30分
1 開 催 の 場 所　　当組合会議室（東京都千代田区大手町一丁目1番1号）
1 組 合 員 総 数　　○○名
1 出 席 組 合 員　　○○名
　　　　　　　　　　内訳　本人出席　　　○○名
　　　　　　　　　　　　　委任状出席　　○○名
1 議長選任の経過
　定刻に至り、理事乙川英雄が仮議長となり、本総会における議長の選任を諮ったところ、議長として代表理事甲山一郎が選任され、就任した。次いで、代表理事甲山一郎は議長席に着き、本総会の出席者数を調査の上、本総会は有効に成立した旨を述べ、直ちに議案の審議に入った。
1 議事の経過の要領及びその結果
　　議案　組織変更計画書承認の件
　議長は、当組合の組織を変更して、組織変更計画書の内容のとおり、株式会社としたい旨説明し、組織変更計画書の承認を議場に諮ったところ、満場一致をもって異議なく承認可決された。

　以上をもって、議事の全部の審議を終了したので、議長は閉会を宣し、午前11時30分散会した。

　上記の議決を明確にするため、この議事録を作り、議長、出席理事がこれに記名押印する。

　平成○○年○○月○○日

　　　　　　　　東京○○事業協同組合第○○回臨時総会において
　　　　　　　　　議長代表理事　　甲　山　一　郎　㊞
　　　　　　　　　出 席 理 事　　乙　川　英　雄　㊞
　　　　　　　　　　　同　　　　　丙　野　洋　子　㊞

第13章　事業協同組合の株式会社への組織変更の登記

（取締役会議事録）

取 締 役 会 議 事 録

　平成○○年○○月○○日組織変更計画書に関する総会の承認により選任された取締役は、取締役会を開き、全会一致をもって、下記のとおり代表取締役を選定した。
　　代表取締役　　甲　山　一　郎

　上記決議を証するため、この議事録を作成し、出席取締役及び監査役において下記に記名押印する。

　　平成○○年○○月○○日

　　　　　　　　　　　東京○○株式会社取締役会において
　　　　　　　　　　　　　取締役　　甲　山　一　郎　㊞
　　　　　　　　　　　　　　同　　　乙　川　英　雄　㊞
　　　　　　　　　　　　　　同　　　丙　野　洋　子　㊞
　　　　　　　　　　　　　監査役　　丁　河　花　子　㊞

（注） 取締役会議事録が書面をもって作成されているときは、出席した取締役及び監査役は、これに記名押印しなければならないとされています（会社法369条3項）。

（債権者保護手続に関する公告をしたことを証する書面）

```
平成○○年○○月○○日付け官報

                組 織 変 更 公 告

  当組合は、株式会社に組織変更をすることにしました。組織変更後の商
号は、東京○○株式会社とします。
  この組織変更に異議のある債権者は、本公告掲載の翌日から１か月以内
にお申し出下さい。

    平成○○年○○月○○日

                        東京都千代田区大手町一丁目１番１号
                        東京○○事業協同組合
                            代表理事　甲　山　一　郎　㊞
```

（知れている債権者に対する各別の催告書）

```
                    催　　告　　書

  今般当組合は、平成○○年○○月○○日、総会の議決をもって、その組
織を変更して東京都千代田区大手町一丁目１番１号東京○○株式会社とす
ることといたしましたので、この組織変更について御異議がありましたら
平成○○年○○月○○日までに、その旨をお申し出下さい。

  上記のとおり催告いたします。

    平成○○年○○月○○日

                        東京都千代田区大手町一丁目１番１号
                        東京○○事業協同組合
                            代表理事　甲　山　一　郎　㊞

  （債権者）
        ○　○　○　○　殿
```

（異議を述べた債権者がいないことを証する書面）

上　申　書

　平成○○年○○月○○日総会の議決により、当組合を東京○○株式会社に組織変更するについて、中小企業団体の組織に関する法律第 100 条の 5 第 3 項の規定により債権者に対し公告及び催告をいたしましたが、所定の期間内に異議を述べた債権者は 1 名もありませんでした。
　ここに上申します。

　平成○○年○○月○○日

　　　　　　　　　　　　　　東京都千代田区大手町一丁目 1 番 1 号
　　　　　　　　　　　　　　東京○○事業協同組合
　　　　　　　　　　　　　　　　代表理事　　甲　山　一　郎　㊞

東京法務局　御中

申請書書式
(組織変更による解散登記申請書)

事業協同組合組織変更による解散登記申請書

1 名　　　　称　　東京○○事業協同組合
1 主たる事務所　　東京都千代田区大手町一丁目1番1号
1 登 記 の 事 由　　組織変更による解散
1 登記すべき事項　　平成○○年○○月○○日東京都千代田区大手町一
　　　　　　　　　　丁目1番1号東京○○株式会社に組織変更したこ
　　　　　　　　　　とにより解散
1 添 付 書 類　　(不要です。)

　上記のとおり登記の申請をします。

　　平成○○年○○月○○日

　　　　　　　　東京都千代田区大手町一丁目1番1号
　　　　　　　　申 請 人　　東京○○株式会社
　　　　　　　　東京都墨田区墨田一丁目1番1号
　　　　　　　　代表取締役　　甲　山　一　郎　㊞　(注1)
　　　　　　　　東京都豊島区東池袋一丁目1番1号
　　　　　　　　代 理 人　　山　川　太　郎　㊞　(注2)

　　　　　　　　連絡先の電話番号　　○○○-○○○-○○○○

東京法務局　御中

(注1) 代表取締役の印鑑は、代表取締役が登記所に提出している印鑑を押印します。
(注2) 代理人が申請する場合に記載し、代理人の印鑑を押印します。この場合には、代表取締役の押印は必要ありません。
(注) 株式会社の設立登記の申請書と同時に提出します。

第14章
協業組合、事業協同組合又は商工組合への組織変更

Q90

中小企業団体の組織に関する法律及び中小企業等協同組合法に基づく組合間で、組織変更が認められるのは、どのような組合間においてですか。

　中小企業団体とは、中小企業団体の組織に関する法律（以下、「組織法」という。）3条に定める、①事業協同組合、②事業協同小組合、③火災共済協同組合、④信用協同組合、⑤協同組合連合会、⑥企業組合、⑦協業組合、⑧商工組合、⑨商工組合連合会をいいます。このうち、協業組合、商工組合及び商工組合連合会は、組織法をその設立の根拠法として設立されます。それ以外の、上記①から⑥の組合は、中小企業等協同組合法をその設立の根拠法として設立されます。

　組織変更が認められるのは、中小企業等協同組合法9条の2第1項1号の事業を行っている事業協同組合若しくは事業協同小組合又は企業組合の協業組合への組織変更（組織法95条）、商工組合から事業協同組合への組織変更（同法96条）それに、事業協同組合から商工組合への組織変更（同法97条）の場合です。

　いずれの場合も、主務大臣又は行政庁の認可を受けなければなりません。

（注）組織法3条及び4条に規定する「火災共済協同組合」については、中小企業等協同組合法の一部を改正する法律（平成24年法律第85号）により削除されました。なお、同改正法は、平成26年4月1日から施行されます。

Q91 事業協同組合の協業組合への組織変更の手続について、説明してください。

　組織法では、組合法9条の2第1項1号の事業（生産、加工、販売、購買、保管、運送、検査その他組合員の事業に関する共同事業）を行っている事業協同組合又は事業協同小組合は、その組織を変更して、協業組合になることができます（組織法95条1項）。

(1) 組織変更の手続

　　事業協同組合が協業組合に組織変更をするには、総組合員の一致による総会の議決を経て、その組織を変更し、協業組合になることができるとされています。この場合において、事業協同組合が行っている事業は、組織法5条の7第1項1号の協業の対象事業とみなすとされています。

　　総会においては、定款及び事業計画の変更、協業計画の設定その他組織変更に必要な事項を定めなければならず、理事は、総会の終了後遅滞なく、定款並びに協業計画、事業計画、役員の氏名及び住所その他必要な事項を記載した書面を主務大臣に提出して、組織変更の認可を受けなければならないとされています（組織法95条2項・4項）。

(2) 組織変更の登記

　ア　登記期間等

　　　事業協同組合は、認可があった日から、主たる事務所の所在地においては2週間以内に、従たる事務所の所在地においては3週間以内に、解散の登記をし（組織法98条の2、5条の23第5項、組合法91条）、協業組合については、主たる事務所の所在地において、設立登記（組織法98条の2第1項、5条の23第5項、組合法84条2項、）をしなければなりません。

　　　組合の組織変更の場合には、組織変更前の組合についての解散の登記申請書と組織変更後組合についての設立の登記申請書を、同時に提出する必要があります（組織法100条の2、商業登記法78条1項）。

イ　登記すべき事項

　事業協同組合については、解散の旨並びにその事由及び年月日です（組合法 103 条、商業登記法 71 条）。

　協業組合については、設立の登記事項と同一の事項並びに法人成立の年月日、組織を変更する前の組合の名称、組織を変更した旨及びその年月日です（組織法 98 条の 2 第 1 項、5 条の 23 第 5 項、100 条の 2、組合法 84 条 2 項、商業登記法 76 条）。

ウ　添付書類

　協業組合の設立の登記の申請書には、①定款、②組織変更の認可書（組織法 54 条、組合法 103 条、商業登記法 19 条）、③代表権を有する者の資格を証する書面、④出資の総口数及び出資の払込みのあったことを証する書面（組織法 98 条の 2 第 2 項、組合法 98 条 2 項）を添付しなければならないとされています。

　事業協同組合の解散の登記の申請書には、解散の事由を証する書面を添付しなければならないとされています（組織法 98 条の 2、組合法 98 条 2 項、100 条）。

（注）協業組合

　協業組合とは、組合員になろうとする中小企業者が、従来から営んでいた事業についての協業を図ることにより、事業規模の適正化による生産性の向上等を効率的に推進し、その共同の利益を増進することを目的とする組合です。なお、協業とは、組合員又は組合員になろうとする者がその営む事業の部類に属する事業の全部又は一部を協同して経営するため、当該事業を協業組合の事業として行うことをいいます（組織法 5 条の 7 第 1 項 1 号）。

Q92　商工組合から事業協同組合への組織変更の手続はどのようにするのですか。

　組織法では、商工組合が事業協同組合に組織変更をするためには、商工組合が、①組織法 17 条 2 項の事業（生産、加工、販売、購買、保管、運送、検査その他組合員の事業に関する共同事業、組合員の福利厚生に関する事業等）を行っていること、また、②組合法 7 条 1 項又は 2 項に掲げる

小規模の事業者のみが組合員になっていること、③組合員の全部に出資をさせていること、等の要件を備えていなければならないとされています（組織法96条1項）。

(1) 組織変更の手続

　商工組合が事業協同組合に組織変更するためには、総会の議決を経ることが必要です。この総会の議決は、組合員の議決権の3分の2以上の多数をもってしなければなりません（同条2項）。総代会においては、組織変更の議決をすることはできません（同条4項）。

　組織変更について議決を行う総会では、定款、事業計画の変更その他組織変更に必要な事項を定めなければなりません（同条3項）。理事は、総会の終了後遅滞なく、定款並びに事業計画、役員の氏名及び住所その他必要な事項を記載した書面を行政庁に提出して組織変更の認可を受けなければならないとされています（同条5項）。

(2) 組織変更の登記

　ア　登記期間等

　　商工組合は、組織変更の認可があった日から、主たる事務所の所在地においては2週間以内に、従たる事務所の所在地においては3週間以内に、商工組合については解散の登記をし（組織法99条1項、54条、組合法91条）、事業協同組合については、主たる事務所の所在地において、設立の登記をしなければなりません（組織法99条1項、54条、84条2項）。

　　商工組合の組織変更の場合には、組織変更前の商工組合についての解散の登記申請書と変更後の事業協同組合についての設立の登記申請書を、同時に提出する必要があります（組織法99条1項、100条の2、商業登記法78条1項）。

　イ　登記すべき事項

　　商工組合については、解散の旨並びにその事由及び年月日です（組織法54条、組合法103条、商業登記法71条1項）。

　　事業協同組合については、設立の登記事項と同一の事項並びに法人成立の年月日、商工組合の名称、組織変更をした旨及びその年月日です（組織法99条1項、100条の2、組合法84条2項、商業登記法76条）。

ウ　添付書類

　事業協同組合の設立の登記の申請書には、①定款、②組織変更の認可書、③代表権を有する者の資格を証する書面、④出資の総口数及び出資の払込みのあったことを証する書面を添付しなければならないとされています（組織法99条2項、組合法98条2項）。

　商工組合の解散の登記申請書には、解散の事由を証する書面を添付しなければならないとされています（組織法99条2項、組合法100条）。

（注）商工組合

　事業協同組合は、新技術・製品開発、新事業展開、共同販売・受注、福利厚生等の共同経済事業を中心として組合員の経営の合理化、近代化を図るとともに、組合員の経済的地位の向上を図ることを主たる目的としているとされますが、商工組合が行う事業には、組合員の事業に関する指導及び教育、事業に関する情報又は資料の収集及び提供、事業に関する調査研究等を行うものとされていて、商工組合は、業界全体の改善と発展を図ることを主な目的とする同業者組合であると考えられています。したがって、組合の地区は原則として、1以上の都道府県を地区とすること、その地区内の同業者の2分の1以上が組合員となるものでなければならないとの設立の要件等があります。

　また、商工組合には、出資組合と非出資組合があり、出資組合は、事業協同組合と同様に共同生産・加工、共同販売、共同購買等の共同経済事業を行うことができます。

Q93

事業協同組合から商工組合への組織変更の手続について、教えてください。

　事業協同組合が商工組合に組織変更するためには、①その地区が資格事業の種類の全部又は一部が同一である商工組合の地区と重複するものでないこと、また、②組織法12条の要件を備えていることが必要とされ、これらの要件を備えている事業協同組合は、総会の議決を経て、その組織を変更し、出資組合たる商工組合になることができるとされています（組織法97条1項）。

(1) 組織変更の手続

　　商工組合への組織変更の手続については、事業協同組合への組織変更の手続について定める組織法97条2項において、同法96条2項から8項までの規定を準用しています。

　　組織変更は、総会の議決を経ることが必要です。この総会の議決は、組合員の議決権の3分の2以上の多数をもってしなければなりません（組織法97条2項、96条2項）。総代会においては、組織変更の議決をすることはできません（組織法97条2項、96条4項）。

　　組織変更について議決を行う総会では、定款、事業計画の変更その他組織変更に必要な事項を定めなければなりません（組織法97条2項、96条3項）。理事は、総会の終了後遅滞なく、定款、並びに事業計画、役員の氏名及び住所その他必要な事項を記載した書面を主務大臣に提出して、組織変更の認可を受けなければならないとされています（組織法97条2項、96条5項）。

(2) 組織変更の登記

　ア　登記期間等

　　　事業協同組合は、認可のあった日から、主たる事務所の所在地においては2週間以内に、従たる事務所の所在地においては3週間以内に、事業協同組合については解散の登記をし（組織法100条1項、組合法91条）、商工組合については、設立の登記をしなければなりません（組織法100条1項、48条2項）。

　イ　登記すべき事項

　　　事業協同組合については、解散の旨並びにその事由及び年月日です（組織法100条1項、54条、組合法103条、商業登記法71条）。

　　　商工組合については、設立の登記事項と同一事項並びに法人成立の年月日、事業協同組合の名称並びに組織変更をした旨及びその年月日です（組織法100条1項、48条2項、54条、100条の2、商業登記法76条）。

　ウ　添付書類

　　　商工組合の設立の登記の申請書には、①定款、②組織変更の認可書、③代表権を有する者の資格を証する書面、④出資の総口数及び出資の払込みのあったことを証する書面を添付しなければならないとさ

第 14 章　協業組合、事業協同組合又は商工組合への組織変更

れています（組織法 100 条 2 項、51 条 2 項）。

　事業協同組合の解散の登記申請書には、解散の事由を証する書面を添付しなければなりません（組織法 100 条 2 項、組合法 100 条）。

第15章
解散・清算等に関する登記

1　解散及び清算人

Q94
事業協同組合は、どのような事由によって解散しますか。

1　解散事由
組合は、次の事由により解散します（組合法62条1項）。
(1)　**総会の決議**

組合は、総会の特別議決により解散することができます（組合法53条）。なお、総代会においては、解散の議決をすることはできません（同法55条7項）。

なお、責任共済等の事業を行う組合又は火災共済協同組合（（注）参照）及び火災共済協同組合連合会の解散の決議にあっては、行政庁の認可を受けなければ、その効力を生じないとされています（組合法62条4項）。

(2)　**組合の合併**

合併により組合が消滅する場合に限ります。すなわち、吸収合併の消滅組合は解散しますし、新設合併の各当事組合は、解散します。

組合が合併する場合には、総会の特別議決を要する（組合法53条）ほか、行政庁の認可を受けなければ、その効力を生じないとされています（同法66条）。

(3)　**破産手続開始の決定**

組合は、破産手続開始の決定により解散します（破産法30条2項）。

破産手続開始の決定があったときは、裁判所書記官から、嘱託書に破産手続開始の決定の裁判書の謄本を添付して、①破産手続開始決定

の登記、②破産管財人の氏名又は名称及び住所等の登記の嘱託がされます（破産法257条1項・2項）。

(4) 定款で定める存続期間の満了又は解散事由の発生

定款でこれらを定めたときは、その存続期間の満了又は解散の事由が発生したときに解散します。なお、当該存続期間又は解散の事由については、登記をすることを要します（組合法84条2項6号）。

(5) 行政庁による解散命令

行政庁が組合法106条2項の規定により解散命令をしたときは、組合は解散します。そして、行政庁は、解散を命じたときは、遅滞なく、解散の登記を嘱託しなければならないとされています（組合法96条5項）。

2 清算組合の機関

組合は、合併又は破産手続開始の決定による解散の場合を除き、清算人により、清算をしなければなりません。

(注) 平成24年法律第85号により組合法が改正され、中小企業等協同組合の種類から火災共済協同組合の類型が廃止され、改正後の組合法62条4項中、「火災共済協同組合」が「火災等共済組合若しくは火災等共済組合連合会」と改められています。改正法は、平成26年4月1日から施行されます。

Q95 組合は、解散したときはその旨を行政庁に届け出なければならないとされていますので、その手続について教えてください。

組合は、①総会の決議（組合法62条1項1号）又は②定款で定める存続期間の満了又は解散事由の発生（同項4号）により解散したときは、解散の日から2週間以内に、その旨を行政庁に届け出る必要があります（同法62条2項）。

届出は、組合法施行規則の様式第21による届書に、組合の成立年月日、解散の年月日、解散の理由及び清算人の住所及び氏名又は名称等を記載して、提出しなければならないとされています（同法施行規則171条）。

（組合法施行規則様式第21―解散届書）

```
                                              年   月   日

○○大臣
○○局長           殿
○○都道府県知事

                    東京都千代田区大手町一丁目1番1号
                    東京○○事業協同組合
                         代表清算人   甲 山 一 郎

              中小企業等協同組合解散届書

  下記のとおり中小企業等協同組合法第62条第2項の規定により中小企
業等協同組合の解散を届け出ます。

                    記

1  成立の年月日
2  解散の年月日
3  解散の理由
4  清算人の住所及び氏名又は名称
5  その他参考となるべき事項
```

Q96

清算人の選任手続について、説明してください。

1 清算人

　組合が解散したときは、合併及び破産手続開始の決定による解散の場合を除き、理事が清算人となるとされています（組合法68条1項）。

　このように、清算人には原則として理事が就任することとされていますが、総会において理事以外の者を清算人に選任したときは、その選任

された者が清算人となることができます（組合法68条1項ただし書）。これらにより、清算人となる者がいないときは、利害関係人の申立により、裁判所が選任した者が清算人となります（組合法69条、会社法478条2項）。

　なお、火災共済協同組合（注参照）又は組合法9条の9第1項3号の事業を行う協同組合連合会が組合法106条の2第4項又は第5項による設立の認可（同法27条の2第1項）の取消しにより解散したときは、清算人は、行政庁が選任することとされています（同法68条2項）。

(注)　平成24年法律第85号により組合法が改正され、中小企業等協同組合の種類から、火災共済協同組合の類型が廃止されています。改正後の組合法68条2項では、「火災共済協同組合又は」が削除されています。

2　清算人会

　清算人が複数いるときは、清算人は、清算人会を構成し、清算組合の業務の執行を決します（組合法69条、36条の5、36条の6）。清算人会の議事は、清算人の過半数が出席し、その過半数によって行うとされています（同法69条、36条の6）。

3　代表清算人

　組合は、清算人会の決議によって代表清算人を選任します（組合法69条、36条の8）。組合法68条の規定により、理事が清算人となる場合においては、その代表理事が代表清算人（法定代表清算人）となります（同法69条、会社法483条4項）。

　裁判所が清算人を選任する場合には、裁判所は、その清算人の中から代表清算人を定めることができます（組合法69条、会社法483条5項）。

　なお、清算人が1人の場合には、その者が代表清算人に就任することになると解されており、登記実務の取扱いでは、この場合には、代表清算人と登記することなく、単に「清算人」と登記すれば足りるとされています（昭和39.10.15民事四発第341号民事局長回答）。

第15章　解散・清算等に関する登記

Q97
清算人及び代表清算人の退任手続について、教えてください。

　清算人は、死亡、辞任又は解任等によって退任します。清算人が辞任すると、代表清算人の地位も、資格喪失により退任します。

　また、清算人会は、その選定した代表清算人及び理事が清算人となった場合において、代表理事が代表清算人となった場合の代表清算人となった者を解任することができます（組合法69条、会社法489条4項）。裁判所が定めた代表清算人については、裁判所の決定によって解任することができます（組合法69条、会社法483条5項）。

　なお、清算人及び代表清算人についても、組合法又は定款で定めた員数が欠けた場合には、任期満了又は辞任により退任した者は、新たに選任された者が就任するまで、なおその権利義務を有することとされています（組合法69条、36条の2）。

2　解散及び清算人の登記手続

Q98
事業協同組合の解散及び清算人の登記手続について、教えてください。

1　登記期間
(1)　解散の登記

　　　総会の議決、定款で定める存続期間の満了又は解散事由の発生により組合が解散したときは、2週間以内に、主たる事務所の所在地において、解散の登記をしなければなりません（組合法91条）。

　　　なお、破産手続開始の決定による解散の場合は、裁判所の書記官から破産法257条1項の規定に基づき、登記の嘱託がされます。また、行政庁の解散命令により解散する場合は、当該行政庁が解散の登記を

嘱託します（組合法96条5項）。
(2) 清算人就任の登記
組合が解散すると、組合の代表者が代表清算人又は清算人となり、登記されている代表権を有する者の変更を生じますので、代表権を有する者の氏名、住所及び資格について、2週間以内に、主たる事務所の所在地において、変更の登記をしなければなりません（組合法85条1項）。

なお、解散の登記は、代表清算人の1人が申請することになりますので、解散の登記と清算人就任登記とを同時に申請することになります。

2 登記すべき事項
(1) 解散の登記
登記すべき事項は、解散の旨並びにその事由及び年月日です（組合法103条、商業登記法71条1項）。

(2) 清算人就任の登記
登記すべき事項は、組合を代表すべき代表清算人の氏名・住所です（組合法84条2項7号）。

3 添付書類
添付書類は、次のとおりです。

解散の登記の申請書には、解散の事由を証する書面（組合法100条）及び代表清算人の資格を証する書面（組合法103条、商業登記法71条3項）を添付しなければなりません。

ア 解散の事由を証する書面には、解散の事由に応じて、次の書面を添付します。
　① 総会の特別議決により解散した場合には、解散の議決をした総会の議事録
　② 定款で定めた解散の事由の発生により解散した場合には、当該事由の発生を証する書面
　③ 定款で定めた存続期間の満了により解散した場合には、登記簿上その事実が明らかなので、添付書面は要しません。

イ 代表清算人の就任登記の添付書面としては、次の書面を添付します。
　① 代表理事が法定代表清算人となる場合には、代表清算人の資格を

証する書面は要しません（組合法103条、商業登記法71条3項ただし書）。
② 総会の議決によって清算人を定めたときは、総会の議事録、清算人会の議事録並びに就任承諾書
③ 裁判所が選任した者が清算人となる場合には、その選任決定書

4 **印鑑届書**

　印鑑提出者の資格が変更になるため、代表清算人は、その印鑑を登記所に提出しなければなりません（組合法103条、商業登記法20条）。

申請書書式
（解散・代表清算人の登記）

事業協同組合解散及び代表清算人就任登記申請書

1	名　　　　称	東京○○事業協同組合
1	主たる事務所	東京都千代田区大手町一丁目1番1号
1	登記の事由	解散及び代表清算人の就任
1	登記すべき事項	平成○○年○○月○○日総会の決議により解散
		平成○○年○○月○○日代表清算人に就任
		東京都中央区銀座一丁目1番1号
		代表清算人　　甲野　太郎（注1）
1	添付書類	総会議事録　　　1通（注2）
		清算人会議事録　1通（注3）
		就任承諾書　　　1通（注3）
		委任状　　　　　1通（注4）

　上記のとおり登記の申請をします。

　平成○○年○○月○○日

　　　　　　　　　東京都千代田区大手町一丁目1番1号
　　　　　　　　　申　請　人　　東京○○事業協同組合
　　　　　　　　　東京都中央区銀座一丁目1番1号
　　　　　　　　　代表清算人　　甲野　太郎　㊞（注5）
　　　　　　　　　東京都豊島区東池袋一丁目1番1号
　　　　　　　　　代　理　人　　山川　太郎　㊞（注6）

　　　　　　　　　連絡先の電話番号　○○○－○○○－○○○○

東京法務局　御中

（注1）本例は、登記すべき事項を直接申請書に記載する方法による場合ですが、登記すべき事項については、登記申請書への記載に代えて、磁気ディスク（法務省令で定める電磁的記録に限る。）であるCD-R又はFD（フロッピーディスク）に記録し、これを登記所に提出することができます（組合法103条、商業登記法17条4項）。

(**注2**) 総会の議決により解散した場合に添付します。また、総会で清算人を選任したときは、清算人選任をした総会の議事録を添付します。
(**注3**) 総会で清算人を選任し、清算人会で代表清算人を選任した清算人会議事録、代表清算人及び清算人の就任承諾書を添付します。
(**注4**) 代理人に登記申請を委任した場合に添付します。
(**注5**) 代表清算人の印鑑は、代表清算人が登記所に提出している印鑑を押印します。
(**注6**) 代理人が申請する場合に記載し、代理人の印鑑を押印します。この場合には、代表清算人の押印は必要ありません。

（総会議事録）

臨 時 総 会 議 事 録

1 総 会 の 日 時　　平成○○年○○月○○日午前10時30分
1 開 催 の 場 所　　当組合会議室（東京都千代田区大手町一丁目1番1号）
1 組 合 員 総 数　　○○名
1 出 席 組 合 員　　○○名
　　　　　　　　　　内訳　本人出席　　　○○名
　　　　　　　　　　　　　委任状出席　　○○名
1 議長選任の経過
　定刻に至り、理事乙川英雄が仮議長となり、本総会における議長の選任を諮ったところ、議長として代表理事甲山一郎が選任され、就任した。次いで、代表理事甲山一郎は議長席に着き、本総会の出席者数を調査の上、本総会は有効に成立した旨を述べ、直ちに議案の審議に入った。
1 議事の経過の要領及び議案別決議の結果
　　第1号議案　当組合の解散の件
　議長は、当組合を解散することについての経緯を説明し、これを議場に諮ったところ、満場一致をもって、異議なく可決決定した。
　　第2号議案　解散に伴う清算人選任の件
　議長は、当組合の解散に伴い、清算人を定める必要がある旨を述べ、理事が清算人になることが困難であるため、別に清算人を選任したい旨を諮ったところ、全員が賛成したので、投票の結果、次のとおり清算人を選任した。
　　被選任者は、全員即時その就任を承諾した。
　　　甲野太郎、乙山梅子、丙原幸雄

以上をもって、議案全部の審議を終了したので、議長は閉会を宣し、午前11時30分散会した。

　上記の議決を明確にするため、この議事録を作り、議長、出席理事及び清算人がこれに記名押印する。

　　平成○○年○○月○○日

　　　　東京○○事業協同組合第○○回臨時総会において

議長代表理事　甲　山　一　郎　㊞
出　席　理　事　乙　川　英　雄　㊞
　　　同　　　　内　野　洋　子　㊞
清　算　人　　　甲　野　太　郎　㊞
　　　同　　　　乙　山　梅　子　㊞
　　　同　　　　内　原　幸　雄　㊞

(清算人会議事録)

清 算 人 会 議 事 録

1　開　催　日　時　　平成○○年○○月○○日午後1時30分
1　開　催　場　所　　当組合事務所
1　出席した清算人　　甲野太郎、乙山梅子、丙原幸雄

1　議事の経過の要領及び結果
　　定刻に至り、清算人甲野太郎が議長席に着き、開会を宣し、直ちに議案の審議に入った。
　　　　第1号議案　代表清算人選定の件
　　議長は、代表清算人を選定しなければならない旨を説明し、これを議場に諮ったところ、全員一致で次の者が代表清算人に選定された。
　　代表清算人　　甲野太郎
　　被選任者は、直ちに就任を承諾した。

　以上をもって議案の全部の審議を終了したので、議長は閉会を宣し、午後2時30分散会した。

　上記の決議を明確にするため、議長及び出席清算人において、次に記名押印する。

　　平成○○年○○月○○日

　　　　　　　　　東京○○事業協同組合清算人会において
　　　　　　　　　　　議長　代表清算人　　甲　野　太　郎　㊞
　　　　　　　　　　　　　　　清算人　　　乙　山　梅　子　㊞
　　　　　　　　　　　　　　　同　　　　　丙　原　幸　雄　㊞

（就任承諾書）

就 任 承 諾 書

　私は、平成○○年○○月○○日開催の貴組合の清算人会において、代表清算人に選任されたので、その就任を承諾します。

　平成○○年○○月○○日

　　　　　　　　　　　　　　　　　　東京都中央区銀座一丁目1番1号
　　　　　　　　　　　　　　　　　　　　甲　野　太　郎　㊞

東京○○事業協同組合　御中

（委任状）

委　　任　　状

　　　　　　　　　　　　　　　　　　東京都豊島区東池袋一丁目1番1号
　　　　　　　　　　　　　　　　　　　　山　川　太　郎

　私は、上記の者を代理人に定め、下記の権限を委任する。

1　当組合の解散及び代表清算人就任の登記を申請する一切の件
1　原本還付の請求及び受領の件

　平成○○年○○月○○日

　　　　　　　　　　　　　　東京都千代田区大手町一丁目1番1号
　　　　　　　　　　　　　　東京○○事業協同組合
　　　　　　　　　　　　　　　代表清算人　　甲　野　太　郎　㊞

（注）代表清算人の印鑑は、代表清算人が登記所に提出している印鑑を押印します。

3 清算人の変更登記

Q99 代表清算人が変更したときの登記手続について、教えてください。

　清算人は、死亡、辞任又は解任等によって退任します。そして、清算人が辞任すると、代表清算人の地位も、資格喪失により退任しますし、清算人として解任されると、代表清算人の地位も、資格喪失により退任します。なお、代表清算人は辞任の意思表示によって、代表清算人の地位のみを辞任することもできるとされています。また、清算人会は、その選定した代表清算人及び代表理事が代表清算人となった場合の代表清算人を解任することができるとされています（組合法69条、会社法489条4項）。ただし、裁判所が定めた代表清算人については、清算人会は代表清算人を解任することができないとされています（組合法69条、会社法489条4項）。

　代表清算人に変更が生じたときは、代表清算人の変更の登記をしなければなりません。

　代表清算人の変更の登記の申請書には、その変更を証する書面を添付しなければなりません（組合法99条1項）。清算人又は代表清算人が死亡した場合には、戸籍謄抄本、死亡診断書、遺族等からの組合に対する死亡届出等が変更を証する書面に該当しますし、清算人又は代表清算人の辞任については、辞任届が該当します。解任された場合にあっては、代表清算人解任にあっては、代表清算人解任に関する清算人会の議事録、清算人解任にあっては、総会の議事録が該当します。

　また、組合は、代表清算人の氏名・住所に変更があった場合にも、その変更の登記をしなければなりません。

第15章　解散・清算等に関する登記

申請書書式
（代表清算人の変更登記―清算人が辞任し、代表清算人が資格喪失により退任した場合）

　　　　　　　　　事業協同組合変更登記申請書

　1　名　　　　称　　東京○○事業協同組合
　1　主たる事務所　　東京都千代田区大手町一丁目1番1号
　1　登記の事由　　　代表清算人の変更
　1　登記すべき事項　平成○○年○○月○○日代表清算人甲野太郎退任
　　　　　　　　　　　平成○○年○○月○○日代表清算人に就任
　　　　　　　　　　　東京都千代田区平河町一丁目1番1号
　　　　　　　　　　　代表清算人　　丁山一郎（注1）
　1　添　付　書　類　辞任届　　　　　1通（注2）
　　　　　　　　　　　総会議事録　　　1通（注3）
　　　　　　　　　　　清算人会議事録　1通（注4）
　　　　　　　　　　　就任承諾書　　　1通（注5）
　　　　　　　　　　　委任状　　　　　1通（注6）

　　上記のとおり登記の申請をします。

　　平成○○年○○月○○日

　　　　　　　　　　東京都千代田区大手町一丁目1番1号
　　　　　　　　　　申　請　人　　東京○○事業協同組合
　　　　　　　　　　東京都千代田区平河町一丁目1番1号
　　　　　　　　　　代表清算人　　丁　山　一　郎　㊞（注7）
　　　　　　　　　　東京都豊島区東池袋一丁目1番1号
　　　　　　　　　　代　理　人　　山　川　太　郎　㊞（注8）

　　　　　　　　　　連絡先の電話番号　○○○－○○○－○○○○

　東京法務局　御中

（注1）本例は、登記すべき事項を直接申請書に記載する方法による場合ですが、登記すべき事項については、登記申請書への記載に代えて、磁気ディスク（法務省令で定める電磁的記録に限る。）であるCD-R又はFD（フ

ロッピーディスク）に記録し、これを登記所に提出することができます（組合法103条、商業登記法17条4項）。
- （注2）清算人の辞任届を添付します。
- （注3）清算人に選任された総会の議事録を添付します。
- （注4）代表清算人を選定した清算人会の議事録を添付します。
- （注5）代表清算人の就任承諾書を添付します。
- （注6）代理人に登記申請を委任した場合に添付します。
- （注7）代表清算人の印鑑は、代表清算人が登記所に提出している印鑑を押印します。
- （注8）代理人が申請する場合に記載し、代理人の印鑑を押印します。この場合には、代表清算人の押印は必要ありません。

（辞任届）

辞　任　届

　私は、この度、一身上の都合により、平成〇〇年〇〇月〇〇日をもって、貴組合の清算人を辞任したく、お届けします。

　平成〇〇年〇〇月〇〇日

東京都中央区銀座一丁目1番1号
甲　野　太　郎　㊞

東京〇〇事業協同組合　御中

(総会議事録)

臨 時 総 会 議 事 録

1　総 会 の 日 時　　平成○○年○○月○○日午前10時30分
1　開 催 の 場 所　　当組合会議室（東京都千代田区大手町一丁目1番1号）
1　組 合 員 総 数　　○○名
1　出 席 組 合 員　　○○名
　　　　　　　　　　内訳　本人出席　　　○○名
　　　　　　　　　　　　　委任状出席　　○○名

1　議長選任の経過
　　定刻に至り、司会者○○○○は開会を宣し、議長の選任方法を諮ったところ、清算人乙山梅子が議長に選任され、就任した。次いで、清算人乙山梅子は議長席に着き、本総会は有効に成立した旨を述べて、直ちに議案の審議に入った。
1　議事の経過の要領及びその結果
　　　議案　清算人選任の件
　　議長は、代表清算人甲野太郎が清算人を辞任したので、その後任者を選任する必要があることを述べ、議場に諮ったところ、満場一致をもって、次の者が清算人に選任され、被選任者は即時その就任を承諾した。
　　　清算人　　丁山一郎

　以上をもって、本総会の議案の審議を終了したので、議長は閉会を宣し、午前11時30分散会した。

　上記の議決を明確にするため、この議事録を作り、議長及び出席清算人がこれに記名押印する。

　　平成○○年○○月○○日

　　　　　　　　　　東京○○事業協同組合第○○回臨時総会において
　　　　　　　　　　　　議長　清算人　　乙 山 梅 子　㊞
　　　　　　　　　　　　出席清算人　　　丁 山 一 郎　㊞
　　　　　　　　　　　　同　　　　　　　丙 原 幸 雄　㊞

(清算人会議事録)

清 算 人 会 議 事 録

1　開　催　日　時　　平成〇〇年〇〇月〇〇日午後1時30分
1　開　催　場　所　　当組合事務所
1　出席した清算人　　丁山一郎、乙山梅子、丙原幸雄

1　議事の経過の要領及び結果
　　定刻に至り、清算人丁山一郎が議長席に着き、開会を宣し、直ちに議案の審議に入った。
　　　　議案　代表清算人選定の件
　　議長は、代表清算人を選定しなければならない旨を説明し、これを議場に諮ったところ、全員一致で次の者が代表清算人に選定された。
　　　　代表清算人　　丁山一郎
　　被選任者は、即時就任を承諾した。

　以上をもって議案の全部の審議を終了したので、議長は閉会を宣し、午後2時30分散会した。

　上記の決議を明確にするため、議長及び出席清算人において、次に記名押印する。

　　平成〇〇年〇〇月〇〇日

　　　　　　　　　　東京〇〇事業協同組合清算人会において
　　　　　　　　　　議長　代表清算人　　丁　山　一　郎　㊞
　　　　　　　　　　　　　清算人　　　　乙　山　梅　子　㊞
　　　　　　　　　　　　　同　　　　　　丙　原　幸　雄　㊞

(就任承諾書)

就 任 承 諾 書

　私は、平成○○年○○月○○日開催の貴組合の清算人会において、代表清算人に選任されたので、その就任を承諾します。

　　平成○○年○○月○○日

　　　　　　　　　　　　　　東京都千代田区平河町一丁目1番1号
　　　　　　　　　　　　　　　　丁　山　一　郎　㊞

東京○○事業協同組合　御中

(委任状)

委　任　状

　　　　　　　　　　　　　　東京都豊島区東池袋一丁目1番1号
　　　　　　　　　　　　　　　　山　川　太　郎

　私は、上記の者を代理人に定め、下記の権限を委任する。

1　当組合の代表清算人の変更の登記を申請する一切の件
1　原本還付の請求及び受領の件

　　平成○○年○○月○○日

　　　　　　東京都千代田区大手町一丁目1番1号
　　　　　　東京○○事業協同組合
　　　　　　　　代表清算人　丁　山　一　郎　㊞

(注) 代表清算人の印鑑は、代表清算人が登記所に提出している印鑑を押印します。

4 清算結了の登記

> **Q100**
> 清算結了の登記手続について、教えてください。

1 清算事務の結了

　清算人は、その就任後遅滞なく、清算組合の財産の現況を調査し、財産目録及び貸借対照表を作成し、総会における承認を受けなければならず（組合法69条、会社法492条）、清算組合は、清算組合の債権者に対し、一定の期間内（2か月以上）に債権を申し出るべき旨を官報に公告し、かつ、知れている債権者には、各別にこれを催告し（組合法69条、会社法499条）、官報公告後一定の期間経過後に債務を弁済しなければならないとされています（組合法69条、会社法500条）。

　清算組合は、清算事務が終了したときは、遅滞なく、決算報告を作成し、総会の承認を受けなければならないとされています（組合法69条、会社法507条1項・3項）。その承認は、清算人の責任解除の効果を有します（組合法69条、会社法507条4項）。

　清算が結了したときは、清算組合は、総会の承認の日から、主たる事務所の所在地においては2週間以内に、従たる事務所の所在地においては3週間以内に、清算結了の登記をしなければなりません（組合法92条、95条）。

　清算結了の登記をしたときは、登記官は、登記記録を閉鎖しなければならないとされています（各種法人等登記規則5条、商業登記規則80条1項5号・2項）。

2 登記の手続

(1) 登記すべき事項

　　登記すべき事項は、清算結了の旨及びその年月日です。なお、清算結了年月日は、総会における決算報告書の承認の日です。

(2) 添付書類

　　添付書面は、決算報告書の承認があったことを証する書面です。通常は、総会の議事録及び決算報告書です。

なお、従たる事務所の所在地において登記するときは、主たる事務所の所在地において登記したことを証する登記事項証明書を添付します。

申請書書式
(清算結了の登記―従たる事務所の所在地においてする登記の申請と主たる事務所の所在地においてする登記の一括申請をする場合)

事業協同組合清算結了登記申請書

1 名　　　　称　　東京○○事業協同組合
1 主たる事務所　　東京都千代田区大手町一丁目1番1号
1 従たる事務所　　東京都八王子市西八王子四丁目4番4号
　　　　　　　　　管轄登記所　東京法務局八王子支局（注1）
1 登記の事由　　　清算結了
1 登記すべき事項　平成○○年○○月○○日清算結了（注2）
1 登記手数料　　　金300円（注3）
　　　　　　　　　従たる事務所所在地登記所数　　1庁
1 添付書類　　　　総会議事録（決算報告書）　　　1通
　　　　　　　　　委任状　　　　　　　　　　　　1通（注4）

　上記のとおり登記の申請をします。

　平成○○年○○月○○日

　　　　　　　　　東京都千代田区大手町一丁目1番1号
　　　　　　　　　申　請　人　　東京○○事業協同組合
　　　　　　　　　東京都千代田区平河町一丁目1番1号
　　　　　　　　　代表清算人　　丁　山　一　郎　㊞（注5）
　　　　　　　　　東京都豊島区東池袋一丁目1番1号
　　　　　　　　　代　理　人　　山　川　太　郎　㊞（注6）

　　　　　　　　　連絡先の電話番号　○○○－○○○－○○○○

　東京法務局　御中

（注1）本例は、従たる事務所の所在地においてする登記を、従たる事務所の所在地においてする登記の申請と主たる事務所の所在地においてする登記の一括申請をする場合です。この場合、従たる事務所の所在地においてする登記の申請と主たる事務所の所在地においてする登記の申請とは、同一の書面をもって同時に一括して申請しなければなりません。従たる事務所の

所在地においてする登記の申請には、何ら書面の添付は必要ありません（組合法103条、商業登記法49条1項・3項〜5項、各種法人等登記規則5条、商業登記規則63条2項）。
(**注2**) 清算結了年月日は、総会における決算報告書の承認の日です。
(**注3**) 登記の一括申請をする場合には、1件につき300円の手数料を収入印紙で納付します（登記手数料令12条）。
(**注4**) 代理人に登記申請を委任した場合に添付します。
(**注5**) 代表清算人の印鑑は、代表清算人が登記所に提出した印鑑を押印します。
(**注6**) 代理人が申請する場合に記載し、代理人の印鑑を押印します。この場合には、代表清算人の押印は必要ありません。

（総会議事録）

臨 時 総 会 議 事 録

1　総 会 の 日 時　　平成〇〇年〇〇月〇〇日午前10時30分
1　開 催 の 場 所　　当組合会議室（東京都千代田区大手町一丁目1番1号）
1　組 合 員 総 数　　〇〇名
1　出 席 組 合 員　　〇〇名
　　　　　　　　　　　内訳　本人出席　　　〇〇名
　　　　　　　　　　　　　　委任状出席　　〇〇名

1　議長選任の経過
　定刻に至り、司会者〇〇〇〇は開会を宣し、本日の臨時総会は法定数を満たしたので有効に成立した旨を告げ、議長の選任方法を諮ったところ、満場一致をもって代表清算人丁山一郎が議長に選任され、就任した。次いで、代表清算人丁山一郎は議長席に着き、直ちに議案の審議に入った。
1　議事の経過の要領及びその結果
　　議案　清算事務報告の件
　議長は、当組合の清算結了に至るまでの経緯を詳細に説明し、別紙決算報告書の承認を求めたところ、満場異議なくこれを承認した。

　以上をもって、議案全部の審議を終了したので、議長は閉会を宣し、午前11時30分散会した。

　上記の決議を明確にするため、この議事録を作り、議長及び出席清算人がこれに記名押印する。

　　平成〇〇年〇〇月〇〇日

　　　　　　　　　　　東京〇〇事業協同組合第〇〇回臨時総会において
　　　　　　　　　　　　議長　代表清算人　　丁　山　一　郎　㊞
　　　　　　　　　　　　　　　出席清算人　　乙　山　梅　子　㊞
　　　　　　　　　　　　　　　同　　　　　　丙　原　幸　雄　㊞

(決算報告書)

決 算 報 告 書

1　清算人は、就任と同時に組合財産の現況を調査し、財産目録及び貸借対照表を作成し、総会の承認を受けた。
1　清算人は、平成〇〇年〇〇月〇〇日に官報をもって公告し、知れたる債権者に対しては、各別に催告をした。
1　清算手続として支払った金額及び債権者は別紙1のとおりであり、取り立てた債権金額及び債務者は別紙2のとおりである。
1　平成〇〇年〇〇月〇〇日残余財産金〇〇円は、各組合員の持口数に応じて、1口金〇〇円の割合で配分した。

以上のとおり、清算を結了したことを報告します。

　平成〇〇年〇〇月〇〇日

　　　　　　　　東京〇〇事業協同組合
　　　　　　　　　代表清算人　丁　山　一　郎　㊞
　　　　　　　　　　清算人　　乙　山　梅　子　㊞
　　　　　　　　　　同　　　　丙　原　幸　雄　㊞

(別紙1及び別紙2は省略)

参考資料

○ 中小企業等協同組合法(抄) ……………………………………… 310

参考資料

○ 中小企業等協同組合法（抄）（昭和24年6月1日法律第181号）

最終改正：平成25年6月19日法律第45号
（最終改正までの未施行法令）
平成24年9月12日法律第85号（未施行）
平成24年9月12日法律第86号（未施行）
平成25年6月19日法律第45号（未施行）

※平成24年法律第85号〔施行日＝平成26年4月1日〕の改正規定及び同法による改正後の条文を、現行の当該条文の次に罫線で囲んで掲げました。

第1章 総則
（法律の目的）
第1条　この法律は、中小規模の商業、工業、鉱業、運送業、サービス業その他の事業を行う者、勤労者その他の者が相互扶助の精神に基き協同して事業を行うために必要な組織について定め、これらの者の公正な経済活動の機会を確保し、もつてその自主的な経済活動を促進し、且つ、その経済的地位の向上を図ることを目的とする。
第2条　削除

第2章 中小企業等協同組合

第1節 通則
（種類）
第3条　中小企業等協同組合（以下「組合」という。）は、左の各号に掲げるものとする。
一　事業協同組合
一の二　事業協同小組合
一の三　火災共済協同組合
二　信用協同組合
三　協同組合連合会
四　企業組合

第3条中「左の各号に」を「次に」に改め、第1号の3を削る。
―改正後の条文―
（種類）

第3条　中小企業等協同組合（以下「組合」という。）は、次に掲げるものとする。
一　事業協同組合
一の二　事業協同小組合
二　信用協同組合
三　協同組合連合会
四　企業組合

（人格及び住所）
第4条　組合は、法人とする。
2　組合の住所は、その主たる事務所の所在地にあるものとする。
（基準及び原則）
第5条　組合は、この法律に別段の定めがある場合のほか、次の各号に掲げる要件を備えなければならない。
一　組合員又は会員（以下「組合員」と総称する。）の相互扶助を目的とすること。
二　組合員が任意に加入し、又は脱退することができること。
三　組合員の議決権及び選挙権は、出資口数にかかわらず、平等であること。
四　組合の剰余金の配当は、主として組合事業の利用分量に応じてするものとし、出資額に応じて配当をするときは、その限度が定められていること。
2　組合は、その行う事業によつてその組合員に直接の奉仕をすることを

目的とし、特定の組合員の利益のみを目的としてその事業を行つてはならない。
3　組合は、特定の政党のために利用してはならない。
（名称）
第6条　組合は、その名称中に、次の文字を用いなければならない。
　一　事業協同組合にあつては、協同組合（第9条の2第7項に規定する特定共済組合に該当するものにあつては、共済協同組合）
　一の二　事業協同小組合にあつては、協同小組合（第9条の2第7項に規定する特定共済組合に該当するものにあつては、共済協同小組合）
　一の三　火災共済協同組合にあつては、火災共済協同組合
　二　信用協同組合にあつては、信用協同組合又は信用組合
　三　協同組合連合会にあつては、その種類に従い、協同組合、協同小組合、火災共済協同組合又は信用協同組合のうちのいずれかを冠する連合会（第9条の9第4項に規定する特定共済組合連合会に該当するものにあつては、その種類に従い、共済協同組合又は共済協同小組合のうちのいずれかを冠する連合会）
　四　企業組合にあつては、企業組合
2　この法律によつて設立された組合又は他の特別の法律によつて設立された協同組合若しくはその連合会以外の者は、その名称中に、事業協同組合、事業協同小組合、火災共済協同組合、信用協同組合、協同組合連合会又は企業組合であることを示す文字を用いてはならない。
3　組合の名称については、会社法（平成17年法律第86号）第8条（会社と誤認させる名称等の使用の禁止）の規定を準用する。

　第6条第1項第1号の3を削り、同項第3号中「、火災共済協同組合」を削り、「、その種類に従い、共済協同組合」を「その種類に従い共済協同組合」に、「連合会）」を「連合会、同条第1項第3号の事業を行う協同組合連合会に該当するものにあつては共済協同組合連合会）」に改め、同条第2項中「、火災共済協同組合」を削る。
―改正後の条文―
（名称）
第6条　（略）
　一～二　（略）
　三　協同組合連合会にあつては、その種類に従い、協同組合、協同小組合又は信用協同組合のうちのいずれかを冠する連合会（第9条の9第4項に規定する特定共済組合連合会に該当するものにあつてはその種類に従い共済協同組合又は共済協同小組合のうちのいずれかを冠する連合会、同条第1項第3号の事業を行う協同組合連合会に該当するものにあつては共済協同組合連合会）
　四　（略）
2　この法律によつて設立された組合又は他の特別の法律によつて設立された協同組合若しくはその連合会以外の者は、その名称中に、事業協同組合、事業協同小組合、信用協同組合、協同組合連合会又は企業組合であることを示す文字を用いてはならない。
3　（略）

（私的独占の禁止及び公正取引の確保に関する法律との関係）
第7条　次の組合は、私的独占の禁止

参考資料

及び公正取引の確保に関する法律（昭和22年法律第54号。以下「私的独占禁止法」という。）の適用については、同法第22条第1号の要件を備える組合とみなす。
一　事業協同組合、火災共済協同組合又は信用協同組合であつて、その組合員たる事業者が次のいずれかに掲げる者であるもの
　　イ　資本金の額又は出資の総額が3億円（小売業又はサービス業を主たる事業とする事業者については5,000万円、卸売業を主たる事業とする事業者については1億円）を超えない法人たる事業者
　　ロ　常時使用する従業員の数が300人（小売業を主たる事業とする事業者については50人、卸売業又はサービス業を主たる事業とする事業者については100人）を超えない事業者
二　事業協同小組合
三　前二号に掲げる組合をもつて組織する協同組合連合会
2　事業協同組合又は信用協同組合であつて、前項第1号イ又はロに掲げる者以外の事業者を組合員に含むものがあるときは、その組合が私的独占禁止法第22条第1号の要件を備える組合に該当するかどうかの判断は、公正取引委員会の権限に属する。
3　前項に掲げる組合は、第1項第1号イ又はロに掲げる者以外の事業者が組合に加入した日又は事業者たる組合員が同号イ又はロに掲げる者でなくなつた日から30日以内に、その旨を公正取引委員会に届け出なければならない。

　　第7条第1項第1号中「、火災共済協同組合」を削る。

―改正後の条文―
（私的独占の禁止及び公正取引の確保に関する法律との関係）
第7条　（略）
一　事業協同組合又は信用協同組合であつて、その組合員たる事業者が次のいずれかに掲げる者であるもの
　　イ　資本金の額又は出資の総額が3億円（小売業又はサービス業を主たる事業とする事業者については5,000万円、卸売業を主たる事業とする事業者については1億円）を超えない法人たる事業者
　　ロ　常時使用する従業員の数が300人（小売業を主たる事業とする事業者については50人、卸売業又はサービス業を主たる事業とする事業者については100人）を超えない事業者
二・三　（略）
2・3　（略）

（組合員の資格等）
第8条　事業協同組合の組合員たる資格を有する者は、組合の地区内において商業、工業、鉱業、運送業、サービス業その他の事業を行う前条第1項若しくは第2項に規定する小規模の事業者又は事業協同小組合で定款で定めるものとする。
2　事業協同小組合の組合員たる資格を有する者は、組合の地区内において主として自己の勤労によつて商業、工業、鉱業、運送業、サービス業その他の事業を行う事業者であつて、おおむね常時使用する従業員の数が5人（商業又はサービス業を主たる事業とする事業者については2人）を超えないもので定款で定めるものとする。

3 火災共済協同組合の組合員たる資格を有する者は、組合の地区内において商業、工業、鉱業、運送業、サービス業その他主務省令で定める事業を行う前条第1項又は第2項に規定するすべての小規模の事業者（その地区が全国にわたる組合にあつては、これらの事業者のうち、定款で定める1の業種に属する事業を行うもの）とする。
4 信用協同組合の組合員たる資格を有する者は、組合の地区内において商業、工業、鉱業、運送業、サービス業その他の事業を行う前条第1項若しくは第2項に規定する小規模の事業者、組合の地区内に住所若しくは居所を有する者又は組合の地区内において勤労に従事する者その他これらに準ずる者として内閣府令で定める者で定款で定めるものとする。
5 協同組合連合会の会員たる資格を有する者は、次に掲げる者であつて定款で定めるものとする。
　一 連合会の地区の全部又は一部を地区とする組合（企業組合を除く。）
　二 連合会の地区の全部又は一部を地区として他の法律に基づいて設立された協同組合
6 企業組合の組合員たる資格を有する者は、次に掲げる者であつて定款で定めるものとする。
　一 個人
　二 次のいずれかに該当する者（前号に掲げる者を除く。）であつて政令で定めるもの
　　イ 当該企業組合に対し、その事業活動に必要な物資の供給若しくは役務の提供又は施設、設備若しくは技術の提供を行う者
　　ロ 当該企業組合からその事業に係る物資の供給若しくは役務の提供又は技術の提供を受ける者
　　ハ イ又はロに掲げるもののほか、当該企業組合の事業の円滑化に寄与する者
　三 投資事業有限責任組合契約に関する法律（平成10年法律第90号）第2条第2項に規定する投資事業有限責任組合であつて中小企業者（中小企業基本法（昭和38年法律第154号）第2条第1項各号に掲げるものをいう。）の自己資本の充実に寄与するものとして政令で定めるもの

第8条中第3項を削り、第2項を第3項とし、第1項の次に第2項を加え、第6項を第7項とし、第5項の次に第6項を加える。
―改正後の条文―
（組合員の資格等）
第8条 （略）
2 前項の規定にかかわらず、第9条の9第3項に規定する火災等共済組合の組合員たる資格を有する者は、組合の地区内において商業、工業、鉱業、運送業、サービス業その他の事業を行う前条第1項若しくは第2項に規定する全ての小規模の事業者又は全ての事業協同小組合（その地区が全国にわたる火災等共済組合にあつては、これらの事業者又は事業協同小組合のうち、その定款で定める一の業種に属する事業を行うもの）とする。
3 事業協同小組合の組合員たる資格を有する者は、組合の地区内において主として自己の勤労によつて商業、工業、鉱業、運送業、サービス業その他の事業を行う事業者であつて、おおむね常時使用する従業員の数が5人（商業又はサービス業を主たる事業とする事業者については2人）を超えない

中小企業等協同組合法（抄）

313

もので定款で定めるものとする。
4・5 （略）
6 第9条の9第3項に規定する火災等共済組合連合会の会員たる資格を有する者は、前項第1号に掲げる者のうち、当該火災等共済組合連合会の定款で定める一の業種に属する事業を行う第2項に規定する小規模の事業者又は事業協同小組合をその組合員たる資格を有する者としてその定款に定める組合とする。
7 企業組合の組合員たる資格を有する者は、次に掲げる者であつて定款で定めるものとする。
　一　個人
　二　次のいずれかに該当する者（前号に掲げる者を除く。）であつて政令で定めるもの
　　イ　当該企業組合に対し、その事業活動に必要な物資の供給若しくは役務の提供又は施設、設備若しくは技術の提供を行う者
　　ロ　当該企業組合からその事業に係る物資の供給若しくは役務の提供又は技術の提供を受ける者
　　ハ　イ又はロに掲げるもののほか、当該企業組合の事業の円滑化に寄与する者
　三　投資事業有限責任組合契約に関する法律（平成10年法律第90号）第2条第2項に規定する投資事業有限責任組合であつて中小企業者（中小企業基本法（昭和38年法律第154号）第2条第1項各号に掲げるものをいう。）の自己資本の充実に寄与するものとして政令で定めるもの

第8条の2　前条第6項第2号又は第3号の組合員（以下「特定組合員」という。）は、企業組合の総組合員の4分の1を超えてはならない。

> 第8条の2中「前条第6項」を「前条第7項」に改める。
> ―改正後の条文―
> 第8条の2　前条第7項第2号又は第3号の組合員（以下「特定組合員」という。）は、企業組合の総組合員の4分の1を超えてはならない。

第9条　（省略）

　　　第2節　事　業
　　（事業協同組合及び事業協同小組合）
第9条の2　事業協同組合及び事業協同小組合は、次の事業の全部又は一部を行うことができる。
　一　生産、加工、販売、購買、保管、運送、検査その他組合員の事業に関する共同事業
　二　組合員に対する事業資金の貸付け（手形の割引を含む。）及び組合員のためにするその借入れ
　三　組合員の福利厚生に関する事業
　四　組合員の事業に関する経営及び技術の改善向上又は組合事業に関する知識の普及を図るための教育及び情報の提供に関する事業
　五　組合員の新たな事業の分野への進出の円滑化を図るための新商品若しくは新技術の研究開発又は需要の開拓に関する事業
　六　組合員の経済的地位の改善のためにする団体協約の締結
　七　前各号の事業に附帯する事業
2　事業協同組合及び事業協同小組合は、前項第3号の規定により締結する共済契約であつて、火災により又は火災及び第9条の7の2第1項第1号の主務省令で定める偶然な事故の全部若しくは一部を一括して共済

事故としこれらのもののいずれかにより財産に生ずることのある損害をうめるためのものにおいては、共済契約者１人につきこれらの共済契約に係る共済金額の総額を主務省令で定める金額を超えるものと定めてはならない。

3　事業協同組合及び事業協同小組合は、組合員の利用に支障がない場合に限り、組合員以外の者にその事業を利用させることができる。ただし、１事業年度における組合員以外の者の事業の利用分量の総額は、その事業年度における組合員の利用分量の総額の100分の20を超えてはならない。

4　前項ただし書の規定にかかわらず、事業協同組合及び事業協同小組合は、次の各号に掲げる事業については、当該各号に定める期間に限り、１事業年度における組合員以外の者の事業の利用分量の総額の当該事業年度における組合員の利用分量の総額に対する割合が当該各号ごとに100分の100を超えない範囲内において政令で定める割合を超えない範囲内において、組合員以外の者に利用させることができる。
　一　事業協同組合又は事業協同小組合の作成する計画に基づき工場又は事業場（以下「工場等」という。）を集団して設置する組合員の利用に供する当該事業協同組合又は事業協同小組合の事業をその工場等の設置に相当の期間を要する一部の組合員がその間に利用することが困難であるため、当該事業の運営に支障が生ずる場合における当該事業　当該計画に基づく工場等の設置が完了した日のうち最も早いものを含む事業年度終了の日から起算して３年を超えない範囲内において政令で定める期間
　二　組合員が脱退したため、当該組合員の利用に係る事業協同組合又は事業協同小組合の事業の運営に支障が生ずる場合における当該事業　当該組合員が脱退した日を含む事業年度終了の日から起算して２年を超えない範囲内において政令で定める期間

5　第３項ただし書の規定は、事業協同組合及び事業協同小組合がその所有する施設のうち休育施設その他の施設で組合員の利用に供することのほか併せて一般公衆の利用に供することが適当であるものとして政令で定めるものに該当するものを一般公衆に利用させる場合には、適用しない。

6　事業協同組合及び事業協同小組合は、組合員のために、保険会社（保険業法（平成７年法律第105号）第２条第２項に規定する保険会社をいう。以下同じ。）その他これに準ずる者として主務省令で定めるものの業務の代理又は事務の代行（保険募集（同条第26項に規定する保険募集をいう。以下同じ。）及びこれに関連する事務として主務省令で定めるものに限る。）を行うことができる。

7　第１項第３号の規定により共済事業（組合員その他の共済契約者から共済掛金の支払を受け、共済事故の発生に関し、共済金を交付する事業であつて、共済金額その他の事項に照らして組合員その他の共済契約者の保護を確保することが必要なものとして主務省令で定めるものをいう。以下同じ。）を行う事業協同組合若しくは事業協同小組合であつてその組合員の総数が政令で定める基準を超えるもの又は組合員たる組合が共済事業を行うことによつて負う共済責任の再共済若しくは再共済責

任の再再共済の事業を行う事業協同組合（以下「特定共済組合」という。）は、同項の規定にかかわらず、共済事業及びこれに附帯する事業並びに前項に規定する事業のほか、他の事業を行うことができない。ただし、主務省令で定めるところにより、行政庁の承認を受けたときは、この限りでない。

8　行政庁は、前項ただし書の承認の申請があつたときは、当該申請に係る事業が当該特定共済組合の業務の健全かつ適正な運営を妨げるおそれがないと認める場合でなければ、これを承認してはならない。

9　共済事業及び第6項に規定する事業における事業協同組合についての第3項の規定の適用については、同項ただし書中「組合員」とあるのは「組合員並びに組合員と生計を一にする親族及び組合員たる組合を直接又は間接に構成する者であつて小規模の事業者であるもの」とし、事業協同小組合についての同項の規定の適用については、同項ただし書中「組合員」とあるのは「組合員及び組合員と生計を一にする親族」とする。

10　事業協同組合及び事業協同小組合は、定款で定める金融機関に対して組合員の負担する債務を保証し、又はその金融機関の委任を受けてその債権を取り立てることができる。

11　事業協同組合及び事業協同小組合は、前項の規定によるほか、定款の定めるところにより、組合員が金融機関以外の者に対して負担する当該組合員の事業に関する債務を保証することができる。

12　事業協同組合又は事業協同小組合の組合員と取引関係がある事業者（小規模の事業者を除く。）は、その取引条件について事業協同組合又は事業協同小組合の代表者（これらの組合が会員となつている協同組合連合会の代表者を含む。）が政令の定めるところにより団体協約を締結するため交渉をしたい旨を申し出たときは、誠意をもつてその交渉に応ずるものとする。

13　第1項第6号の団体協約は、あらかじめ総会の承認を得て、同号の団体協約であることを明記した書面をもつてすることによつて、その効力を生ずる。

14　第1項第6号の団体協約は、直接に組合員に対してその効力を生ずる。

15　組合員の締結する契約であつて、その内容が第1項第6号の団体協約に定める基準に違反するものについては、その基準に違反する契約の部分は、その基準によつて契約したものとみなす。

　第9条の2第2項中「事業協同小組合は」の下に「、第9条の7の2第1項の認可を受けた場合を除き」を加え、「第9条の7の2第1項第1号」を「同条第1項」に、「うめる」を「埋める」に改める。
　―改正後の条文―
（事業協同組合及び事業協同小組合）
第9条の2　（略）
2　事業協同組合及び事業協同小組合は、第9条の7の2第1項の認可を受けた場合を除き、前項第3号の規定により締結する共済契約であつて、火災により又は火災及び同条第1項の主務省令で定める偶然な事故の全部若しくは一部を一括して共済事故としこれらのもののいずれかにより財産に生ずることのある損害を埋めるためのものにおいては、共済契約者1人に

つきこれらの共済契約に係る共済金額の総額を主務省令で定める金額を超えるものと定めてはならない。
3〜15　（略）

第9条の2の2〜第9条の6　（省略）
（共済規程）
第9条の6の2　事業協同組合及び事業協同小組合が、共済事業を行おうとするときは、主務省令で定めるところにより、共済規程を定め、行政庁の認可を受けなければならない。
2　共済規程には、共済事業の種類その他事業の実施方法、共済契約、共済掛金及び責任準備金の額の算出方法に関して主務省令で定める事項を記載しなければならない。
3　事業協同組合が自動車損害賠償保障法（昭和30年法律第97号）第5条（責任共済等の契約の締結強制）に規定する自動車損害賠償責任共済（以下「責任共済」という。）、責任共済の契約によつて負う共済責任の再共済（以下「責任再共済」という。）又は責任再共済の契約によつて負う再共済責任の再再共済（以下「責任共済等」という。）の事業を行おうとする場合における前項の規定の適用については、同項中「共済事業の種類その他事業の実施方法、共済契約、共済掛金及び責任準備金の額の算出方法に関して主務省令で定める事項」とあるのは、「責任共済等の事業の実施方法、共済契約及び共済掛金に関して主務省令で定める事項」とする。
4　共済規程の変更又は廃止は、行政庁の認可を受けなければ、その効力を生じない。

　　第9条の6の2第1項中「共済事業」の下に「（第9条の7の2第1項の認可を受けて同項に規定する火災共済事業を行う事業協同組合にあつては、当該火災共済事業を除く。次項において同じ。）」を加える。
―改正後の条文―
（共済規程）
第9条の6の2　事業協同組合及び事業協同小組合が、共済事業（第9条の7の2第1項の認可を受けて同項に規定する火災共済事業を行う事業協同組合にあつては、当該火災共済事業を除く。次項において同じ。）を行おうとするときは、主務省令で定めるところにより、共済規程を定め、行政庁の認可を受けなければならない。
2〜4　（略）

第9条の6の3、第9条の7　（省略）
（火災共済協同組合）
第9条の7の2　火災共済協同組合は、次の事業を行うものとする。
一　組合員のためにする火災共済事業（火災により又は火災及び破裂、爆発、落雷その他の主務省令で定める偶然な事故の全部若しくは一部を一括して共済事故としこれらのもののいずれかにより財産に生ずることのある損害をうめるための共済事業をいう。以下同じ。）
二　前号の事業に附帯する事業
2　前項各号に掲げるもののほか、火災共済協同組合は、保険会社その他これに準ずる者として第9条の2第6項の主務省令で定めるものの業務の代理又は事務の代行（保険募集及びこれに関連する事務として同項の主務省令で定めるものに限る。）の事業を行うことができる。
3　火災共済協同組合については、第9条の2第3項及び第9条の6の3の規定を準用する。この場合におい

て、同項ただし書中「組合員」とあるのは「組合員並びに組合員と生計を一にする親族及び組合員たる組合を直接又は間接に構成する者であつて第8条第3項に規定する小規模の事業者であるもの」と、同条第1項中「第9条の2第9項において読み替えて適用する同条第3項ただし書」とあるのは「第9条の7の2第3項において読み替えて準用する第9条の2第3項ただし書」と、同項中「同条第1項第3号、第3項及び第9項」とあり、及び同条第3項中「第9条の2第1項第3号、第3項及び第9項」とあるのは「第9条の7の2」と読み替えるものとする。

　第9条の7の2を次のように改める。
　―改正後の条文―
（火災共済事業）
第9条の7の2　事業協同組合であつてその組合員（第8条第2項に規定する資格を有する者に該当する者に限る。）の総数が第9条の2第7項の政令で定める基準を超えること、出資の総額が1,000万円以上であることその他この法律に定める要件を備えるものについては、行政庁の認可を受けて、火災共済事業（火災により又は火災及び破裂、爆発、落雷その他の主務省令で定める偶然な事故の全部若しくは一部を一括して共済事故としこれらのもののいずれかにより財産に生ずることのある損害を埋めるための共済事業をいう。以下同じ。）であつて、共済契約に係る共済金額の総額が共済契約者1人につき同条第2項の主務省令で定める金額を超えるものを行うことができる。
2　前項の事業協同組合は、同項の認可を受けようとするときは、定款、事業計画、火災共済規程（火災共済事業の実施方法、共済契約、共済掛金及び責任準備金の額の算出方法に関して主務省令で定める事項を記載した書面をいう。以下同じ。）、常務に従事する役員の氏名を記載した書面その他主務省令で定める書面を行政庁に提出しなければならない。
3　第1項の認可については、第27条の2第6項の規定を準用する。この場合において、同項第1号中「設立の手続又は定款、火災共済規程若しくは」とあるのは、「定款、火災共済規程又は」と読み替えるものとする。
4　行政庁が第一項の認可をしたときは、当該認可を受けた事業協同組合の定款の変更について第51条第2項の認可があつたものとみなす。
5　火災共済規程の変更又は廃止は、行政庁の認可を受けなければ、その効力を生じない。

（指定特定火災共済事業等紛争解決機関との契約締結義務等）
第9条の7の3　特定火災共済協同組合（第69条の2第6項第2号に規定する特定火災共済協同組合をいう。第3項において同じ。）は、次の各号に掲げる場合の区分に応じ、当該各号に定める措置を講じなければならない。
一　指定特定火災共済事業等紛争解決機関（第69条の4第1項に規定する指定特定火災共済事業等紛争解決機関をいう。以下この条において同じ。）が存在する場合一の指定特定火災共済事業等紛争解決機関との間で特定火災共済事業等（第69条の2第6項第5号

に規定する特定火災共済事業等をいう。次号において同じ。）に係る手続実施基本契約（同条第１項第８号に規定する手続実施基本契約をいう。第３項、第９条の９の２第１項第１号及び第３項並びに第９条の９の３第１項第１号及び第３項において同じ。）を締結する措置
　　二　指定特定火災共済事業等紛争解決機関が存在しない場合　特定火災共済事業等に関する苦情処理措置及び紛争解決措置
　２　前項において、次の各号に掲げる用語の意義は、当該各号に定めるところによる。
　　一　苦情処理措置　利用者（利用者以外の被共済者、共済金額を受け取るべき者その他の関係者を含む。次号及び第９条の９の２第２項において同じ。）からの苦情の処理の業務に従事する使用人その他の従業者に対する助言若しくは指導を第69条の４第１項において準用する保険業法第308条の13第３項第３号に掲げる者に行わせること又はこれに準ずるものとして主務省令で定める措置
　　二　紛争解決措置　利用者との紛争の解決を認証紛争解決手続（裁判外紛争解決手続の利用の促進に関する法律（平成16年法律第151号）第２条第３号（定義）に規定する認証紛争解決手続をいう。第９条の９の２第２項第２号及び第９条の９の３第２項第２号において同じ。）により図ること又はこれに準ずるものとして主務省令で定める措置
　３　特定火災共済協同組合は、第１項の規定により手続実施基本契約を締結する措置を講じた場合には、当該手続実施基本契約の相手方である指定特定火災共済事業等紛争解決機関の名称又は商号を公表しなければならない。
　４　第１項の規定は、次の各号に掲げる場合の区分に応じ、当該各号に定める期間においては、適用しない。
　　一　第１項第１号に掲げる場合に該当していた場合において、同項第２号に掲げる場合に該当することとなつたとき　第69条の４第１項において準用する保険業法第308条の23第１項の規定による紛争解決等業務（第69条の２第６項第１号に規定する紛争解決等業務をいう。次号、第９条の９の２第４項第１号及び第２号並びに第９条の９の３第４項第１号及び第２号において同じ。）の廃止の認可又は第69条の４第１項において準用する同法第308条の24第１項の規定による指定の取消しの時に、第１項第２号に定める措置を講ずるために必要な期間として行政庁が定める期間
　　二　第１項第１号に掲げる場合に該当していた場合において、同号の一の指定特定火災共済事業等紛争解決機関の紛争解決等業務の廃止が第69条の４第１項において準用する保険業法第308条の23第１項の規定により認可されたとき、又は同号の一の指定特定火災共済事業等紛争解決機関の第69条の２第１項の規定による指定が第69条の４第１項において準用する同法第308条の24第１項の規定により取り消されたとき（前号に掲げる場合を除く。）　その認可又は取消しの時に、第１項第１号に定める措置を講ずるために必要な期間として行政庁が定める期間
　　三　第１項第２号に掲げる場合に該

当していた場合において、同項第1号に掲げる場合に該当することとなつたとき　第69条の2第1項の規定による指定の時に、同号に定める措置を講ずるために必要な期間として行政庁が定める期間

第9条の7の3を次のように改める。
―改正後の条文―
第9条の7の3　削除

第9条の7の4　削除
（保険業法等の準用）
第9条の7の5　保険業法第275条第1項第2号及び第2項（保険募集の制限）の規定は共済事業を行う事業協同組合若しくは事業協同小組合又は火災共済協同組合（以下この条において「共済事業を行う協同組合」という。）の共済契約の募集について、同法第283条（所属保険会社等及び保険募集再委託者の賠償責任）の規定は共済事業を行う協同組合の役員及び使用人並びに当該共済事業を行う協同組合の共済代理店（組合の委託を受けて、当該組合のために共済契約の締結の代理又は媒介を行う者であつて、当該組合の役員又は使用人でないものをいう。以下同じ。）並びにその役員及び使用人が行う当該共済事業を行う協同組合の共済契約の募集について、同法第294条（顧客に対する説明）の規定は共済契約の募集を行う共済事業を行う協同組合の役員及び使用人並びに当該共済事業を行う協同組合の共済代理店並びにその役員及び使用人について、同法第295条（自己契約の禁止）の規定は共済代理店について、同法第300条（保険契約の締結又は保険募集に関する禁止行為）の規定は共済事業を行う協同組合及びその共済代理店（これらの者の役員及び使用人を含む。）について、同法第305条（立入検査等）、第306条（業務改善命令）及び第307条第1項第3号（登録の取消し等）の規定は共済代理店について、同法第309条（保険契約の申込みの撤回等）の規定は共済事業を行う協同組合に対し共済契約の申込みをした者又は共済契約者が行う共済契約の申込みの撤回又は解除について、同法第311条（検査職員の証票の携帯及び提示等）の規定はこの項において準用する同法第305条の規定による立入り、質問又は検査をする職員について、それぞれ準用する。この場合において、同法第275条第1項第2号、第294条第3号、第295条第2項、第300条第1項第7号及び第9号並びに第309条第1項第1号、第2項、第3項、第5項及び第6項中「内閣府令」とあるのは「主務省令」と、同法第275条第1項第2号中「損害保険会社（外国損害保険会社等を含む。以下この編において同じ。）」とあるのは「共済事業を行う協同組合」と、「次条の登録を受けた損害保険代理店」とあるのは「中小企業等協同組合法第106条の3第1号の届出がなされた共済代理店」と、「損害保険代理店である」とあるのは「共済代理店である」と、同条第2項中「次条又は第286条の登録を受けて」とあるのは「中小企業等協同組合法第106条の3第1号の届出を行って」と、同法第300条第1項中「次条に規定する特定保険契約」とあるのは「中小企業等協同組合法第9条の7の5第2項に規定する特定共済契約」と、同項第8号中「特定関係者（第100条の3（第272条の13第2項において準用する場合を含む。第301条において同

じ。）に規定する特定関係者及び第194条に規定する特殊関係者のうち、当該保険会社等又は外国保険会社等を子会社とする保険持株会社及び少額短期保険持株会社（以下この条及び第301条の2において「保険持株会社等」という。）、当該保険持株会社等の子会社（保険会社等及び外国保険会社等を除く。）並びに保険業を行う者以外の者をいう。）」とあるのは「子会社等（中小企業等協同組合法第61条の2第2項に規定する子会社等をいう。）」と、同条第2項中「第4条第2項各号、第187条第3項各号又は第272条の2第2項各号に掲げる書類」とあるのは「定款又は中小企業等協同組合法第9条の6の2第1項に規定する共済規程若しくは同法第27条の2第3項に規定する火災共済規程」と、同法第305条及び第306条中「内閣総理大臣」とあるのは「行政庁」と、同法第307条第1項中「内閣総理大臣」とあるのは「行政庁」と、「次の各号のいずれかに該当するときは、第276条若しくは第286条の登録を取り消し、又は」とあるのは「第3号に該当するときは、」と、「業務の全部若しくは一部」とあるのは「共済契約の募集」と読み替えるものとする。

2 金融商品取引法（昭和23年法律第25号）第3章第1節第5款（第34条の2第6項から第8項まで並びに第34条の3第5項及び第6項を除く。）（特定投資家）及び第45条（第3号及び第4号を除く。）（雑則）の規定は共済事業を行う協同組合が行う特定共済契約（金利、通貨の価格、同法第2条第14項に規定する金融商品市場における相場その他の指標に係る変動により損失が生ずるおそれ（当該共済契約が締結さ れることにより利用者の支払うこととなる共済掛金の合計額が、当該共済契約が締結されることにより当該利用者の取得することとなる第58条第6項に規定する共済金等の合計額を上回ることとなるおそれをいう。）がある共済契約として主務省令で定めるものをいう。以下この項において同じ。）の締結について、同章第2節第1款（第35条から第36条の4まで、第37条第1項第2号、第37条の2、第37条の3第1項第2号及び第6号並びに第3項、第37条の5から第37条の7まで、第38条第1号及び第2号、第38条の2、第39条第3項ただし書及び第5項並びに第40条の2から第40条の5までを除く。）（通則）の規定は共済事業を行う協同組合又は共済代理店が行う特定共済契約の締結又はその代理若しくは媒介について、それぞれ準用する。この場合において、これらの規定中「金融商品取引契約」とあるのは「特定共済契約」と、「金融商品取引業」とあるのは「特定共済契約の締結又はその代理若しくは媒介の事業」と、これらの規定（同法第39条第3項本文の規定を除く。）中「内閣府令」とあるのは「主務省令」と、これらの規定（同法第34条の規定を除く。）中「金融商品取引行為」とあるのは「特定共済契約の締結」と、同法第34条中「顧客を相手方とし、又は顧客のために金融商品取引行為（第2条第8項各号に掲げる行為をいう。以下同じ。）を行うことを内容とする契約」とあるのは「中小企業等協同組合法第9条の7の5第2項に規定する特定共済契約」と、同法第37条の3第1項中「締結しようとするとき」とあるのは「締結しようとするとき、又はその締結の代理

若しくは媒介を行うとき」と、「次に掲げる事項」とあるのは「次に掲げる事項その他中小企業等協同組合法第9条の7の5第1項において読み替えて準用する保険業法第300条第1項第1号に規定する共済契約の契約条項のうち重要な事項」と、同項第1号中「金融商品取引業者等」とあるのは「共済事業を行う協同組合（中小企業等協同組合法第9条の7の5第1項に規定する共済事業を行う協同組合をいう。以下この号において同じ。）又は当該共済代理店（同項に規定する共済代理店をいう。）がその委託を受けた共済事業を行う協同組合」と、同法第39条第1項第1号中「有価証券の売買その他の取引（買戻価格があらかじめ定められている買戻条件付売買その他の政令で定める取引を除く。）又はデリバティブ取引（以下この条において「有価証券売買取引等」という。）」とあるのは「特定共済契約の締結」と、「有価証券又はデリバティブ取引（以下この条において「有価証券等」という。）」とあるのは「特定共済契約」と、「顧客（信託会社等（信託会社又は金融機関の信託業務の兼営等に関する法律第1条第1項の認可を受けた金融機関をいう。以下同じ。）が、信託契約に基づいて信託をする者の計算において、有価証券の売買又はデリバティブ取引を行う場合にあつては、当該信託をする者を含む。以下この条において同じ。）」とあるのは「利用者」と、「損失」とあるのは「損失（当該特定共済契約が締結されることにより利用者の支払う共済掛金の合計額が当該特定共済契約が締結されることにより当該利用者の取得する共済金等（中小企業等協同組合法第58条第6項に規定する共済金等

をいう。以下この号において同じ。）の合計額を上回る場合における当該共済掛金の合計額から当該共済金等の合計額を控除した金額をいう。以下この条において同じ。）」と、「補足するため」とあるのは「補足するため、当該特定共済契約によらないで」と、同項第2号及び第3号中「有価証券売買取引等」とあるのは「特定共済契約の締結」と、「有価証券等」とあるのは「特定共済契約」と、同項第2号中「追加するため」とあるのは「追加するため、当該特定共済契約によらないで」と、同項第3号中「追加するため、」とあるのは「追加するため、当該特定共済契約によらないで」と、同条第2項中「有価証券売買取引等」とあるのは「特定共済契約の締結」と、同条第3項中「原因となるものとして内閣府令で定めるもの」とあるのは「原因となるもの」と、同法第45条第2号中「第37条の2から第37条の6まで、第40条の2第4項及び第43条の4」とあるのは「第37条の3（第1項各号に掲げる事項に係る部分に限り、同項第2号及び第6号並びに第3項を除く。）及び第37条の4」と読み替えるものとするほか、必要な技術的読替えは、政令で定める。

第9条の7の5第1項中「若しくは事業協同小組合又は火災共済協同組合」を「又は事業協同小組合」に、「同法第27条の2第3項」を「同法第9条の7の2第2項」に改める。
―改正後の条文―
（保険業法等の準用）
第9条の7の5　保険業法第275条第1項第2号及び第2項（保険募集の制限）の規定は共済事業を行

う事業協同組合又は事業協同小組合（以下この条において「共済事業を行う協同組合」という。）の共済契約の募集について、同法第283条（所属保険会社等及び保険募集再委託者の賠償責任）の規定は共済事業を行う協同組合の役員及び使用人並びに当該共済事業を行う協同組合の共済代理店（組合の委託を受けて、当該組合のために共済契約の締結の代理又は媒介を行う者であって、当該組合の役員又は使用人でないものをいう。以下同じ。）並びにその役員及び使用人が行う当該共済事業を行う協同組合の共済契約の募集について、同法第294条（顧客に対する説明）の規定は共済契約の募集を行う共済事業を行う協同組合の役員及び使用人並びに当該共済事業を行う協同組合の共済代理店並びにその役員及び使用人について、同法第295条（自己契約の禁止）の規定は共済代理店について、同法第300条（保険契約の締結又は保険募集に関する禁止行為）の規定は共済事業を行う協同組合及びその共済代理店（これらの者の役員及び使用人を含む。）について、同法第305条（立入検査等）、第306条（業務改善命令）及び第307条第1項第3号（登録の取消し等）の規定は共済代理店について、同法第309条（保険契約の申込みの撤回等）の規定は共済事業を行う協同組合に対し共済契約の申込みをした者又は共済契約者が行う共済契約の申込みの撤回又は解除について、同法第311条（検査職員の証票の携帯及び提示等）の規定はこの項において準用する同法第305条の規定による立入り、質問又は検査をする職員について、それぞれ準用する。この場合において、同法第275条第1項第2号、第294条第3号、第295条第2項、第300条第1項第7号及び第9号並びに第309条第1項第1号、第2項、第3項、第5項及び第6項中「内閣府令」とあるのは「主務省令」と、同法第275条第1項第2号中「損害保険会社（外国損害保険会社等を含む。以下この編において同じ。）」とあるのは「共済事業を行う協同組合」と、「次条の登録を受けた損害保険代理店」とあるのは「中小企業等協同組合法第106条の3第1号の届出がなされた共済代理店」と、「損害保険代理店である」とあるのは「共済代理店である」と、同条第2項中「次条又は第286条の登録を受けて」とあるのは「中小企業等協同組合法第106条の3第1号の届出を行って」と、同法第300条第1項中「次条に規定する特定保険契約」とあるのは「中小企業等協同組合法第9条の7の5第2項に規定する特定共済契約」と、同項第8号中「特定関係者（第100条の3（第272条の13第2項において準用する場合を含む。第301条において同じ。）に規定する特定関係者及び第194条に規定する特殊関係者のうち、当該保険会社等又は外国保険会社等を子会社とする保険持株会社及び少額短期保険持株会社（以下この条及び第301条の2において「保険持株会社等」という。）、当該保険持株会社等の子会社（保険会社等及び外国保険会社等を除く。）並びに保険業を行う者以外の者をいう。）」とあるのは「子会社等（中小企業等協同組合法第61条の2第2項に規定する

323

子会社等をいう。)」と、同条第2項中「第4条第2項各号、第187条第3項各号又は第272条の2第2項各号に掲げる書類」とあるのは「定款又は中小企業等協同組合法第9条の6の2第1項に規定する共済規程若しくは同法第9条の7の2第2項に規定する火災共済規程」と、同法第305条及び第306条中「内閣総理大臣」とあるのは「行政庁」と、同法第307条第1項中「内閣総理大臣」とあるのは「行政庁」と、「次の各号のいずれかに該当するときは、第276条若しくは第286条の登録を取り消し、又は」とあるのは「第3号に該当するときは、」と、「業務の全部若しくは一部」とあるのは「共済契約の募集」と読み替えるものとする。

2　(略)

第9条の8　(省略)

(協同組合連合会)

第9条の9　協同組合連合会は、次の事業の一部を行うことができる。
一　会員の預金又は定期積金の受入れ
二　会員に対する資金の貸付け及び会員のためにするその借入れ
三　会員が火災共済事業を行うことによつて負う共済責任の再共済
四　生産、加工、販売、購買、保管、運送、検査その他協同組合連合会を直接又は間接に構成する者(以下「所属員」という。)の事業に関する共同事業
五　所属員の福利厚生に関する事業
六　所属員の事業に関する経営及び技術の改善向上又は組合事業に関する知識の普及を図るための教育及び情報の提供に関する事業
七　所属員の新たな事業の分野への進出の円滑化を図るための新商品若しくは新技術の研究開発又は需要の開拓に関する事業
八　所属員の経済的地位の改善のためにする団体協約の締結
九　前各号の事業に附帯する事業

2　前項第1号の事業を行う協同組合連合会は、同項の規定にかかわらず、同項第1号及び第2号の事業並びにこれに附帯する事業並びに第6項に規定する事業のほか、他の事業を行うことができない。

3　第1項第3号の事業を行う協同組合連合会は、同項の規定にかかわらず、同項第2号及び第3号の事業並びに会員たる火災共済協同組合と連帯して行う火災共済契約に係る共済責任の負担並びにこれらに附帯する事業のほか、他の事業を行うことができない。

4　第1項第5号の規定により共済事業を行う協同組合連合会であつてその会員たる組合の組合員の総数が政令で定める基準を超えるもの又はその所属員たる組合が共済事業を行うことによつて負う共済責任の再共済又は再共済責任の再再共済の事業を行うもの(以下「特定共済組合連合会」という。)は、同項の規定にかかわらず、共済事業及び同項第2号の事業並びにこれらに附帯する事業並びに次項において準用する第9条の2第6項に規定する事業のほか、他の事業を行うことができない。ただし、主務省令で定めるところにより、行政庁の承認を受けたときは、この限りでない。

5　協同組合連合会(第1項第1号又は第3号の事業を行うものを除く。)については、第9条の2第2項から第15項まで(第7項及び第9項(事業協同小組合に係る部分に限る。)を除く。)、第9条の2の2か

ら第9条の7まで及び第9条の7の5の規定を準用する。この場合において、第9条の2第9項中「組合員並びに組合員と生計を一にする親族及び組合員たる組合を直接又は間接に構成する者であつて小規模の事業者であるもの」とあるのは、「会員並びに所属員たる小規模の事業者及び所属員たる小規模の事業者と生計を一にする親族」と読み替えるものとする。

6　第1項第1号の事業を行う協同組合連合会は、次の事業を行うことができる。この場合において、第2号から第7号までの事業については、同項第1号及び第2号の事業の遂行を妨げない限度において行わなければならない。
一　前条第2項第1号、第2号及び第4号から第23号までの事業
二　金融商品取引法第28条第6項（通則）に規定する投資助言業務に係る事業
三　金融商品取引法第33条第2項各号（金融機関の有価証券関連業の禁止等）に掲げる有価証券又は取引について、同項各号に定める行為を行う事業（第1号の事業を除く。）
四　金融機関の信託業務の兼営等に関する法律により行う同法第1条第1項（兼営の認可）に規定する信託業務に係る事業
五　信託法第3条第3号（信託の方法）に掲げる方法によつてする信託に係る事務に関する事業
六　前条第7項第5号及び第6号の事業
七　算定割当量を取得し、若しくは譲渡することを内容とする契約の締結又はその媒介、取次ぎ若しくは代理を行う事業（第1号の事業を除く。）であつて、内閣府令で定めるもの

7　第1項第1号の事業を行う協同組合連合会については、前条第3項から第6項まで及び第8項の規定を準用する。この場合において、同条第4項中「第1項第1号及び第2号」とあるのは「次条第1項第2号」と、同条第8項中「前項第4号から第6号まで」とあるのは「次条第6項第5号及び第6号」と読み替えるものとする。

8　第1項第3号の事業を行う協同組合連合会については、第9条の6の3第1項前段及び第9条の7の5の規定を準用する。

> 第9条の9第3項中「及び第3号の事業」の下に「、同項第5号の規定による共済事業（火災共済事業を除く。）」を加え、「火災共済協同組合」を「火災等共済組合（第9条の7の2第1項の認可を受けて火災共済事業を行う事業協同組合をいう。以下同じ。）又は会員たる火災等共済組合連合会（協同組合連合会であつて、第5項において準用する同条第1項の認可を受けて火災共済事業を行うものをいう。以下同じ。）」に改め、「附帯する事業」の下に「並びに第8項において準用する第9条の2第6項に規定する事業」を加え、同条第4項中「協同組合連合会」の下に「（同項第3号の事業を行う協同組合連合会を除く。）」を加え、同条第5項中「第9条の7まで」を「第9条の7の2まで」に、「第9条の2第9項」を「第9条の2第2項中「第9条の7の2第1項の認可」とあるのは「第9条の9第5項において準用する第9条の7の2第1項の認可」と、同条第9項」に、「、「会員」を「「会員」に改め、「親族」と」の下に「、第9条の6

325

の2第1項中「第9条の7の2第1項」とあるのは「第9条の9第5項において準用する第9条の7の2第1項」と、第9条の7の2第1項中「事業協同組合であつてその組合員（第8条第2項に規定する資格を有する者に該当する者に限る。）の総数が第9条の2第7項」とあるのは「協同組合連合会であつてその会員たる組合の組合員（当該協同組合連合会の定款で定める一の業種に属する事業を行う第8条第2項に規定する小規模の事業者又は事業協同小組合に該当するものに限る。）の総数が第9条の9第4項」と」を加え、同条第8項中「第9条の6の3第1項前段及び」を「第9条の2第2項、第3項、第6項及び第9項（事業協同組合に係る部分に限る。）、第9条の6の2、第9条の6の3並びに」に改め、同項に後段を加える。

―改正後の条文―

（協同組合連合会）
第9条の9 （略）
2 （略）
3 第1項第3号の事業を行う協同組合連合会は、同項の規定にかかわらず、同項第2号及び第3号の事業、同項第5号の規定による共済事業（火災共済事業を除く。）並びに会員たる火災等共済組合（第9条の7の2第1項の認可を受けて火災共済事業を行う事業協同組合をいう。以下同じ。）又は会員たる火災等共済組合連合会（協同組合連合会であつて、第5項において準用する同条第1項の認可を受けて火災共済事業を行うものをいう。以下同じ。）と連帯して行う火災共済契約に係る共済責任の負担並びにこれらに附帯する事業並びに第8項において準用する第9条の2第6項に規定する事業のほか、他の事業を行うことができない。
4 第1項第5号の規定により共済事業を行う協同組合連合会（同項第3号の事業を行う協同組合連合会を除く。）であつてその会員たる組合の組合員の総数が政令で定める基準を超えるもの又はその所属員たる組合が共済事業を行うことによつて負う共済責任の再共済又は再共済責任の再再共済の事業を行うもの（以下「特定共済組合連合会」という。）は、同項の規定にかかわらず、共済事業及び同項第2号の事業並びにこれらに附帯する事業並びに次項において準用する第9条の2第6項に規定する事業のほか、他の事業を行うことができない。ただし、主務省令で定めるところにより、行政庁の承認を受けたときは、この限りでない。
5 協同組合連合会（第1項第1号又は第3号の事業を行うものを除く。）については、第9条の2第2項から第15項まで（第7項及び第9項（事業協同小組合に係る部分に限る。）を除く。）、第9条の2の2から第9条の7の2まで及び第9条の7の5の規定を準用する。この場合において、第9条の2第2項中「第9条の7の2第1項の認可」とあるのは「第9条の9第5項において準用する第9条の7の2第1項の認可」と、同条第9項中「組合員並びに組合員と生計を一にする親族及び組合員たる組合を直接又は間接に構成する者であつて小規模の事業者であるもの」とあるのは「会員並びに所属員たる小規模の事業者及び所属員たる小規模の事業者と生計を一にする親族」と、第9条の6の

中小企業等協同組合法（抄）

2第1項中「第9条の7の2第1項」とあるのは「第9条の9第5項において準用する第9条の7の2第1項」と、第9条の7の2第1項中「事業協同組合であつてその組合員（第8条第2項に規定する資格を有する者に該当する者に限る。）の総数が第9条の2第7項」とあるのは「協同組合連合会であつてその会員たる組合の組合員（当該協同組合連合会の定款で定める一の業種に属する事業を行う第8条第2項に規定する小規模の事業者又は事業協同小組合に該当するものに限る。）の総数が第9条の9第4項」と読み替えるものとする。
6・7　（略）
8　第1項第3号の事業を行う協同組合連合会については、第9条の2第2項、第3項、第6項及び第9項（事業協同組合に係る部分に限る。）、第9条の6の2、第9条の6の3並びに第9条の7の5の規定を準用する。この場合において、第9条の2第9項中「組合員並びに組合員と生計を一にする親族及び組合員たる組合を直接又は間接に構成する者であつて小規模の事業者であるもの」とあるのは「会員並びに所属員たる小規模の事業者及び所属員たる小規模の事業者と生計を一にする親族」と、第9条の6の2第1項中「共済事業（第9条の7の2第1項の認可を受けて同項に規定する火災共済事業を行う事業協同組合にあつては、当該火災共済事業」とあるのは「第9条の9第1項第5号の規定による共済事業（第9条の7の2第1項に規定する火災共済事業」と読み替えるものとする。

（指定特定共済事業等紛争解決機関との契約締結義務等）
第9条の9の2　特定共済事業協同組合等（第69条の2第6項第3号に規定する特定共済事業協同組合等をいう。第3項において同じ。）は、次の各号に掲げる場合の区分に応じ、当該各号に定める措置を講じなければならない。
　一　指定特定共済事業等紛争解決機関（第69条の4第2項に規定する指定特定共済事業等紛争解決機関をいう。以下この条において同じ。）が存在する場合　一の指定特定共済事業等紛争解決機関との間で特定共済事業等（第69条の2第6項第6号に規定する特定共済事業等をいう。次号において同じ。）に係る手続実施基本契約を締結する措置
　二　指定特定共済事業等紛争解決機関が存在しない場合　特定共済事業等に関する苦情処理措置及び紛争解決措置
2　前項において、次の各号に掲げる用語の意義は、当該各号に定めるところによる。
　一　苦情処理措置　利用者からの苦情の処理の業務に従事する使用人その他の従業者に対する助言若しくは指導を第69条の4第2項において準用する保険業法第308条の13第3項第3号に掲げる者に行わせること又はこれに準ずるものとして主務省令で定める措置
　二　紛争解決措置　利用者との紛争の解決を認証紛争解決手続により図ること又はこれに準ずるものとして主務省令で定める措置
3　特定共済事業協同組合等は、第1項の規定により手続実施基本契約を締結する措置を講じた場合には、当該手続実施基本契約の相手方である

327

参考資料

指定特定共済事業等紛争解決機関の名称又は商号を公表しなければならない。
4　第1項の規定は、次の各号に掲げる場合の区分に応じ、当該各号に定める期間においては、適用しない。
一　第1項第1号に掲げる場合に該当していた場合において、同項第2号に掲げる場合に該当することとなつたとき　第69条の4第2項において準用する保険業法第308条の23第1項の規定による紛争解決等業務の廃止の認可又は第69条の4第2項において準用する同法第308条の24第1項の規定による指定の取消しの時に、同号に定める措置を講ずるために必要な期間として行政庁が定める期間
二　第1項第1号に掲げる場合に該当していた場合において、同号の一の指定特定共済事業等紛争解決機関の紛争解決等業務の廃止が第69条の4第2項において準用する保険業法第308条の23第1項の規定により認可されたとき、又は同号の一の指定特定共済事業等紛争解決機関の第69条の2第1項の規定による指定が第69条の4第2項において準用する同法第308条の24第1項の規定により取り消されたとき（前号に掲げる場合を除く。）　その認可又は取消しの時に、第1項第1号に定める措置を講ずるために必要な期間として行政庁が定める期間
三　第1項第2号に掲げる場合に該当していた場合において、同項第1号に掲げる場合に該当することとなつたとき　第69条の2第1項の規定による指定の時に、同号に定める措置を講ずるために必要な期間として行政庁が定める期間

第9条の9の2第1項第1号中「第69条の4第2項」を「第69条の4」に改め、「手続実施基本契約」の下に「（同条第1項第8号に規定する手続実施基本契約をいう。第3項並びに次条第1項第1号及び第3項において同じ。）」を加え、同条第2項第1号中「利用者」の下に「（利用者以外の被共済者、共済金額を受け取るべき者その他の関係者を含む。次号において同じ。）」を加え、「第69条の4第2項」を「第69条の4」に改め、同項第2号中「認証紛争解決手続」の下に「（裁判外紛争解決手続の利用の促進に関する法律（平成16年法律第151号）第2条第3号（定義）に規定する認証紛争解決手続をいう。次条第2項第2号において同じ。）」を加え、同条第4項第1号中「第69条の4第2項」を「第69条の4」に改め、「紛争解決等業務」の下に「（第69条の2第6項第1号に規定する紛争解決等業務をいう。次号並びに次条第4項第1号及び第2号において同じ。）」を加え、同項第2号中「第69条の4第2項」を「第69条の4」に改める。
―改正後の条文―
（指定特定共済事業等紛争解決機関との契約締結義務等）
第9条の9の2　（略）
一　指定特定共済事業等紛争解決機関（第69条の4に規定する指定特定共済事業等紛争解決機関をいう。以下この条において同じ。）が存在する場合　一の指定特定共済事業等紛争解決機関との間で特定共済事業等（第69条の2第6項第6号に規定する特定共済事業等をいう。次号において同じ。）に係る手続

実施基本契約（同条第1項第8号に規定する手続実施基本契約をいう。第3項並びに次条第1項第1号及び第3項において同じ。）を締結する措置
　　二　（略）
２　（略）
　　一　苦情処理措置　利用者（利用者以外の被共済者、共済金額を受け取るべき者その他の関係者を含む。次号において同じ。）からの苦情の処理の業務に従事する使用人その他の従業者に対する助言若しくは指導を第69条の4において準用する保険業法第308条の13第3項第3号に掲げる者に行わせること又はこれに準ずるものとして主務省令で定める措置
　　二　紛争解決措置　利用者との紛争の解決を認証紛争解決手続（裁判外紛争解決手続の利用の促進に関する法律（平成16年法律第151号）第2条第3号（定義）に規定する認証紛争解決手続をいう。次条第2項第2号において同じ。）により図ること又はこれに準ずるものとして主務省令で定める措置
３　（略）
４　（略）
　　一　第1項第1号に掲げる場合に該当していた場合において、同項第二号に掲げる場合に該当することとなつたとき　第69条の4において準用する保険業法第308条の23第1項の規定による紛争解決等業務（第69条の2第6項第1号に規定する紛争解決等業務をいう。次号並びに次条第4項第1号及び第2号において同じ。）の廃止の認可又は第69条の4第2項において

準用する同法第308条の24第1項の規定による指定の取消しの時に、同号に定める措置を講ずるために必要な期間として行政庁が定める期間
　　二　第1項第1号に掲げる場合に該当していた場合において、同号の一の指定特定共済事業等紛争解決機関の紛争解決等業務の廃止が第69条の4において準用する保険業法第308条の23第1項の規定により認可されたとき、又は同号の一の指定特定共済事業等紛争解決機関の第69条の2第1項の規定による指定が第69条の4において準用する同法第308条の24第1項の規定により取り消されたとき（前号に掲げる場合を除く。）　その認可又は取消しの時に、第1項第1号に定める措置を講ずるために必要な期間として行政庁が定める期間
　　三　（略）

第9条の9の3～第9条の11　（省略）

第3節　組合員

（出資）

第10条　組合員は、出資1口以上を有しなければならない。
２　出資1口の金額は、均一でなければならない。
３　一組合員の出資口数は、出資総口数の100分の25（信用協同組合にあつては、100分の10）を超えてはならない。ただし、次に掲げる組合員（信用協同組合の組合員を除く。）は、総会の議決に基づく組合の承諾を得た場合には、当該組合の出資総口数の100分の35に相当する出資口数まで保有することができる。
　　一　持分の全部を譲り渡す他の組合

員からその持分の全部又は一部を譲り受ける組合員
二　法人たる組合員の合併又は共同新設分割（法人が他の法人と共同してする新設分割をいう。以下同じ。）によって成立した法人たる組合員で、当該合併により解散する法人たる組合員又は当該共同新設分割をする法人たる組合員の出資口数の全部又は一部に相当する出資口数を当該合併又は共同新設分割後1年以内に引き受けて組合に加入したもの
三　他の法人たる組合員との合併後存続する法人たる組合員又は吸収分割により他の法人たる組合員の事業を承継する法人たる組合員で、当該合併により解散する法人たる組合員又は当該吸収分割をする法人たる組合員の出資口数の全部又は一部に相当する出資口数を当該合併又は吸収分割後1年以内に引き受けるもの
四　前号に掲げるもののほか、第19条第1項各号の事由による組合員の脱退後1年以内に当該組合員の出資口数の全部又は一部に相当する出資口数を引き受ける組合員

4　前項の規定は、組合員の数が3人以下の組合の組合員の出資口数については、適用しない。
5　組合員の責任は、その出資額を限度とする。
6　組合員は、出資の払込みについて、相殺をもって組合に対抗することができない。
7　企業組合の出資総口数の過半数は、組合の行う事業に従事する組合員（特定組合員を除く。）が保有しなければならない。

（組合員名簿の作成、備置き及び閲覧等）
第10条の2　組合は、組合員名簿を作成し、各組合員について次に掲げる事項を記載し、又は記録しなければならない。
一　氏名又は名称及び住所又は居所
二　加入の年月日
三　出資口数及び金額並びにその払込みの年月日
2　組合は、組合員名簿を主たる事務所に備え置かなければならない。
3　組合員及び組合の債権者は、組合に対して、その業務取扱時間内は、いつでも、次に掲げる請求をすることができる。この場合においては、組合は、正当な理由がないのにこれを拒んではならない。
一　組合員名簿が書面をもって作成されているときは、当該書面の閲覧又は謄写の請求
二　組合員名簿が電磁的記録（電子的方式、磁気的方式その他人の知覚によつては認識することができない方式で作られる記録であつて、電子計算機による情報処理の用に供されるもので主務省令で定めるものをいう。以下同じ。）をもって作成されているときは、当該電磁的記録に記録された事項を主務省令で定める方法により表示したものの閲覧又は謄写の請求

（議決権及び選挙権）
第11条　組合員は、各々1個の議決権及び役員又は総代の選挙権を有する。
2　組合員は、定款の定めるところにより、第49条第1項の規定によりあらかじめ通知のあつた事項につき、書面又は代理人をもって、議決権又は選挙権を行うことができる。この場合は、その組合員の親族若しくは使用人又は他の組合員でなけれ

ば、代理人となることができない。
3　組合員は、定款の定めるところにより、前項の規定による書面をもつてする議決権の行使に代えて、議決権を電磁的方法（電子情報処理組織を使用する方法その他の情報通信の技術を利用する方法であつて主務省令で定めるものをいう。第33条第4項第3号を除き、以下同じ。）により行うことができる。
4　前二項の規定により議決権又は選挙権を行う者は、出席者とみなす。
5　代理人は、5人以上の組合員を代理することができない。
6　代理人は、代理権を証する書面を組合に提出しなければならない。この場合において、電磁的方法により議決権を行うことが定款で定められているときは、当該書面の提出に代えて、代理権を当該電磁的方法により証明することができる。

（経費の賦課）
第12条　組合（企業組合を除く。）は、定款の定めるところにより、組合員に経費を賦課することができる。
2　前項の規定にかかわらず、共済事業を行う組合は、当該共済事業（これに附帯する事業を含む。）について、組合員に経費を賦課することができない。
3　組合員は、第1項の経費の支払について、相殺をもつて組合に対抗することができない。

（使用料及び手数料）
第13条　組合（企業組合を除く。）は、定款の定めるところにより、使用料及び手数料を徴収することができる。

（加入の自由）
第14条　組合員たる資格を有する者が組合に加入しようとするときは、組合は、正当な理由がないのに、その加入を拒み、又はその加入につき現在の組合員が加入の際に付されたよりも困難な条件を付してはならない。

（加入）
第15条　組合に加入しようとする者は、定款の定めるところにより加入につき組合の承諾を得て、引受出資口数に応ずる金額の払込み及び組合が加入金を徴収することを定めた場合にはその支払を了した時又は組合員の持分の全部又は一部を承継した時に組合員となる。
第16条　死亡した組合員の相続人で組合員たる資格を有する者が組合に対し定款で定める期間内に加入の申出をしたときは、前条の規定にかかわらず、相続開始の時に組合員になつたものとみなす。この場合は、相続人たる組合員は、被相続人の持分について、死亡した組合員の権利義務を承継する。
2　死亡した組合員の相続人が数人あるときは、相続人の同意をもつて選定された1人の相続人に限り、前項の規定を適用する。

（持分の譲渡）
第17条　組合員は、組合の承諾を得なければ、その持分を譲り渡すことができない。
2　組合員でないものが持分を譲り受けようとするときは、加入の例によらなければならない。
3　持分の譲受人は、その持分について、譲渡人の権利義務を承継する。
4　組合員は、持分を共有することができない。

（自由脱退）
第18条　組合員は、90日前までに予告し、事業年度の終において脱退することができる。
2　前項の予告期間は、定款で延長することができる。ただし、その期間は、1年を超えてはならない。

331

（法定脱退）
第19条　組合員は、次の事由によつて脱退する。
　一　組合員たる資格の喪失
　二　死亡又は解散
　三　除名
　四　第107条から第109条までの規定による公正取引委員会の確定した排除措置命令
　五　持分の全部の喪失（信用協同組合又は第9条の9第1項第1号の事業を行う協同組合連合会の組合員に限る。）
2　除名は、次に掲げる組合員につき、総会の議決によつてすることができる。この場合は、組合は、その総会の会日の10日前までに、その組合員に対しその旨を通知し、かつ、総会において、弁明する機会を与えなければならない。
　一　長期間にわたつて組合の事業を利用しない組合員
　二　出資の払込み、経費の支払その他組合に対する義務を怠つた組合員又は第9条の11第6項の規定に違反した特定組合員
　三　その他定款で定める事由に該当する組合員
3　除名は、除名した組合員にその旨を通知しなければ、これをもつてその組合員に対抗することができない。

（脱退者の持分の払戻）
第20条　組合員は、第18条又は前条第1項第1号から第4号までの規定により脱退したときは、定款の定めるところにより、その持分の全部又は一部の払戻を請求することができる。
2　前項の持分は、脱退した事業年度の終における組合財産によつて定める。
3　前項の持分を計算するにあたり、組合の財産をもつてその債務を完済するに足りないときは、組合は、定款の定めるところにより、脱退した組合員に対し、その負担に帰すべき損失額の払込を請求することができる。

（時効）
第21条　前条第1項又は第3項の規定による請求権は、脱退の時から2年間行わないときは、時効によつて消滅する。

（払戻の停止）
第22条　脱退した組合員が組合に対する債務を完済するまでは、組合は、持分の払戻を停止することができる。

（出資口数の減少）
第23条　組合員は、事業を休止したとき、事業の一部を廃止したとき、その他特にやむを得ない事由があると認められるときは、定款の定めるところにより、事業年度の終において、その出資口数を減少することができる。
2　前項の場合については、第20条及び第21条の規定を準用する。

（企業組合の組合員の所得に対する課税）
第23条の2　企業組合の組合員（特定組合員を除く。）が企業組合の行う事業に従事したことによつて受ける所得のうち、企業組合が組合員以外の者であつて、企業組合の行う事業に従事するものに対して支払う給料、賃金、費用弁償、賞与及び退職給与並びにこれらの性質を有する給与と同一の基準によつて受けるものは、所得税法（昭和40年法律第33号）の適用については、給与所得又は退職所得とする。

（事業協同小組合の組合員に対する助成）
第23条の3　政府は、事業協同小組合

の組合員に対し、税制上、金融上特別の措置を講じなければならない。

第4節 設　立
（発起人）
第24条　事業協同組合、事業協同小組合、火災共済協同組合、信用協同組合又は企業組合を設立するには、その組合員（企業組合にあつては、特定組合員以外の組合員）になろうとする4人以上の者が、協同組合連合会を設立するには、その会員になろうとする2以上の組合が発起人となることを要する。

2　信用協同組合は、300人以上の組合員がなければ設立することができない。

3　火災共済協同組合は、1,000人以上の組合員がなければ設立することができない。

> 第24条第1項中「、火災共済協同組合」を削り、同条第3項を削る。
> ―改正後の条文―
> （発起人）
> 第24条　事業協同組合、事業協同小組合、信用協同組合又は企業組合を設立するには、その組合員（企業組合にあつては、特定組合員以外の組合員）になろうとする4人以上の者が、協同組合連合会を設立するには、その会員になろうとする二以上の組合が発起人となることを要する。
> 2　（略）

（共済事業を行う組合の出資の総額）
第25条　特定共済組合（再共済又は再再共済の事業を行うものを除く。）、火災共済協同組合又は特定共済組合連合会（再共済又は再再共済の事業を行うものを除く。）の出資の総額は、1,000万円以上でなければならない。

2　再共済若しくは再再共済の事業を行う特定共済組合又は特定共済組合連合会の出資の総額は、3,000万円以上でなければならない。

3　第9条の9第1項第3号の事業を行う協同組合連合会の出資の総額は、5,000万円以上でなければならない。

> 第25条第1項中「、火災共済協同組合」を削る。
> ―改正後の条文―
> （共済事業を行う組合の出資の総額）
> 第25条　特定共済組合（再共済又は再再共済の事業を行うものを除く。）又は特定共済組合連合会（再共済又は再再共済の事業を行うものを除く。）の出資の総額は、1,000万円以上でなければならない。
> 2・3　（略）

（火災共済協同組合の地区）
第26条　火災共済協同組合の地区は、第8条第3項の小規模の事業者を組合員の資格とするものにあつては一又は二以上の都道府県の区域の全部とし、定款で定める一の業種に属する事業を行う小規模の事業者を組合員の資格とするものにあつては全国とする。

> 第26条の前の見出し中「火災共済協同組合」を「火災等共済組合等」に改め、同条中「火災共済協同組合」を「火災等共済組合」に、「第8条第3項」を「第8条第2項」に改め、「事業者」の下に「又は事業協同小組合」を加え、同条に第2項を加える。

―改正後の条文―
（火災等共済組合等の地区）
第26条　火災等共済組合の地区は、第8条第2項の小規模の事業者又は事業協同小組合を組合員の資格とするものにあつては一又は二以上の都道府県の区域の全部とし、定款で定める一の業種に属する事業を行う小規模の事業者又は事業協同小組合を組合員の資格とするものにあつては全国とする。
2　火災等共済組合連合会の地区は、全国とする。

第26条の2　都道府県の区域を地区とする火災共済協同組合の地区は、他の都道府県の区域を地区とする火災共済協同組合の地区と重複するものであつてはならない。
2　第9条の9第1項第3号の事業を行う協同組合連合会は、火災共済協同組合をもつて組織し全国を通じて1個とする。

　第26条の2第1項中「火災共済協同組合」を「火災等共済組合」に改め、同条第2項中「火災共済協同組合」を「火災等共済組合又は火災等共済組合連合会」に改める。
―改正後の条文―
第26条の2　都道府県の区域を地区とする火災等共済組合の地区は、他の都道府県の区域を地区とする火災等共済組合の地区と重複するものであつてはならない。
2　第9条の9第1項第3号の事業を行う協同組合連合会は、火災等共済組合又は火災等共済組合連合会をもつて組織し全国を通じて一個とする。

（創立総会）
第27条　発起人は、定款を作成し、これを会議の日時及び場所とともに公告して、創立総会を開かなければならない。
2　前項の公告は、会議開催日の少くとも2週間前までにしなければならない。
3　発起人が作成した定款の承認、事業計画の設定その他設立に必要な事項の決定は、創立総会の議決によらなければならない。
4　創立総会においては、前項の定款を修正することができる。ただし、地区及び組合員たる資格に関する規定については、この限りでない。
5　創立総会の議事は、組合員たる資格を有する者でその会日までに発起人に対し設立の同意を申し出たものの半数以上が出席して、その議決権の3分の2以上で決する。
6　創立総会においてその延期又は続行の決議があつた場合には、第1項の規定による公告をすることを要しない。
7　創立総会の議事については、主務省令で定めるところにより、議事録を作成しなければならない。
8　創立総会については、第11条の規定を、創立総会の決議の不存在若しくは無効の確認又は取消しの訴えについては、会社法第830条、第831条、第834条（第16号及び第17号に係る部分に限る。）、第835条第1項、第836条第1項及び第3項、第837条、第838条並びに第846条（株主総会の決議の不存在若しくは無効の確認又は取消しの訴え）の規定（第36条の3第4項に規定する組合であつて、その監事の監査の範囲を会計に関するものに限定する旨を定款で定めた組合（以下「監査権限限定組合」という。）にあつては、監査役に係る部分を除く。）を準用する。

（設立の認可）
第27条の2　発起人は、創立総会終了後遅滞なく、定款並びに事業計画、役員の氏名及び住所その他必要な事項を記載した書面を、主務省令で定めるところにより、行政庁に提出して、設立の認可を受けなければならない。
2　信用協同組合又は第9条の9第1項第1号の事業を行う協同組合連合会の設立にあつては、発起人は、前項の書類のほか、業務の種類及び方法並びに常務に従事する役員の氏名を記載した書面その他主務省令で定める書面を提出しなければならない。
3　火災共済協同組合又は第9条の9第1項第3号の事業を行う協同組合連合会の設立にあつては、発起人は、第1項の書類のほか、火災共済事業の実施方法、共済契約、共済掛金及び責任準備金の額の算出方法に関して主務省令で定める事項を記載した書面（以下「火災共済規程」という。）、常務に従事する役員の氏名を記載した書面その他主務省令で定める書面を提出しなければならない。
4　行政庁は、前二項に規定する組合以外の組合の設立にあつては、次の各号のいずれかに該当する場合を除き、第1項の認可をしなければならない。
　一　設立の手続又は定款若しくは事業計画の内容が法令に違反するとき。
　二　事業を行うために必要な経営的基礎を欠く等その目的を達成することが著しく困難であると認められるとき。
5　行政庁は、第2項に規定する組合の設立にあつては、次の各号のいずれかに該当する場合を除き、第1項の認可をしなければならない。
　一　設立の手続又は定款、事業計画の内容若しくは業務の種類若しくは方法が法令に違反するとき。
　二　地区内における金融その他の経済の事情が事業を行うのに適切でないと認められるとき。
　三　常務に従事する役員が金融業務に関して十分な経験及び識見を有する者でないと認められるとき。
　四　業務の種類及び方法並びに事業計画が経営の健全性を確保し、又は預金者その他の債権者の利益を保護するのに適当でないと認められるとき。
6　行政庁は、第3項に規定する組合の設立にあつては、次の各号のいずれかに該当する場合を除き、第1項の認可をしなければならない。
　一　設立の手続又は定款、火災共済規程若しくは事業計画の内容が法令に違反するとき。
　二　共済の目的につき危険の分散が充分に行われないと認められるとき及び共済契約の締結の見込みが少ないと認められるとき。
　三　常務に従事する役員が共済事業に関して十分な経験及び識見を有する者でないと認められるとき。
　四　火災共済規程及び事業計画の内容が経営の健全性を確保し、又は組合員その他の共済契約者の利益を保護するのに適当でないと認められるとき。

　第27条の2第3項中「火災共済協同組合又は」を削り、「火災共済事業の実施方法、共済契約、共済掛金及び責任準備金の額の算出方法に関して主務省令で定める事項を記載した書面（以下「火災共済規程」という。）」を「火災共済規程」に改め、同条第6項中「第3項に規定す

る組合」を「第9条の9第1項第3号の事業を行う協同組合連合会」に改める。
―改正後の条文―
（設立の認可）
第27条の2 （略）
2 （略）
3 第9条の9第1項第3号の事業を行う協同組合連合会の設立にあつては、発起人は、第1項の書類のほか、火災共済規程、常務に従事する役員の氏名を記載した書面その他主務省令で定める書面を提出しなければならない。
4・5 （略）
6 行政庁は、第9条の9第1項第3号の事業を行う協同組合連合会の設立にあつては、次の各号のいずれかに該当する場合を除き、第1項の認可をしなければならない。
一～四 （略）

（理事への事務引継）
第28条 発起人は、前条第1項の認可を受けた後遅滞なく、その事務を理事に引き渡さなければならない。
（出資の第1回の払込み）
第29条 理事は、前条の規定による引渡しを受けたときは、遅滞なく、出資の第1回の払込みをさせなければならない。
2 前項の第1回の払込みの金額は、出資1口につき、その金額の4分の1を下つてはならない。
3 現物出資者は、第1回の払込みの期日に、出資の目的たる財産の全部を給付しなければならない。ただし、登記、登録その他権利の設定又は移転をもつて第三者に対抗するため必要な行為は、組合成立の後にすることを妨げない。
4 第1項及び第2項の規定にかかわ

らず、信用協同組合又は第9条の9第1項第1号の事業を行う協同組合連合会にあつては、理事は、前条の規定による引渡しを受けたときは、遅滞なく、出資の全額の払込みをさせなければならない。
（成立の時期）
第30条 組合は、主たる事務所の所在地において設立の登記をすることによつて成立する。
（成立の届出）
第31条 火災共済協同組合、信用協同組合又は第9条の9第1項第1号若しくは第3号の事業を行う協同組合連合会は、成立の日から2週間以内に、行政庁にその旨を届け出なければならない。

第31条中「火災共済協同組合、」を削る。
―改正後の条文―
（成立の届出）
第31条 信用協同組合又は第9条の9第1項第1号若しくは第3号の事業を行う協同組合連合会は、成立の日から2週間以内に、行政庁にその旨を届け出なければならない。

第5節　管　理
（定款）
第33条 組合の定款には、次の事項（共済事業を行う組合にあつては当該共済事業（これに附帯する事業を含む。）に係る第8号の事項を、企業組合にあつては第3号及び第8号の事項を除く。）を記載し、又は記録しなければならない。
一 事業
二 名称
三 地区
四 事務所の所在地

五　組合員たる資格に関する規定
　　六　組合員の加入及び脱退に関する規定
　　七　出資１口の金額及びその払込みの方法
　　八　経費の分担に関する規定
　　九　剰余金の処分及び損失の処理に関する規定
　　十　準備金の額及びその積立の方法
　　十一　役員の定数及びその選挙又は選任に関する規定
　　十二　事業年度
　　十三　公告方法（組合が公告（この法律又は他の法律の規定により官報に掲載する方法によりしなければならないものとされているものを除く。）をする方法をいう。以下同じ。）
２　共済事業を行う組合の定款には、前項に掲げる事項のほか、共済金額の削減及び共済掛金の追徴に関する事項を記載し、又は記録しなければならない。
３　組合の定款には、前二項の事項のほか、組合の存続期間又は解散の事由を定めたときはその期間又はその事由を、現物出資をする者を定めたときはその者の氏名、出資の目的たる財産及びその価格並びにこれに対して与える出資口数を、組合の成立後に譲り受けることを約した財産がある場合にはその財産、その価格及び譲渡人の氏名を記載し、又は記録しなければならない。
４　組合は、公告方法として、当該組合の事務所の店頭に掲示する方法のほか、次に掲げる方法のいずれかを定款で定めることができる。
　　一　官報に掲載する方法
　　二　時事に関する事項を掲載する日刊新聞紙に掲載する方法
　　三　電子公告（公告方法のうち、電磁的方法（会社法第２条第34号に規定する電磁的方法をいう。）により不特定多数の者が公告すべき内容である情報の提供を受けることができる状態に置く措置であつて同号に規定するものをとる方法をいう。以下同じ。）
５　組合が前項第３号に掲げる方法を公告方法とする旨を定款で定める場合には、その定款には、電子公告を公告方法とすることを定めれば足りる。この場合においては、事故その他やむを得ない事由によつて電子公告による公告をすることができない場合の公告方法として、同項第１号又は第２号に掲げる方法のいずれかを定めることができる。
６　組合が電子公告により公告をする場合には、次の各号に掲げる区分に応じ、それぞれ当該各号に定める日までの間、継続して電子公告による公告をしなければならない。
　　一　公告に定める期間内に異議を述べることができる旨の公告　当該期間を経過する日
　　二　前号に掲げる公告以外の公告　当該公告の開始後１月を経過する日
７　組合が電子公告によりこの法律その他の法令の規定による公告をする場合については、会社法第940条第３項（電子公告の中断）、第941条、第946条、第947条、第951条第２項、第953条及び第955条（電子公告調査等）の規定を準用する。この場合において、同法第940条第３項中「前二項の規定にかかわらず、これらの規定」とあるのは「中小企業等協同組合法第33条第６項の規定にかかわらず、同項」と読み替えるものとするほか、必要な技術的読替えは、政令で定める。
８　第１項から第３項までに掲げる事項のほか、組合の定款には、この法

律の規定により定款の定めがなければその効力を生じない事項及びその他の事項でこの法律に違反しないものを記載し、又は記録することができる。
（規約）
第34条　左の事項は、定款で定めなければならない事項を除いて、規約で定めることができる。
　一　総会又は総代会に関する規定
　二　業務の執行及び会計に関する規定
　三　役員に関する規定
　四　組合員に関する規定
　五　その他必要な事項
（定款の備置き及び閲覧等）
第34条の2　組合は、定款及び規約（共済事業を行う組合にあつては、定款、規約及び共済規程又は火災共済規程）（以下この条において「定款等」という。）を各事務所に備え置かなければならない。
2　組合員及び組合の債権者は、組合に対して、その業務取扱時間内は、いつでも、次に掲げる請求をすることができる。この場合においては、組合は、正当な理由がないのにこれを拒んではならない。
　一　定款等が書面をもつて作成されているときは、当該書面の閲覧又は謄写の請求
　二　定款等が電磁的記録をもつて作成されているときは、当該電磁的記録に記録された事項を主務省令で定める方法により表示したものの閲覧又は謄写の請求
3　定款等が電磁的記録をもつて作成されている場合であつて、各事務所（主たる事務所を除く。）における前項第2号に掲げる請求に応じることを可能とするための措置として主務省令で定めるものをとつている組合についての第1項の規定の適用については、同項中「各事務所」とあるのは、「主たる事務所」とする。

> 第34条の2第1項中「及び共済規程又は」を「並びに共済規程及び」に改める。
> ―改正後の条文―
> （定款の備置き及び閲覧等）
> 第34条の2　組合は、定款及び規約（共済事業を行う組合にあつては、定款、規約並びに共済規程及び火災共済規程）（以下この条において「定款等」という。）を各事務所に備え置かなければならない。
> 2・3　（略）

（役員）
第35条　組合に、役員として理事及び監事を置く。
2　理事の定数は、3人以上とし、監事の定数は、1人以上とする。
3　役員は、定款の定めるところにより、総会において選挙する。ただし、設立当時の役員は、創立総会において選挙する。
4　理事（企業組合の理事を除く。以下この項において同じ。）の定数の少なくとも3分の2は、組合員又は組合員たる法人の役員でなければならない。ただし、設立当時の理事の定数の少なくとも3分の2は、組合員になろうとする者又は組合員になろうとする法人の役員でなければならない。
5　企業組合の理事は、組合員（特定組合員を除く。以下この項において同じ。）でなければならない。ただし、設立当時の理事は、組合員になろうとする者でなければならない。
6　組合員（協同組合連合会にあつては、会員たる組合の組合員）の総数が政令で定める基準を超える組合（信用協同組合及び第9条の9第1

項第1号の事業を行う協同組合連合会を除く。)は、監事のうち1人以上は、当該組合の組合員又は当該組合の組合員たる法人の役員若しくは使用人以外の者であつて、その就任の前5年間当該組合の理事若しくは使用人又はその子会社(組合が総株主(総社員を含む。)の議決権(株主総会において決議することができる事項の全部につき議決権を行使することができない株式についての議決権を除き、会社法第879条第3項の規定により議決権を有するものとみなされる株式についての議決権を含む。)の過半数を有する会社をいう。以下同じ。)の取締役、会計参与(会計参与が法人であるときは、その職務を行うべき社員)、執行役若しくは使用人でなかつたものでなければならない。

7 理事又は監事のうち、その定数の3分の1を超えるものが欠けたときは、3月以内に補充しなければならない。

8 役員の選挙は、無記名投票によつて行う。

9 投票は、1人につき1票とする。

10 第8項の規定にかかわらず、役員の選挙は、出席者中に異議がないときは、指名推選の方法によつて行うことができる。

11 指名推選の方法を用いる場合においては、被指名人をもつて当選人と定めるべきかどうかを総会(設立当時の役員は、創立総会)に諮り、出席者の全員の同意があつた者をもつて当選人とする。

12 一の選挙をもつて2人以上の理事又は監事を選挙する場合においては、被指名人を区分して前項の規定を適用してはならない。

13 第3項の規定にかかわらず、役員は、定款の定めるところにより、総会(設立当時の役員は、創立総会)において選任することができる。

(役員の変更の届出)
第35条の2 組合は、役員の氏名又は住所に変更があつたときは、その変更の日から2週間以内に、行政庁にその旨を届け出なければならない。

(組合と役員との関係)
第35条の3 組合と役員との関係は、委任に関する規定に従う。

(役員の資格等)
第35条の4 次に掲げる者は、役員となることができない。
一 法人
二 成年被後見人若しくは被保佐人又は外国の法令上これらと同様に取り扱われている者
三 この法律、会社法若しくは一般社団法人及び一般財団法人に関する法律(平成18年法律第48号)の規定に違反し、又は民事再生法(平成11年法律第225号)第255条、第256条、第258条から第260条まで若しくは第262条の罪若しくは破産法(平成16年法律第75号)第265条、第266条、第268条から第272条まで若しくは第274条の罪を犯し、刑に処せられ、その執行を終わり、又はその執行を受けることがなくなつた日から2年を経過しない者
四 前号に規定する法律の規定以外の法令の規定に違反し、禁錮以上の刑に処せられ、その執行を終わるまで又はその執行を受けることがなくなるまでの者(刑の執行猶予中の者を除く。)

2 前項各号に掲げる者のほか、破産手続開始の決定を受けて復権を得ない者は、共済事業を行う組合の役員となることができない。

(役員の任期)
第36条 理事の任期は、2年以内にお

いて定款で定める期間とする。
2　監事の任期は、4年以内において定款で定める期間とする。
3　設立当時の役員の任期は、前二項の規定にかかわらず、創立総会において定める期間とする。ただし、その期間は、1年を超えてはならない。
4　前三項の規定は、定款によって、前三項の任期を任期中の最終の決算期に関する通常総会の終結の時まで伸長することを妨げない。
5　前三項の規定にかかわらず、監事の監査の範囲を会計に関するものに限定する旨の定款の定めを廃止する定款の変更をした場合には、監事の任期は、当該定款の変更の効力が生じた時に満了する。

（役員に欠員を生じた場合の措置）
第36条の2　役員が欠けた場合又はこの法律若しくは定款で定めた役員の員数が欠けた場合には、任期の満了又は辞任により退任した役員は、新たに選任された役員が就任するまで、なお役員としての権利義務を有する。

（役員の職務及び権限等）
第36条の3　理事は、法令、定款及び規約並びに総会の決議を遵守し、組合のため忠実にその職務を行わなければならない。
2　監事は、理事の職務の執行を監査する。この場合において、監事は、主務省令で定めるところにより、監査報告を作成しなければならない。
3　理事については会社法第357条第1項、同法第360条第3項の規定により読み替えて適用する同条第1項及び同法第361条の規定を、監事については同法第343条第1項及び第2項、第345条第1項から第3項まで、第381条（第1項を除く。）、第382条、第383条第1項本文、第2項及び第3項並びに第384条から第388条までの規定をそれぞれ準用する。この場合において、同法第345条第1項及び第2項中「会計参与」とあるのは「監事」と、同法第382条中「取締役（取締役会設置会社にあっては、取締役会）」とあるのは「理事会」と、同法第384条中「法務省令」とあるのは「主務省令」と、同法第388条中「監査役設置会社（監査役の監査の範囲を会計に関するものに限定する旨の定款の定めがある株式会社を含む。）」とあり、及び「監査役設置会社」とあるのは「組合」と読み替えるものとするほか、必要な技術的読替えは、政令で定める。
4　組合員（協同組合連合会にあつては、会員たる組合の組合員）の総数が第35条第6項の政令で定める基準を超えない組合（第40条の2第1項に規定する会計監査人の監査を要する組合を除く。）は、第2項の規定にかかわらず、その監事の監査の範囲を会計に関するものに限定する旨を定款で定めることができる。
5　前項の規定による定款の定めがある組合においては、理事については会社法第353条、第360条第1項及び第364条の規定を、監事については同法第389条第2項から第7項までの規定をそれぞれ準用する。この場合において、同条第2項、第3項及び第4項第2号中「法務省令」とあるのは「主務省令」と読み替えるものとするほか、必要な技術的読替えは、政令で定める。
6　前三項（第3項において準用する会社法第360条第3項の規定により読み替えて適用する同条第1項の規定に係る部分を除く。）の規定は、信用協同組合及び第9条の9第1項第1号の事業を行う協同組合連合会

については、適用しない。
第36条の4　削除
（理事会の権限等）
第36条の5　組合は、理事会を置かなければならない。
2　理事会は、すべての理事で組織する。
3　組合の業務の執行は、理事会が決する。
（理事会の決議）
第36条の6　理事会の決議は、議決に加わることができる理事の過半数（これを上回る割合を定款又は規約で定めた場合にあつては、その割合以上）が出席し、その過半数（これを上回る割合を定款又は規約で定めた場合にあつては、その割合以上）をもつて行う。
2　前項の決議について特別の利害関係を有する理事は、議決に加わることができない。
3　組合は、定款の定めるところにより、理事が書面又は電磁的方法により理事会の議決に加わることができるものとすることができる。
4　組合は、理事が理事会の決議の目的である事項について提案をした場合において、当該提案につき理事（当該事項について議決に加わることができるものに限る。）の全員が書面又は電磁的記録により同意の意思表示をしたとき（監査権限限定組合以外の組合にあつては、監事が当該提案について異議を述べたときを除く。）は、当該提案を可決する旨の理事会の決議があつたものとみなす旨を定款で定めることができる。
5　理事が理事の全員に対して理事会に報告すべき事項を通知したときは、当該事項を理事会へ報告することを要しない。
6　会社法第366条（招集権者）、第367条（株主による招集の請求）及び第368条（招集手続）の規定は、理事会の招集について準用する。この場合において、必要な技術的読替えは、政令で定める。
（理事会の議事録）
第36条の7　理事会の議事については、主務省令で定めるところにより、議事録を作成し、議事録が書面をもつて作成されているときは、出席した理事及び監事は、これに署名し、又は記名押印しなければならない。
2　前項の議事録が電磁的記録をもつて作成されている場合における当該電磁的記録に記録された事項については、主務省令で定める署名又は記名押印に代わる措置をとらなければならない。
3　組合は、理事会の日（前条第4項の規定により理事会の決議があつたものとみなされた日を含む。次項において同じ。）から10年間、第1項の議事録又は同条第4項の意思表示を記載し、若しくは記録した書面若しくは電磁的記録（以下この条において「議事録等」という。）をその主たる事務所に備え置かなければならない。
4　組合は、理事会の日から5年間、議事録等の写しをその従たる事務所に備え置かなければならない。ただし、当該議事録等が電磁的記録をもつて作成されている場合であつて、従たる事務所における次項第2号に掲げる請求に応じることを可能とするための措置として主務省令で定めるものをとつているときは、この限りでない。
5　組合員及び組合の債権者は、組合に対して、その業務取扱時間内は、いつでも、次に掲げる請求をすることができる。この場合においては、組合は、正当な理由がないのにこれ

を拒んではならない。
一　議事録等が書面をもって作成されているときは、当該書面又は当該書面の写しの閲覧又は謄写の請求
二　議事録等が電磁的記録をもって作成されているときは、当該電磁的記録に記録された事項を主務省令で定める方法により表示したものの閲覧又は謄写の請求

（代表理事）
第36条の8　理事会は、理事の中から組合を代表する理事（以下「代表理事」という。）を選定しなければならない。
2　代表理事は、組合の業務に関する一切の裁判上又は裁判外の行為をする権限を有する。
3　前項の権限に加えた制限は、善意の第三者に対抗することができない。
4　代表理事は、定款又は総会の決議によって禁止されていないときに限り、特定の行為の代理を他人に委任することができる。
5　代表理事については、第36条の2、一般社団法人及び一般財団法人に関する法律第78条及び会社法第354条の規定を準用する。

（役員の兼職禁止）
第37条　監事は、理事又は組合の使用人と兼ねてはならない。
2　左に掲げる者は、その組合の理事となつてはならない。
一　組合の事業と実質的に競争関係にある事業であつて、組合員の資格として定款に定められる事業以外のものを行う者（法人である場合には、その役員）
二　組合員の資格として定款に定められる事業又はこれと実質的に競争関係にある事業を行う者（第7条第1項又は第2項に掲げる小規模の事業者を除く。）であつて、組合員でない者（法人である場合には、その役員）

（理事の自己契約等）
第38条　理事は、次に掲げる場合には、理事会において、当該取引につき重要な事実を開示し、その承認を受けなければならない。
一　理事が自己又は第三者のために組合と取引をしようとするとき。
二　組合が理事の債務を保証することその他理事以外の者との間において組合と当該理事との利益が相反する取引をしようとするとき。
2　民法（明治29年法律第89号）第108条の規定は、前項の承認を受けた同項第1号の取引については、適用しない。
3　第1項各号の取引をした理事は、当該取引後、遅滞なく、当該取引についての重要な事実を理事会に報告しなければならない。

（役員の組合に対する損害賠償責任）
第38条の2　役員は、その任務を怠つたときは、組合に対し、これによつて生じた損害を賠償する責任を負う。
2　前項の任務を怠つてされた行為が理事会の決議に基づき行われたときは、その決議に賛成した理事は、その行為をしたものとみなす。
3　前項の決議に参加した理事であつて議事録に異議をとどめないものは、その決議に賛成したものと推定する。
4　第1項の責任は、総組合員の同意がなければ、免除することができない。
5　前項の規定にかかわらず、第1項の責任は、当該役員が職務を行うにつき善意でかつ重大な過失がないときは、賠償の責任を負う額から当該役員がその在職中に組合から職務執

行の対価として受け、又は受けるべき財産上の利益の1年間当たりの額に相当する額として主務省令で定める方法により算定される額に、次の各号に掲げる役員の区分に応じ、当該各号に定める数を乗じて得た額を控除して得た額を限度として、総会の決議によつて免除することができる。
　一　代表理事　6
　二　代表理事以外の理事　4
　三　監事　2
6　前項の場合には、理事は、同項の総会において次に掲げる事項を開示しなければならない。
　一　責任の原因となつた事実及び賠償の責任を負う額
　二　前項の規定により免除することができる額の限度及びその算定の根拠
　三　責任を免除すべき理由及び免除額
7　監査権限限定組合以外の組合の理事は、第1項の責任の免除（理事の責任の免除に限る。）に関する議案を総会に提出するには、各監事の同意を得なければならない。
8　第5項の決議があつた場合において、組合が当該決議後に同項の役員に対し退職慰労金その他の主務省令で定める財産上の利益を与えるときは、総会の承認を受けなければならない。
9　第4項の規定にかかわらず、第1項の責任については、会社法第426条（第4項を除く。）及び第427条の規定を準用する。この場合において、同法第426条第1項中「取締役（当該責任を負う取締役を除く。）の過半数の同意（取締役会設置会社にあつては、取締役会の決議）」とあるのは「理事会の決議」と、同条第3項中「責任を免除する旨の同意（取締役会設置会社にあっては、取締役会の決議）」とあるのは「責任を免除する旨の理事会の決議」と読み替えるものとするほか、必要な技術的読替えは、政令で定める。

（役員の第三者に対する損害賠償責任）
第38条の3　役員がその職務を行うについて悪意又は重大な過失があつたときは、当該役員は、これによつて第三者に生じた損害を賠償する責任を負う。
2　次の各号に掲げる者が、当該各号に定める行為をしたときも、前項と同様とする。ただし、その者が当該行為をすることについて注意を怠らなかつたことを証明したときは、この限りでない。
　一　理事　次に掲げる行為（信用協同組合又は第9条の9第1項第1号の事業を行う協同組合連合会の理事にあつては、イに掲げる行為を除く。）
　　イ　第40条第1項及び第2項の規定により作成すべきものに記載し、又は記録すべき重要な事項についての虚偽の記載又は記録
　　ロ　虚偽の登記
　　ハ　虚偽の公告
　二　監事　監査報告に記載し、又は記録すべき重要な事項についての虚偽の記載又は記録

（役員の連帯責任）
第38条の4　役員が組合又は第三者に生じた損害を賠償する責任を負う場合において、他の役員も当該損害を賠償する責任を負うときは、これらの者は、連帯債務者とする。

（役員の責任を追及する訴え）
第39条　役員の責任を追及する訴えについては、会社法第7編第2章第2節（第847条第2項、第849条第2

項第2号及び第5項並びに第851条を除く。）（株式会社における責任追及等の訴え）の規定を準用する。この場合において、同法第847条第1項及び第4項中「法務省令」とあるのは「主務省令」と読み替えるものとするほか、必要な技術的読替えは、政令で定める。

（決算関係書類等の提出、備置き及び閲覧等）

第40条　組合は、主務省令で定めるところにより、その成立の日における貸借対照表を作成しなければならない。

2　組合は、主務省令で定めるところにより、各事業年度に係る財産目録、貸借対照表、損益計算書、剰余金処分案又は損失処理案（以下「決算関係書類」という。）及び事業報告書を作成しなければならない。

3　決算関係書類及び事業報告書は、電磁的記録をもつて作成することができる。

4　組合は、決算関係書類を作成した時から10年間、当該決算関係書類を保存しなければならない。

5　第2項の決算関係書類及び事業報告書は、主務省令で定めるところにより、監事の監査を受けなければならない。

6　前項の規定により監事の監査を受けた決算関係書類及び事業報告書は、理事会の承認を受けなければならない。

7　理事は、通常総会の通知に際して、主務省令で定めるところにより、組合員に対し、前項の承認を受けた決算関係書類及び事業報告書（監査報告又は次条第1項の適用がある場合にあつては、会計監査報告を含む。）を提供しなければならない。

8　理事は、監事の意見を記載した書面又はこれに記載すべき事項を記録した電磁的記録を添付して決算関係書類及び事業報告書を通常総会に提出し、又は提供し、その承認を求めなければならない。

9　理事は、前項の規定により提出され、又は提供された事業報告書の内容を通常総会に報告しなければならない。

10　組合は、各事業年度に係る決算関係書類及び事業報告書を通常総会の日の2週間前の日から5年間、主たる事務所に備え置かなければならない。

11　組合は、決算関係書類及び事業報告書の写しを、通常総会の日の2週間前の日から3年間、従たる事務所に備え置かなければならない。ただし、決算関係書類及び事業報告書が電磁的記録で作成されている場合であつて、従たる事務所における次項第3号及び第4号に掲げる請求に応じることを可能とするための措置として主務省令で定めるものをとつているときは、この限りでない。

12　組合員及び組合の債権者は、組合に対して、その業務取扱時間内は、いつでも、次に掲げる請求をすることができる。ただし、第2号又は第4号に掲げる請求をするには、当該組合の定めた費用を支払わなければならない。

一　決算関係書類及び事業報告書が書面をもつて作成されているときは、当該書面又は当該書面の写しの閲覧の請求

二　前号の書面の謄本又は抄本の交付の請求

三　決算関係書類及び事業報告書が電磁的記録をもつて作成されているときは、当該電磁的記録に記録された事項を主務省令で定める方法により表示したものの閲覧の請

求
四　前号の電磁的記録に記録された事項を電磁的方法であつて組合の定めたものにより提供することの請求又はその事項を記載した書面の交付の請求
13　前各項の規定は、信用協同組合又は第9条の9第1項第1号の事業を行う協同組合連合会については、適用しない。

第40条の2　共済事業を行う組合であつてその事業の規模が政令で定める基準を超えるものは、前条第2項の規定により作成した決算関係書類について、監事の監査のほか、主務省令で定めるところにより、会計監査人の監査を受けなければならない。
2　前項に規定する会計監査人の監査を要する組合については、会社法第439条及び第444条（第3項を除く。）の規定を準用する。この場合において、同法第439条並びに第444条第1項、第4項及び第6項中「法務省令」とあるのは「主務省令」と、同条第1項中「その子会社」とあるのは「その子会社等（中小企業等協同組合法第61条の2第2項に規定する子会社等をいう。）」と、「作成することができる」とあるのは「作成しなければならない」と読み替えるものとするほか、必要な技術的読替えは、政令で定める。
3　会計監査人については、第35条の3並びに会社法第329条第1項、第337条、第338条第1項及び第2項、第339条、第340条第1項から第3項まで、第344条第1項及び第2項、第345条第1項から第3項まで、第396条第1項から第5項まで、第397条第1項及び第2項、第398条第1項及び第2項並びに第399条第1項の規定を準用する。この場合において、同法第345条第1項及び第2項中「会計参与」とあるのは「会計監査人」と、同法第396条第1項及び第2項第2号中「法務省令」とあるのは「主務省令」と読み替えるものとするほか、必要な技術的読替えは、政令で定める。
4　会計監査人の責任については、第38条の2から第38条の4までの規定を準用する。この場合において、第38条の2第5項第3号中「監事」とあるのは「監事又は会計監査人」と、第38条の3第2項第2号中「監査報告」とあるのは「監査報告又は会計監査報告」と、第38条の4中「役員が」とあるのは「会計監査人が」と、「他の役員」とあるのは「役員又は会計監査人」と読み替えるものとするほか、必要な技術的読替えは、政令で定める。
5　会計監査人の責任を追及する訴えについては、第39条の規定を準用する。この場合において必要な技術的読替えは、政令で定める。

第40条の3　会計監査人が欠けた場合又は定款で定めた会計監査人の員数が欠けた場合において、遅滞なく会計監査人が選任されないときは、監事は、一時会計監査人の職務を行うべき者を選任しなければならない。
2　前項の一時会計監査人の職務を行うべき者については、会社法第337条及び第340条第1項から第3項までの規定を準用する。

（会計帳簿等の作成等）
第41条　組合は、主務省令で定めるところにより、適時に、正確な会計帳簿を作成しなければならない。
2　組合は、会計帳簿の閉鎖の時から10年間、その会計帳簿及びその事業に関する重要な資料を保存しなければならない。
3　組合員は、総組合員の100分の3（これを下回る割合を定款で定めた

参考資料

場合にあつては、その割合）以上の同意を得て、組合に対して、その業務取扱時間内は、いつでも、次に掲げる請求をすることができる。この場合においては、組合は、正当な理由がないのにこれを拒んではならない。
　一　会計帳簿又はこれに関する資料が書面をもつて作成されているときは、当該書面の閲覧又は謄写の請求
　二　会計帳簿又はこれに関する資料が電磁的記録をもつて作成されているときは、当該電磁的記録に記録された事項を主務省令で定める方法により表示したものの閲覧又は謄写の請求
4　第1項の規定は、信用協同組合又は第9条の9第1項第1号の事業を行う協同組合連合会については、適用しない。
5　共済事業を行う組合並びに信用協同組合及び第9条の9第1項第1号の事業を行う協同組合連合会についての第3項の規定の適用については、同項中「100分の3」とあるのは、「10分の1」とする。

（役員の改選）
第42条　組合員は、総組合員の5分の1（これを下回る割合を定款で定めた場合にあつては、その割合）以上の連署をもつて、役員の改選を請求することができるものとし、その請求につき総会において出席者の過半数の同意があつたときは、その請求に係る役員は、その職を失う。
2　前項の規定による改選の請求は、理事の全員又は監事の全員について、同時にしなければならない。ただし、法令又は定款、規約、共済規程若しくは火災共済規程の違反を理由として改選を請求するときは、この限りでない。

3　第1項の規定による改選の請求は、改選の理由を記載した書面を組合に提出してしなければならない。
4　第1項の規定による改選の請求をする者は、前項の書面の提出に代えて、政令で定めるところにより、組合の承諾を得て、同項の書面に記載すべき事項を電磁的方法により提供することができる。
5　第1項の規定による改選の請求があつた場合（第3項の書面の提出があつた場合に限る。）には、理事は、その請求を総会の議に付し、かつ、総会の会日から7日前までに、その請求に係る役員に第3項の規定による書面を送付し、かつ、総会において弁明する機会を与えなければならない。
6　第1項の規定による改選の請求があつた場合（第4項の規定による電磁的方法による提供があつた場合に限る。）には、理事は、その請求を総会の議に付し、かつ、総会の会日から7日前までに、その請求に係る役員に第4項の規定により提供された事項を記載した書面を送付し、かつ、総会において弁明する機会を与えなければならない。
7　前項に規定する場合には、組合は、同項の書面の送付に代えて、政令で定めるところにより、その請求に係る役員の承諾を得て、第4項の規定により提供された事項を電磁的方法により提供することができる。
8　第5項又は第6項の場合については、第47条第2項及び第48条の規定を準用する。この場合において、第47条第2項中「組合員が総組合員の5分の1（これを下回る割合を定款で定めた場合にあつては、その割合）以上の同意を得て、会議の目的である事項及び招集の理由を記載した書面を理事会に提出して総会の

招集を請求したとき」とあり、及び第48条後段中「組合員が総組合員の5分の1（これを下回る割合を定款で定めた場合にあつては、その割合）以上の同意を得たとき」とあるのは、「第42条第1項の規定による役員の改選の請求があつたとき」と読み替えるものとする。

（顧問）
第43条　組合は、理事会の決議により、学識経験のある者を顧問とし、常時組合の重要事項に関し助言を求めることができる。ただし、顧問は、組合を代表することができない。

（参事及び会計主任）
第44条　組合は、理事会の決議により、参事及び会計主任を選任し、その主たる事務所又は従たる事務所において、その業務を行わせることができる。
2　参事については、会社法第11条第1項及び第3項（支配人の代理権）、第12条（支配人の競業の禁止）並びに第13条（表見支配人）の規定を準用する。

第45条　組合員は、総組合員の10分の1（これを下回る割合を定款で定めた場合にあつては、その割合）以上の同意を得て、組合に対し、参事又は会計主任の解任を請求することができる。
2　前項の規定による請求は、解任の理由を記載した書面を組合に提出してしなければならない。
3　第1項の規定による解任の請求をする者は、前項の書面の提出に代えて、政令で定めるところにより、組合の承諾を得て、同項の書面に記載すべき事項を電磁的方法により提供することができる。
4　第1項の規定による請求があつたときは、理事会は、その参事又は会計主任の解任の可否を決しなければならない。
5　第2項の書面の提出があつた場合には、理事は、前項の可否の決定の日の7日前までに、その参事又は会計主任に対し、第2項の書面を送付し、かつ、弁明する機会を与えなければならない。
6　第3項の電磁的方法による提供があつた場合には、理事は、第4項の可否の決定の日の7日前までに、その参事又は会計主任に対し、第3項の規定により提供された事項を記載した書面を送付し、かつ、弁明する機会を与えなければならない。
7　前項に規定する場合には、組合は、同項の書面の送付に代えて、政令で定めるところにより、その請求に係る参事又は会計主任の承諾を得て、第3項の規定により提供された事項を電磁的方法により提供することができる。

（総会の招集）
第46条　通常総会は、定款の定めるところにより、毎事業年度1回招集しなければならない。

第47条　臨時総会は、必要があるときは、定款の定めるところにより、いつでも招集することができる。
2　組合員が総組合員の5分の1（これを下回る割合を定款で定めた場合にあつては、その割合）以上の同意を得て、会議の目的である事項及び招集の理由を記載した書面を理事会に提出して総会の招集を請求したときは、理事会は、その請求のあつた日から20日以内に臨時総会を招集すべきことを決しなければならない。
3　前項の場合において、電磁的方法により議決権を行うことが定款で定められているときは、当該書面の提出に代えて、当該書面に記載すべき

事項及び理由を当該電磁的方法により提供することができる。この場合において、当該組合員は、当該書面を提出したものとみなす。
4　前項前段の電磁的方法（主務省令で定める方法を除く。）により行われた当該書面に記載すべき事項及び理由の提供は、理事会の使用に係る電子計算機に備えられたファイルへの記録がされた時に当該理事会に到達したものとみなす。
第48条　前条第2項の規定による請求をした組合員は、同項の請求をした日から10日以内に理事が総会招集の手続をしないときは、行政庁の承認を得て総会を招集することができる。理事の職務を行う者がない場合において、組合員が総組合員の5分の1（これを下回る割合を定款で定めた場合にあつては、その割合）以上の同意を得たときも同様である。
（総会招集の手続）
第49条　総会の招集は、会日の10日（これを下回る期間を定款で定めた場合にあつては、その期間）前までに、会議の目的である事項を示し、定款で定めた方法に従つてしなければならない。
2　総会の招集は、この法律に別段の定めがある場合を除き、理事会が決定する。
3　第1項の規定にかかわらず、総会は、組合員の全員の同意があるときは、招集の手続を経ることなく開催することができる。
（通知又は催告）
第50条　組合の組合員に対してする通知又は催告は、組合員名簿に記載し、又は記録したその者の住所（その者が別に通知又は催告を受ける場所又は連絡先を組合に通知した場合にあつては、その場所又は連絡先）にあてて発すれば足りる。

2　前項の通知又は催告は、通常到達すべきであつた時に到達したものとみなす。
（総会の議決事項）
第51条　次の事項は、総会の議決を経なければならない。
一　定款の変更
二　規約及び共済規程又は火災共済規程の設定、変更又は廃止
三　毎事業年度の収支予算及び事業計画の設定又は変更
四　経費の賦課及び徴収の方法
五　その他定款で定める事項
2　定款の変更（信用協同組合及び第9条の9第1項第1号の事業を行う協同組合連合会の定款の変更にあつては、内閣府令で定める事項の変更を除く。）は、行政庁の認可を受けなければ、その効力を生じない。
3　前項の認可については、第27条の2第4項から第6項までの規定を準用する。
4　第1項第2号に掲げる事項の変更のうち、軽微な事項その他の主務省令で定める事項に係るものについては、同項の規定にかかわらず、定款で、総会の議決を経ることを要しないものとすることができる。この場合においては、総会の議決を経ることを要しない事項の範囲及び当該変更の内容の組合員に対する通知、公告その他の周知の方法を定款で定めなければならない。

　　第51条第3項中「認可」の下に「（第9条の7の2第4項の規定により前項の認可があつたものとみなされる場合を除く。）」を加える。
―改正後の条文―
（総会の議決事項）
第51条　（略）
2　（略）
3　前項の認可（第9条の7の2第

4項の規定により前項の認可があつたものとみなされる場合を除く。）については、第27条の2第4項から第6項までの規定を準用する。
 4　（略）

（総会の議事）
第52条　総会の議事は、この法律又は定款若しくは規約に特別の定めがある場合を除いて、出席者の議決権の過半数で決し、可否同数のときは、議長の決するところによる。
 2　議長は、総会において選任する。
 3　議長は、組合員として総会の議決に加わる権利を有しない。
 4　総会においては、第49条第1項の規定によりあらかじめ通知した事項についてのみ議決することができる。ただし、定款に別段の定めがある場合及び同条第3項に規定する場合は、この限りでない。

（特別の議決）
第53条　次の事項は、総組合員の半数以上が出席し、その議決権の3分の2以上の多数による議決を必要とする。
　一　定款の変更
　二　組合の解散又は合併
　三　組合員の除名
　四　事業の全部の譲渡
　五　組合員の出資口数に係る限度の特例
　六　第38条の2第5項の規定による責任の免除

（理事及び監事の説明義務）
第53条の2　理事及び監事は、総会において、組合員から特定の事項について説明を求められた場合には、当該事項について必要な説明をしなければならない。ただし、当該事項が総会の目的である事項に関しないものである場合、その説明をすることにより組合員の共同の利益を著しく害する場合その他正当な理由がある場合として主務省令で定める場合は、この限りでない。

（延期又は続行の決議）
第53条の3　総会においてその延期又は続行について決議があつた場合には、第49条の規定は、適用しない。

（総会の議事録）
第53条の4　総会の議事については、主務省令で定めるところにより、議事録を作成しなければならない。
 2　組合は、総会の会日から10年間、前項の議事録をその主たる事務所に備え置かなければならない。
 3　組合は、総会の会日から5年間、第1項の議事録の写しをその従たる事務所に備え置かなければならない。ただし、当該議事録が電磁的記録をもつて作成されている場合であつて、従たる事務所における次項第2号に掲げる請求に応じることを可能とするための措置として主務省令で定めるものをとつているときは、この限りでない。
 4　組合員及び組合の債権者は、組合に対して、その業務取扱時間内は、いつでも、次に掲げる請求をすることができる。この場合においては、組合は、正当な理由がないのにこれを拒んではならない。
　一　第1項の議事録が書面をもつて作成されているときは、当該書面又は当該書面の写しの閲覧又は謄写の請求
　二　第1項の議事録が電磁的記録をもつて作成されているときは、当該電磁的記録に記録された事項を主務省令で定める方法により表示したものの閲覧又は謄写の請求

（総会の決議の不存在若しくは無効の確認又は取消しの訴え）
第54条　総会の決議の不存在若しくは

無効の確認又は取消しの訴えについては、会社法第830条、第831条、第834条（第16号及び第17号に係る部分に限る。）、第835条第1項、第836条第1項及び第3項、第837条、第838条並びに第846条（株主総会の決議の不存在若しくは無効の確認又は取消しの訴え）の規定（監査権限限定組合にあつては、監査役に係る部分を除く。）を準用する。

（総代会）
第55条 組合員の総数が200人を超える組合（企業組合を除く。）は、定款の定めるところにより、総会に代わるべき総代会を設けることができる。
2 総代は、定款の定めるところにより、組合員のうちから、その住所、事業の種類等に応じて公平に選挙されなければならない。
3 総代の定数は、その選挙の時における組合員の総数の10分の1（組合員の総数が1,000人を超える組合にあつては100人）を下つてはならない。
4 総代の選挙については、第35条第8項及び第9項の規定を準用する。
5 総代の任期は、3年以内において定款で定める期間とする。
6 総代会については、総会に関する規定を準用する。この場合において、第11条第2項中「その組合員の親族若しくは使用人又は他の組合員」とあるのは「他の組合員」と、同条第5項中「5人」とあるのは「2人」と読み替えるものとする。
7 総代会においては、前項の規定にかかわらず、総代の選挙（補欠の総代の選挙を除く。）をし、又は第53条第2号若しくは第4号の事項（次条において「合併等」という。）について議決することができない。

（総代会の特例）
第55条の2 共済事業を行う組合又は信用協同組合若しくは第9条の9第1項第1号の事業を行う協同組合連合会の総代会においては、前条第7項、第57条の2の2第1項、第57条の3第1項及び第2項、第62条第1項並びに第63条の規定にかかわらず、合併等について議決することができる。
2 前項に規定する組合は、総代会において合併等の議決をしたときは、その議決の日から10日以内に、組合員に議決の内容を通知しなければならない。
3 前項の通知をした組合にあつては、当該通知に係る事項を会議の目的として、第47条第2項又は第48条の規定により総会を招集することができる。この場合において、第47条第2項の規定による書面の提出又は第48条後段の場合における承認の申請は、当該通知に係る事項についての総代会の議決の日から30日以内にしなければならない。
4 前項の総会において当該通知に係る事項を承認しなかつた場合には、総代会における当該事項の議決は、その効力を失う。

（出資1口の金額の減少）
第56条 組合は、総会において出資1口の金額の減少の議決があつたときは、その議決の日から2週間以内に、財産目録及び貸借対照表を作成し、かつ、これらを主たる事務所に備え置かなければならない。
2 組合員及び組合の債権者は、組合に対して、その業務取扱時間内は、いつでも、次に掲げる請求をすることができる。この場合においては、組合は、正当な理由がないのにこれを拒んではならない。
一 前項の財産目録及び貸借対照表

が書面をもつて作成されているときは、当該書面の閲覧の請求
　二　前項の財産目録及び貸借対照表が電磁的記録をもつて作成されているときは、当該電磁的記録に記録された事項を主務省令で定める方法により表示したものの閲覧の請求
（債権者の異議）
第56条の2　組合が出資1口の金額の減少をする場合には、組合の債権者は、当該組合に対し、出資1口の金額の減少について異議を述べることができる。
2　前項の場合には、組合は、次に掲げる事項を官報に公告し、かつ、預金者、定期積金の積金者その他政令で定める債権者以外の知れている債権者には、各別にこれを催告しなければならない。ただし、第2号の期間は、1月を下ることができない。
　一　出資1口の金額を減少する旨
　二　債権者が一定の期間内に異議を述べることができる旨
3　前項の規定にかかわらず、組合が同項の規定による公告を、官報のほか、第33条第4項の規定による定款の定めに従い、同項第2号又は第3号に掲げる公告方法によりするときは、前項の規定による各別の催告は、することを要しない。
4　債権者が第2項第2号の期間内に異議を述べなかつたときは、当該債権者は、当該出資1口の金額の減少について承認をしたものとみなす。
5　債権者が第2項第2号の期間内に異議を述べたときは、組合は、当該債権者に対し、弁済し、若しくは相当の担保を提供し、又は当該債権者に弁済を受けさせることを目的として信託会社等（信託会社及び信託業務を営む金融機関（金融機関の信託業務の兼営等に関する法律（昭和18年法律第43号）第1条第1項の認可を受けた金融機関をいう。）をいう。）に相当の財産を信託しなければならない。ただし、当該出資1口の金額の減少をしても当該債権者を害するおそれがないときは、この限りでない。

（出資1口の金額の減少の無効の訴え）
第57条　組合の出資1口の金額の減少の無効の訴えについては、会社法第828条第1項（第5号に係る部分に限る。）及び第2項（第5号に係る部分に限る。）、第834条（第5号に係る部分に限る。）、第835条第1項、第836条から第839条まで並びに第846条の規定（監査権限限定組合にあつては、監査役に係る部分を除く。）を準用する。

（火災共済協同組合等の火災共済規程の変更）
第57条の2　火災共済協同組合又は第9条の9第1項第3号の事業を行う協同組合連合会は、火災共済規程で定めた事項の変更をするには、行政庁の認可を受けなければならない。

第57条の2の見出し中「火災共済協同組合等」を「第9条の9第1項第3号の事業を行う協同組合連合会」に改め、同条中「火災共済協同組合又は」を削る。
―改正後の条文―
（第9条の9第1項第3号の事業を行う協同組合連合会の火災共済規程の変更）
第57条の2　第9条の9第1項第3号の事業を行う協同組合連合会は、火災共済規程で定めた事項の変更をするには、行政庁の認可を受けなければならない。

（共済事業の譲渡等）
第57条の2の2　共済事業を行う事業協同組合若しくは事業協同小組合又は協同組合連合会（第9条の9第1項第3号の事業を行う協同組合連合会を除く。）が共済事業（この事業に附帯する事業を含む。以下この条において同じ。）の全部又は一部を譲渡するには、総会の議決によらなければならない。
2　前項に規定する組合は、総会の議決により契約をもって責任準備金の算出の基礎が同じである共済契約の全部を包括して、共済事業を行う他の組合に移転することができる。
3　第1項に規定する組合は、前項に規定する共済契約を移転する契約をもって共済事業に係る財産を移転することを定めることができる。
4　前二項の規定にかかわらず、責任共済等の事業の全部又は一部の譲渡及び当該事業に係る財産の移転は、当該事業を行う他の組合に対して行うことができる。
5　第1項に規定する共済事業の全部又は一部の譲渡及び第3項に規定する共済事業に係る財産の移転については、第56条から第57条までの規定を準用する。

　　第57条の2の2第1項中「（第9条の9第1項第3号の事業を行う協同組合連合会を除く。）が」を「が第57条の4の規定により譲渡することができないこととされている事業以外の」に改める。
　―改正後の条文―
（共済事業の譲渡等）
第57条の2の2　共済事業を行う事業協同組合若しくは事業協同小組合又は協同組合連合会が第57条の4の規定により譲渡することができないこととされている事業以外の共済事業（この事業に附帯する事業を含む。以下この条において同じ。）の全部又は一部を譲渡するには、総会の議決によらなければならない。
2～5　（略）

第57条の3　（省略）
（火災共済協同組合等の事業の譲渡の禁止）
第57条の4　火災共済協同組合又は第9条の9第1項第3号の事業を行う協同組合連合会は、その事業を譲渡することができない。

　　第57条の4の見出し中「火災共済協同組合等の事業」を「火災共済事業」に改め、同条中「火災共済協同組合又は第9条の9第1項第3号の事業を行う協同組合連合会は、その事業」を「火災等共済組合又は火災等共済組合連合会は、火災共済事業」に改め、同条に第2項を加える。
　―改正後の条文―
（火災共済事業の譲渡の禁止）
第57条の4　火災等共済組合又は火災等共済組合連合会は、火災共済事業を譲渡することができない。
2　第9条の9第1項第3号の事業を行う協同組合連合会は、当該事業を譲渡することができない。

第57条の5～第58条の3　（省略）
（健全性の基準）
第58条の4　行政庁は、特定共済組合、火災共済協同組合、第9条の9第1項第3号の事業を行う協同組合連合会及び特定共済組合連合会の共済事業の健全な運営に資するため、次に掲げる額を用いて、当該組合の経営の健全性を判断するための基準として共済金等の支払能力の充実の

状況が適当であるかどうかの基準その他の基準を定めることができる。
一　出資の総額、利益準備金の額その他の主務省令で定めるものの額の合計額
二　共済契約に係る共済事故の発生その他の理由により発生し得る危険であつて通常の予測を超えるものに対応する額として主務省令で定めるところにより計算した額

> 第58条の4中「、火災共済協同組合」を削る。
> ―改正後の条文―
> **（健全性の基準）**
> **第58条の4**　行政庁は、特定共済組合、第9条の9第1項第3号の事業を行う協同組合連合会及び特定共済組合連合会の共済事業の健全な運営に資するため、次に掲げる額を用いて、当該組合の経営の健全性を判断するための基準として共済金等の支払能力の充実の状況が適当であるかどうかの基準その他の基準を定めることができる。
> 一・二　（略）

第58条の5～第61条の2　（省略）

第6節　解散及び清算並びに合併

（解散の事由）
第62条　組合は、次の事由によつて解散する。
一　総会の決議
二　組合の合併
三　組合についての破産手続開始の決定
四　定款で定める存続期間の満了又は解散事由の発生
五　第106条第2項の規定による解散の命令
2　組合は、前項第1号又は第4号の規定により解散したときは、解散の日から2週間以内に、その旨を行政庁に届け出なければならない。
3　火災共済協同組合又は第9条の9第1項第3号の事業を行う協同組合連合会は、第1項各号に掲げる事由のほか、第106条の2第4項又は第5項の規定により第27条の2第1項の認可を取り消されたときは、これによつて解散する。
4　責任共済等の事業を行う組合又は火災共済協同組合若しくは第9条の9第1項第3号の事業を行う協同組合連合会の解散の決議は、行政庁の認可を受けなければ、その効力を生じない。

> 第62条第3項中「火災共済協同組合又は」を削り、同条第4項中「火災共済協同組合」を「火災等共済組合若しくは火災等共済組合連合会」に改める。
> ―改正後の条文―
> **（解散の事由）**
> **第62条**　（略）
> 2　（略）
> 3　第9条の9第1項第3号の事業を行う協同組合連合会は、第1項各号に掲げる事由のほか、第106条の2第4項又は第5項の規定により第27条の2第1項の認可を取り消されたときは、これによつて解散する。
> 4　責任共済等の事業を行う組合又は火災等共済組合若しくは火災等共済組合連合会若しくは第9条の9第1項第3号の事業を行う協同組合連合会の解散の決議は、行政庁の認可を受けなければ、その効力を生じない。

（合併契約）
第63条　組合は、総会の議決を経て、他の組合と合併をすることができ

る。この場合においては、合併をする組合は、合併契約を締結しなければならない。

(吸収合併)
第63条の2　組合が吸収合併(組合が他の組合とする合併であつて、合併により消滅する組合の権利義務の全部を合併後存続する組合に承継させるものをいう。以下この章において同じ。)をする場合には、吸収合併契約において、次に掲げる事項を定めなければならない。
一　吸収合併後存続する組合(以下この章において「吸収合併存続組合」という。)及び吸収合併により消滅する組合(以下この章において「吸収合併消滅組合」という。)の名称及び住所
二　吸収合併存続組合の地区及び出資1口の金額(吸収合併存続組合が企業組合である場合にあつては、出資1口の金額)
三　吸収合併消滅組合の組合員に対する出資の割当てに関する事項
四　吸収合併消滅組合の組合員に対して支払をする金額を定めたときは、その定め
五　吸収合併がその効力を生ずべき日(以下この章において「効力発生日」という。)
六　その他主務省令で定める事項

(新設合併)
第63条の3　2以上の組合が新設合併(2以上の組合がする合併であつて、合併により消滅する組合の権利義務の全部を合併により設立する組合に承継させるものをいう。以下この章において同じ。)をする場合には、新設合併契約において、次に掲げる事項を定めなければならない。
一　新設合併により消滅する組合(以下この章において「新設合併消滅組合」という。)の名称及び住所
二　新設合併により設立する組合(以下この章において「新設合併設立組合」という。)の事業、名称、地区、主たる事務所の所在地及び出資1口の金額(新設合併設立組合が企業組合である場合にあつては、事業、名称、主たる事務所の所在地及び出資1口の金額)
三　新設合併消滅組合の組合員に対する出資の割当てに関する事項
四　新設合併消滅組合の組合員に対して支払をする金額を定めたときは、その定め
五　その他主務省令で定める事項

(吸収合併消滅組合の手続)
第63条の4　吸収合併消滅組合は、次に掲げる日のいずれか早い日から吸収合併の効力が生ずる日までの間、吸収合併契約の内容その他主務省令で定める事項を記載し、又は記録した書面又は電磁的記録をその主たる事務所に備え置かなければならない。
一　第3項の総会の会日の2週間前の日
二　第4項において準用する第56条の2第2項の規定による公告の日又は第4項において準用する同条第2項の規定による催告の日のいずれか早い日
2　吸収合併消滅組合の組合員及び債権者は、当該吸収合併消滅組合に対して、その業務取扱時間内は、いつでも、次に掲げる請求をすることができる。ただし、第2号又は第4号に掲げる請求をするには、当該吸収合併消滅組合の定めた費用を支払わなければならない。
一　前項の書面の閲覧の請求
二　前項の書面の謄本又は抄本の交付の請求
三　前項の電磁的記録に記録された

事項を主務省令で定める方法により表示したものの閲覧の請求
　　四　前項の電磁的記録に記録された事項を電磁的方法であつて主務省令で定めるものにより提供することの請求又はその事項を記載した書面の交付の請求
３　吸収合併消滅組合は、効力発生日の前日までに、総会の決議によつて、合併契約の承認を受けなければならない。
４　吸収合併消滅組合については、第56条の２の規定を準用する。
５　吸収合併消滅組合は、吸収合併存続組合との合意により、効力発生日を変更することができる。
６　前項の場合には、吸収合併消滅組合は、変更前の効力発生日（変更後の効力発生日が変更前の効力発生日前の日である場合にあつては、当該変更後の効力発生日）の前日までに、変更後の効力発生日を公告しなければならない。
７　第５項の規定により効力発生日を変更したときは、変更後の効力発生日を効力発生日とみなして、この条、次条及び第65条の規定を適用する。

（吸収合併存続組合の手続）
第63条の５　吸収合併存続組合は、次に掲げる日のいずれか早い日から吸収合併の効力が生じた日後６月を経過する日までの間、吸収合併契約の内容その他主務省令で定める事項を記載し、又は記録した書面又は電磁的記録をその主たる事務所に備え置かなければならない。
　　一　吸収合併契約について総会の決議によつてその承認を受けなければならないときは、当該総会の会日の２週間前の日
　　二　第５項の規定による公告又は通知の日のいずれか早い日
　　三　第６項において準用する第56条の２第２項の規定による公告の日又は第６項において準用する同条第２項の規定による催告の日のいずれか早い日
２　吸収合併存続組合の組合員及び債権者は、当該吸収合併存続組合に対して、その業務取扱時間内は、いつでも、次に掲げる請求をすることができる。ただし、第２号又は第４号に掲げる請求をするには、当該吸収合併存続組合の定めた費用を支払わなければならない。
　　一　前項の書面の閲覧の請求
　　二　前項の書面の謄本又は抄本の交付の請求
　　三　前項の電磁的記録に記録された事項を主務省令で定める方法により表示したものの閲覧の請求
　　四　前項の電磁的記録に記録された事項を電磁的方法であつて吸収合併存続組合の定めたものにより提供することの請求又はその事項を記載した書面の交付の請求
３　吸収合併存続組合は、効力発生日の前日までに、総会の決議によつて、吸収合併契約の承認を受けなければならない。ただし、吸収合併消滅組合の総組合員の数が吸収合併存続組合の総組合員の数の５分の１を超えない場合であつて、かつ、吸収合併消滅組合の最終の貸借対照表により現存する総資産額が吸収合併存続組合の最終の貸借対照表により現存する総資産額の５分の１を超えない場合の合併については、この限りでない。
４　吸収合併存続組合が前項ただし書の規定により総会の決議を経ないで合併をする場合において、吸収合併存続組合の総組合員の６分の１以上の組合員が次項の規定による公告又は通知の日から２週間以内に合併に

反対する旨を吸収合併存続組合に対し通知したときは、効力発生日の前日までに、総会の決議によって、吸収合併契約の承認を受けなければならない。
5　吸収合併存続組合が第3項ただし書の規定により総会の決議を経ないで合併をする場合には、吸収合併存続組合は、効力発生日の20日前までに、合併をする旨並びに吸収合併消滅組合の名称及び住所を公告し、又は組合員に通知しなければならない。
6　吸収合併存続組合については、第56条の2の規定を準用する。
7　吸収合併存続組合は、吸収合併の効力が生じた日後遅滞なく、吸収合併により吸収合併存続組合が承継した吸収合併消滅組合の権利義務その他の吸収合併に関する事項として主務省令で定める事項を記載し、又は記録した書面又は電磁的記録を作成しなければならない。
8　吸収合併存続組合は、吸収合併の効力が生じた日から6月間、前項の書面又は電磁的記録をその主たる事務所に備え置かなければならない。
9　吸収合併存続組合の組合員及び債権者は、当該吸収合併存続組合に対して、その業務取扱時間内は、いつでも、次に掲げる請求をすることができる。ただし、第2号又は第4号に掲げる請求をするには、当該吸収合併存続組合の定めた費用を支払わなければならない。
　一　前項の書面の閲覧の請求
　二　前項の書面の謄本又は抄本の交付の請求
　三　前項の電磁的記録に記録された事項を主務省令で定める方法により表示したものの閲覧の請求
　四　前項の電磁的記録に記録された事項を電磁的方法であつて吸収合併存続組合の定めたものにより提供することの請求又はその事項を記載した書面の交付の請求

（新設合併消滅組合の手続）
第63条の6　新設合併消滅組合は、次に掲げる日のいずれか早い日から新設合併設立組合の成立の日までの間、新設合併契約の内容その他主務省令で定める事項を記載し、又は記録した書面又は電磁的記録をその主たる事務所に備え置かなければならない。
　一　第3項の総会の会日の2週間前の日
　二　第4項において準用する第56条の2第2項の規定による公告の日又は第4項において準用する同条第2項の規定による催告の日のいずれか早い日
2　新設合併消滅組合の組合員及び債権者は、当該新設合併消滅組合に対して、その業務取扱時間内は、いつでも、次に掲げる請求をすることができる。ただし、第2号又は第4号に掲げる請求をするには、当該新設合併消滅組合の定めた費用を支払わなければならない。
　一　前項の書面の閲覧の請求
　二　前項の書面の謄本又は抄本の交付の請求
　三　前項の電磁的記録に記録された事項を主務省令で定める方法により表示したものの閲覧の請求
　四　前項の電磁的記録に記録された事項を電磁的方法であつて新設合併消滅組合の定めたものにより提供することの請求又はその事項を記載した書面の交付の請求
3　新設合併消滅組合は、総会の決議によって、新設合併契約の承認を受けなければならない。
4　新設合併消滅組合については、第56条の2の規定を準用する。

（新設合併設立組合の手続等）
第64条　第4節（第30条を除く。）の規定は、新設合併設立組合の設立については、適用しない。
2　合併によって組合を設立するには、各組合がそれぞれ総会において組合員のうちから選任した設立委員が共同して定款を作成し、役員を選任し、その他設立に必要な行為をしなければならない。
3　前項の規定による役員の任期は、最初の通常総会の日までとする。
4　第2項の規定による設立委員の選任については、第53条の規定を準用する。
5　第2項の規定による役員の選任については、第35条第4項本文、第5項本文及び第6項の規定を準用する。
6　新設合併設立組合は、成立の日後遅滞なく、新設合併により新設合併設立組合が承継した新設合併消滅組合の権利義務その他の新設合併に関する事項として主務省令で定める事項を記載し、又は記録した書面又は電磁的記録を作成しなければならない。
7　新設合併設立組合は、成立の日から6月間、前項の書面又は電磁的記録をその主たる事務所に備え置かなければならない。
8　新設合併設立組合の組合員及び債権者は、当該新設合併設立組合に対して、その業務取扱時間内は、いつでも、次に掲げる請求をすることができる。ただし、第2号又は第4号に掲げる請求をするには、当該新設合併設立組合の定めた費用を支払わなければならない。
　一　前項の書面の閲覧の請求
　二　前項の書面の謄本又は抄本の交付の請求
　三　前項の電磁的記録に記録された事項を主務省令で定める方法により表示したものの閲覧の請求
　四　前項の電磁的記録に記録された事項を電磁的方法であつて新設合併設立組合の定めたものにより提供することの請求又はその事項を記載した書面の交付の請求

（合併の効果）
第65条　吸収合併存続組合は、効力発生日又は次条第1項の行政庁の認可を受けた日のいずれか遅い日に、吸収合併消滅組合の権利義務（その組合がその行う事業に関し、行政庁の許可、認可その他の処分に基づいて有する権利義務を含む。次項において同じ。）を承継する。
2　新設合併設立組合は、その成立の日に、新設合併消滅組合の権利義務を承継する。

（合併の認可）
第66条　組合の合併については、行政庁の認可を受けなければ、その効力を生じない。
2　前項の認可については、第27条の2第4項から第6項までの規定を準用する。

（合併の無効の訴え）
第67条　組合の合併の無効の訴えについては、会社法第828条第1項（第7号及び第8号に係る部分に限る。）及び第2項（第7号及び第8号に係る部分に限る。）、第834条（第7号及び第8号に係る部分に限る。）、第835条第1項、第836条から第839条まで、第843条（第1項第3号及び第4号並びに第2項ただし書を除く。）並びに第846条（合併の無効の訴え）の規定（監査権限限定組合にあつては、監査役に係る部分を除く。）を、この条において準用する同法第843条第4項の申立てについては、同法第868条第5項、第870条第2項（第5号に係る部分に限

る。)、第870条の2、第871条本文、第872条（第5号に係る部分に限る。)、第872条の2、第873条本文、第875条及び第876条（非訟）の規定を準用する。

（清算人）
第68条　組合が解散したときは、合併及び破産手続開始の決定による解散の場合を除いては、理事が、その清算人となる。ただし、総会において他人を選任したときは、この限りでない。
2　火災共済協同組合又は第9条の9第1項第3号の事業を行う協同組合連合会が第106条の2第4項又は第5項の規定による第27条の2第1項の認可の取消しにより解散したときは、前項の規定及び第69条において準用する会社法第478条第2項の規定にかかわらず、行政庁が清算人を選任する。

> 第68条第2項中「火災共済協同組合又は」を削る。
> ―改正後の条文―
> （清算人）
> 第68条　（略）
> 2　第9条の9第1項第3号の事業を行う協同組合連合会が第106条の2第4項又は第5項の規定による第27条の2第1項の認可の取消しにより解散したときは、前項の規定及び第69条において準用する会社法第478条第2項の規定にかかわらず、行政庁が清算人を選任する。

（解散後の共済金額の支払）
第68条の2　共済事業を行う組合は、総会の決議、第106条の2第4項又は第5項の規定による第27条の2第1項の認可の取消し又は第106条第2項の規定による解散命令により解散したときは、共済金額を支払うべき事由が解散の日から90日以内に生じた共済契約については、共済金額を支払わなければならない。
2　前項の組合は、第62条第1項第4号に掲げる事由により解散したときは、その解散の日から共済契約の期間の末日までの期間に対する共済掛金を払い戻さなければならない。
3　第1項の組合は、同項に掲げる事由により解散したときは、同項の期間が経過した日から共済契約の期間の末日までの期間に対する共済掛金を払い戻さなければならない。

（財産処分の順序）
第68条の3　火災共済協同組合又は第9条の9第1項第3号の事業を行う協同組合連合会の清算人は、次の順序に従つて組合の財産を処分しなければならない。
一　一般の債務の弁済
二　共済金額並びに前条第2項及び第3項に規定する共済掛金の支払
三　残余財産の分配

> 第68条の3を削る。

（会社法等の準用）
第69条　組合の解散及び清算については、会社法第475条（第1号及び第3号を除く。)、第476条、第478条第2項及び第4項、第479条第1項及び第2項（各号列記以外の部分に限る。)、第481条、第483条第4項及び第5項、第484条、第485条、第489条第4項及び第5項、第492条第1項から第3項まで、第499条から第503条まで、第507条（株式会社の清算)、第868条第1項、第869条、第870条第1項（第1号及び第2号に係る部分に限る。)、第871条、第872条（第4号に係る部分に限る。)、第874条（第1号及び

第4号に係る部分に限る。）、第875条並びに第876条（非訟）の規定を、組合の清算人については、第35条の3、第35条の4、第36条の2、第36条の3第1項及び第2項、第36条の5から第38条の4まで（第36条の7第4項を除く。）、第40条（第1項、第11項及び第13項を除く。）、第47条第2項から第4項まで、第48条並びに第53条の2並びに同法第357条第1項、同法第360条第3項の規定により読み替えて適用する同条第1項並びに同法第361条、第381条第2項、第382条、第383条第1項本文、第2項及び第3項、第384条から第386条まで並びに第508条の規定を、組合の清算人の責任を追及する訴えについては、同法第7編第2章第2節（第847条第2項、第849条第2項第2号及び第5項並びに第851条を除き、監査権限定組合にあつては、監査役に係る部分を除く。）（株式会社における責任追及等の訴え）の規定を、監査権限定組合の清算人については、同法第353条、第360条第1項及び第364条の規定を準用する。この場合において、第40条第2項中「財産目録、貸借対照表、損益計算書、剰余金処分案又は損失処理案」とあるのは「財産目録、貸借対照表」と、「事業報告書」とあるのは「事務報告書」と、同条第3項、第5項から第10項まで並びに第12項第1号及び第3号中「事業報告書」とあるのは「事務報告書」と、同法第382条中「取締役（取締役会設置会社にあっては、取締役会）」とあるのは「清算人会」と、同法第479条第2項各号列記以外の部分中「次に掲げる株主」とあるのは「総組合員の5分の1以上の同意を得た組合員」と、同法第384条条、第492条第1項、第507条第1項並びに第847条第1項及び第4項中「法務省令」とあるのは「主務省令」と、同法第499条第1項中「官報に公告し」とあるのは「公告し」と読み替えるものとするほか、必要な技術的読替えは、政令で定める。

第7節　指定紛争解決機関
（省略）

第3章　中小企業団体中央会
（省略）

第4章　登　記

第1節　総　則
（登記の効力）
第83条　この法律の規定により登記すべき事項は、登記の後でなければ、これをもって第三者に対抗することができない。

第2節　組合及び中央会の登記

第1款　主たる事務所の所在地における登記
（組合等の設立の登記）
第84条　組合の設立の登記は、その主たる事務所の所在地において、第29条の規定による出資の払込みがあつた日から2週間以内にしなければならない。
2　前項の登記においては、次に掲げる事項（企業組合の設立の登記にあつては、第3号に掲げる事項を除く。）を登記しなければならない。
一　事業
二　名称
三　地区
四　事務所の所在場所
五　出資1口の金額及びその払込の方法並びに出資の総口数及び払込

済出資総額
六　存続期間又は解散の事由を定めたときは、その時期又は事由
七　代表権を有する者の氏名、住所及び資格
八　公告方法
九　第33条第4項の定款の定めが電子公告を公告方法とする旨のものであるときは、次に掲げる事項
　　イ　電子公告により公告すべき内容である情報について不特定多数の者がその提供を受けるために必要な事項であつて法務省令で定めるもの
　　ロ　第33条第5項後段の規定による定款の定めがあるときは、その定め
3　中央会の設立の登記は、その主たる事務所の所在地において、設立の認可があつた日から2週間以内にしなければならない。
4　前項の登記においては、次に掲げる事項を登記しなければならない。
　一　事業
　二　名称
　三　事務所の所在場所
　四　代表権を有する者の氏名、住所及び資格
　五　公告方法

（変更の登記）
第85条　組合又は中央会（以下この章において「組合等」という。）において前条第2項各号又は第4項各号に掲げる事項に変更が生じたときは、2週間以内に、その主たる事務所の所在地において、変更の登記をしなければならない。
2　前項の規定にかかわらず、前条第2項第5号に掲げる事項中出資の総口数及び払込済出資総額の変更の登記は、毎事業年度末日現在により、当該末日から4週間以内にすれば足りる。

（他の登記所の管轄区域内への主たる事務所の移転の登記）
第86条　組合等がその主たる事務所を他の登記所の管轄区域内に移転したときは、2週間以内に、旧所在地においては移転の登記をし、新所在地においては次の各号に掲げる組合等の区分に応じ当該各号に定める事項を登記しなければならない。
　一　組合　第84条第2項各号に掲げる事項
　二　中央会　第84条第4項各号に掲げる事項

（職務執行停止の仮処分等の登記）
第87条　次の各号に掲げる組合等の区分に応じ、当該各号に定める者の職務の執行を停止し、若しくはその職務を代行する者を選任する仮処分命令又はその仮処分命令を変更し、若しくは取り消す決定がされたときは、その主たる事務所の所在地において、その登記をしなければならない。
　一　組合　組合を代表する理事
　二　中央会　会長

（参事の登記）
第88条　組合が参事を選任したときは、2週間以内に、その主たる事務所の所在地において、参事の氏名及び住所並びに参事を置いた事務所を登記しなければならない。その登記した事項の変更及び参事の代理権の消滅についても、同様とする。

（吸収合併の登記）
第89条　組合が吸収合併をしたときは、その効力が生じた日から2週間以内に、その主たる事務所の所在地において、吸収合併により消滅する組合については解散の登記をし、吸収合併後存続する組合については変更の登記をしなければならない。

（新設合併の登記）
第90条　二以上の組合が新設合併をす

る場合には、次に掲げる日のいずれか遅い日から２週間以内に、その主たる事務所の所在地において、新設合併により消滅する組合については解散の登記をし、新設合併により設立する組合については設立の登記をしなければならない。
　一　第63条の６第３項の総会の決議の日
　二　第63条の６第４項において準用する第56条の２の規定による手続が終了した日
　三　新設合併により消滅する組合が合意により定めた日
　四　第66条第１項の認可を受けた日

（解散の登記）
第91条　第62条第１項第１号若しくは第４号又は第82条の13第１項第１号の規定により組合等が解散したときは、２週間以内に、その主たる事務所の所在地において、解散の登記をしなければならない。

（清算結了の登記）
第92条　清算が結了したときは、次の各号に掲げる組合等の区分に応じ、当該各号に定める日から２週間以内に、その主たる事務所の所在地において、清算結了の登記をしなければならない。
　一　組合　第69条において準用する会社法第507条第３項の承認の日
　二　中央会　第82条の17の承認の日

第２款　従たる事務所の所在地における登記

（従たる事務所の所在地における登記）
第93条　次の各号に掲げる場合（当該各号に規定する従たる事務所が主たる事務所の所在地を管轄する登記所の管轄区域内にある場合を除く。）には、当該各号に定める期間内に、当該従たる事務所の所在地において、従たる事務所の所在地における登記をしなければならない。
　一　組合等の設立に際して従たる事務所を設けた場合（次号に掲げる場合を除く。）　主たる事務所の所在地における設立の登記をした日から２週間以内
　二　新設合併により設立する組合が新設合併に際して従たる事務所を設けた場合　第90条に規定する日から３週間以内
　三　組合等の成立後に従たる事務所を設けた場合　従たる事務所を設けた日から３週間以内
２　従たる事務所の所在地における登記においては、次に掲げる事項を登記しなければならない。ただし、従たる事務所の所在地を管轄する登記所の管轄区域内に新たに従たる事務所を設けたときは、第３号に掲げる事項を登記すれば足りる。
　一　名称
　二　主たる事務所の所在場所
　三　従たる事務所（その所在地を管轄する登記所の管轄区域内にあるものに限る。）の所在場所
３　前項各号に掲げる事項に変更が生じたときは、３週間以内に、当該従たる事務所の所在地において、変更の登記をしなければならない。

（他の登記所の管轄区域内への従たる事務所の移転の登記）
第94条　組合等がその従たる事務所を他の登記所の管轄区域内に移転したときは、旧所在地（主たる事務所の所在地を管轄する登記所の管轄区域内にある場合を除く。）においては３週間以内に移転の登記をし、新所在地（主たる事務所の所在地を管轄する登記所の管轄区域内にある場合

を除く。以下この条において同じ。）においては4週間以内に前条第2項各号に掲げる事項を登記しなければならない。ただし、従たる事務所の所在地を管轄する登記所の管轄区域内に新たに従たる事務所を移転したときは、新所在地においては、同項第3号に掲げる事項を登記すれば足りる。

（従たる事務所における変更の登記等）

第95条 第89条、第90条及び第92条に規定する場合には、これらの規定に規定する日から3週間以内に、従たる事務所の所在地においても、これらの規定に規定する登記をしなければならない。ただし、第89条に規定する変更の登記は、第93条第2項各号に掲げる事項に変更が生じた場合に限り、するものとする。

第3節 登記の嘱託

第96条 組合の設立の無効の訴えに係る請求を認容する判決が確定した場合については、会社法第937条第1項（第1号イに係る部分に限る。）の規定を準用する。この場合において、必要な技術的読替えは、政令で定める。

2 組合の出資1口の金額の減少の無効の訴えに係る請求を認容する判決が確定した場合については、会社法第937条第1項（第1号ニに係る部分に限る。）の規定を準用する。この場合において、必要な技術的読替えは、政令で定める。

3 組合の創立総会又は総会の決議の不存在若しくは無効の確認又は取消しの訴えに係る請求を認容する判決が確定した場合については、会社法第937条第1項（第1号トに係る部分に限る。）の規定を準用する。この場合において、必要な技術的読替

えは、政令で定める。

4 組合の合併の無効の訴えに係る請求を認容する判決が確定した場合については、会社法第937条第3項（第2号及び第3号に係る部分に限る。）及び第4項の規定を準用する。この場合において、必要な技術的読替えは、政令で定める。

5 行政庁は、第106条第2項の規定により組合等の解散を命じたときは、遅滞なく、解散の登記を嘱託しなければならない。

第4節 登記の手続等

（管轄登記所及び登記簿）

第97条 組合等の登記については、その事務所の所在地を管轄する法務局若しくは地方法務局若しくはこれらの支局又はこれらの出張所を管轄登記所とする。

2 各登記所に、事業協同組合登記簿、事業協同小組合登記簿、火災共済協同組合登記簿、信用協同組合登記簿、中小企業等協同組合連合会登記簿、企業組合登記簿及び中小企業団体中央会登記簿を備える。

> 第97条第2項中「、火災共済協同組合登記簿」を削る。
> ―改正後の条文―
> （管轄登記所及び登記簿）
> **第97条** （略）
> 2 各登記所に、事業協同組合登記簿、事業協同小組合登記簿、信用協同組合登記簿、中小企業等協同組合連合会登記簿、企業組合登記簿及び中小企業団体中央会登記簿を備える。

（設立の登記の申請）

第98条 組合等の設立の登記は、組合等を代表すべき者の申請によつてする。

2　設立の登記の申請書には、法令に別段の定めがある場合を除き、次の各号に掲げる組合等の区分に応じ、当該各号に定める書面を添付しなければならない。
　一　組合　定款、代表権を有する者の資格を証する書面並びに出資の総口数及び第29条の規定による出資の払込みのあつたことを証する書面
　二　中央会　定款及び代表権を有する者の資格を証する書面
（変更の登記の申請）
第99条　組合等の事務所の新設若しくは移転又は第84条第2項各号若しくは第4項各号に掲げる事項の変更の登記の申請書には、事務所の新設若しくは移転又は同条第2項各号若しくは第4項各号に掲げる事項の変更を証する書面を添付しなければならない。
2　出資1口の金額の減少による変更の登記の申請書には、前項の書面のほか、第56条の2第2項の規定による公告及び催告（同条第3項の規定により公告を官報のほか第33条第4項の規定による定款の定めに従い同項第2号又は第3号に掲げる公告方法によつてした組合にあつては、これらの方法による公告）をしたこと並びに異議を述べた債権者があるときは、当該債権者に対し、弁済し、若しくは相当の担保を提供し、若しくは当該債権者に弁済を受けさせることを目的として相当の財産を信託したこと又は当該出資1口の金額の減少をしても当該債権者を害するおそれがないことを証する書面を添付しなければならない。
（解散の登記の申請）
第100条　第91条の規定による組合等の解散の登記の申請書には、解散の事由を証する書面を添付しなければならない。
（清算結了の登記の申請）
第101条　組合等の清算結了の登記の申請書には、清算人が第69条において準用する会社法第507条第3項の規定又は第82条の17の規定による決算報告書の承認があつたことを証する書面を添付しなければならない。
（吸収合併による変更の登記の申請）
第102条　組合の吸収合併による変更の登記の申請書には、第84条第2項各号に掲げる事項の変更を証する書面のほか、第63条の4第4項及び第63条の5第6項において準用する第56条の2第2項の規定による公告及び催告（第63条の4第4項及び第63条の5第6項において準用する第56条の2第3項の規定により公告を官報のほか第33条第4項の規定による定款の定めに従い同項第2号又は第3号に掲げる公告方法によつてした組合にあつては、これらの方法による公告）をしたこと並びに異議を述べた債権者があるときは、当該債権者に対し、弁済し、若しくは相当の担保を提供し、若しくは当該債権者に弁済を受けさせることを目的として相当の財産を信託したこと又は当該吸収合併をしても当該債権者を害するおそれがないことを証する書面並びに吸収合併により消滅する組合（当該登記所の管轄区域内に主たる事務所があるものを除く。）の登記事項証明書を添付しなければならない。
（新設合併による設立の登記の申請）
第102条の2　組合の新設合併による設立の登記の申請書には、第98条第2項第1号に定める書面のほか、第63条の6第4項において準用する第56条の2第2項の規定による公告及び催告（第63条の6第4項

において準用する第56条の2第3項の規定により公告を官報のほか第33条第4項の規定による定款の定めに従い同項第2号又は第3号に掲げる公告方法によつてした組合にあつては、これらの方法による公告)をしたこと並びに異議を述べた債権者があるときは、当該債権者に対し、弁済し、若しくは相当の担保を提供し、若しくは当該債権者に弁済を受けさせることを目的として相当の財産を信託したこと又は当該新設合併をしても当該債権者を害するおそれがないことを証する書面並びに新設合併により消滅する組合(当該登記所の管轄区域内に主たる事務所があるものを除く。)の登記事項証明書を添付しなければならない。

(商業登記法の準用)
第103条　組合等の登記については、商業登記法(昭和38年法律第125号)第2条から第5条まで(登記所及び登記官)、第7条から第15条まで、第17条から第23条の2まで、第24条(第15号及び第16号を除く。)、第25条から第27条まで(登記簿等、登記手続の通則及び同一の所在場所における同一の商号の登記の禁止)、第48条から第53条まで、第71条第1項及び第3項(株式会社の登記)並びに第132条から第148条まで(登記の更正及び抹消並びに雑則)の規定を、組合の登記については、同法第24条(第15号に係る部分に限る。)(申請の却下)、第45条(会社の支配人の登記)、第79条、第82条及び第83条(合併の登記)の規定を準用する。この場合において、同法第12条第1項中「会社更生法(平成14年法律第154号)」とあるのは「金融機関等の更生手続の特例等に関する法律(平成8年法律第95号)」と、同法第48条第2項中「会社法第930条第2項各号」とあるのは「中小企業等協同組合法第93条第2項各号」と、同法第71条第3項ただし書中「会社法第478条第1項第1号の規定により清算株式会社の清算人となつたもの(同法第483条第4項に規定する場合にあつては、同項の規定により清算株式会社の代表清算人となつたもの)」とあるのは、中央会については、「中小企業等協同組合法第82条の14本文の規定による清算人」と読み替えるものとする。

第5章　雑　則
第104条～第110条　(省略)
(所管行政庁)
第111条　この法律中「行政庁」とあるのは、第65条第1項及び第74条第2項(第75条第3項において準用する場合を含む。)の場合を除いては、次の各号に定めるところによる。
一　事業協同組合、事業協同小組合及び協同組合連合会(第9条の9第1項第1号又は第3号の事業を行うものを除く。)については、その地区が都道府県の区域を超えないものであつて、その組合員の資格として定款に定められる事業が財務大臣の所管に属する事業又は国土交通大臣の所管に属する事業(政令で定めるものに限る。以下この号及び第5号において同じ。)以外のものにあつては、その主たる事務所の所在地を管轄する都道府県知事(以下「管轄都道府県知事」という。)とし、その地区が都道府県の区域を超えないものであつて、その組合員の資格として定款に定められる事業が財務大臣の所管に属する事業又は国土交通大臣の所管に属する事業と

その他の事業とであるものにあつては、財務大臣又は国土交通大臣及びその管轄都道府県知事とし、その他のものにあつては、その組合員の資格として定款に定められる事業の所管大臣とする。
二　信用協同組合及び第９条の９第１項第１号の事業を行う協同組合連合会については、内閣総理大臣とする。
三　火災共済協同組合及び第９条の９第１項第３号の事業を行う協同組合連合会については、経済産業大臣及び内閣総理大臣とする。
四　次のイからハまでに掲げる指定紛争解決機関については、それぞれイからハまでに定めるものとする。
　　イ　指定特定火災共済事業等紛争解決機関　経済産業大臣及び内閣総理大臣
　　ロ　指定特定共済事業等紛争解決機関　手続実施基本契約の締結の相手方となるべき特定共済事業協同組合等の組合員の資格として定款に定められる事業の所管大臣
　　ハ　指定信用事業等紛争解決機関　内閣総理大臣
五　企業組合については、その行う事業のすべてが財務大臣の所管に属する事業又は国土交通大臣の所管に属する事業であるものにあつては、財務大臣又は国土交通大臣とし、財務大臣の所管に属する事業又は国土交通大臣の所管に属する事業とその他の事業とを行うものにあつては、財務大臣又は国土交通大臣及びその管轄都道府県知事とし、その他のものにあつては、その管轄都道府県知事とする。
六　都道府県中央会については、その管轄都道府県知事とする。
七　全国中央会については、経済産業大臣とする。
２　内閣総理大臣は、この法律による権限（政令で定めるものを除く。）を金融庁長官に委任する。
３　この法律に規定する行政庁（管轄都道府県知事を除く。以下この条において同じ。）の権限（経済産業大臣にあつては都道府県の区域をその地区とする火災共済協同組合に係るものを除き、内閣総理大臣にあつては前項の規定により金融庁長官に委任されたものを除く。）に属する事務の一部は、政令で定めるところにより、都道府県知事が行うこととすることができる。
４　行政庁は、政令の定めるところにより、この法律による権限の一部を地方支分部局の長に委任することができる。
５　金融庁長官は、政令の定めるところにより、第２項の規定により委任された権限の一部を財務局長又は財務支局長に委任することができる。
６　都道府県の区域をその地区とする火災共済協同組合については、設立の認可その他この法律に規定する行政庁の権限（内閣総理大臣にあつては、第２項の規定により金融庁長官に委任された権限に限る。）に属する事務の一部は、政令で定めるところにより、都道府県知事が行うこととすることができる。

第111条第１項第１号中「又は第３号」を削り、同項第３号を次のように改める。
　　三　削除
第１項第４号中「イからハまで」を「イ及びロ」に改め、イを削り、ロをイとし、ハをロとし、同項第５号中「すべて」を「全て」に改め、

同条第3項中「経済産業大臣にあつては都道府県の区域をその地区とする火災共済協同組合に係るものを除き、」を削り、「前項」を「　、前項」に改め、同条第6項を削る。
―改正後の条文―
（所管行政庁）
第111条　（略）
　一　事業協同組合、事業協同小組合及び協同組合連合会（第9条の9第1項第1号の事業を行うものを除く。）については、その地区が都道府県の区域を超えないものであつて、その組合員の資格として定款に定められる事業が財務大臣の所管に属する事業又は国土交通大臣の所管に属する事業（政令で定めるものに限る。以下この号及び第5号において同じ。）以外のものにあつては、その主たる事務所の所在地を管轄する都道府県知事（以下「管轄都道府県知事」という。）とし、その地区が都道府県の区域を超えないものであつて、その組合員の資格として定款に定められる事業が財務大臣の所管に属する事業又は国土交通大臣の所管に属する事業とその他の事業とであるものにあつては、財務大臣又は国土交通大臣及びその管轄都道府県知事とし、その他のものにあつては、その組合員の資格として定款に定められる事業の所管大臣とする。
　二　（略）
　三　削除
　四　次のイ及びロに掲げる指定紛争解決機関については、それぞれイ及びロに定めるものとする。
　　イ　指定特定共済事業等紛争解決機関　手続実施基本契約の締結の相手方となるべき特定共済事業協同組合等の組合員の資格として定款に定められる事業の所管大臣
　　ロ　指定信用事業等紛争解決機関　内閣総理大臣
　五　企業組合については、その行う事業の全てが財務大臣の所管に属する事業又は国土交通大臣の所管に属する事業であるものにあつては、財務大臣又は国土交通大臣とし、財務大臣の所管に属する事業又は国土交通大臣の所管に属する事業とその他の事業とを行うものにあつては、財務大臣又は国土交通大臣及びその管轄都道府県知事とし、その他のものにあつては、その管轄都道府県知事とする。
　六・七　（略）
2　（略）
3　この法律に規定する行政庁（管轄都道府県知事を除く。以下この条において同じ。）の権限（内閣総理大臣にあつては、前項の規定により金融庁長官に委任されたものを除く。）に属する事務の一部は、政令で定めるところにより、都道府県知事が行うこととすることができる。
4・5　（略）

（主務省令）
第111条の2　この法律における主務省令は、次のとおりとする。
　一　事業協同組合、事業協同小組合及び協同組合連合会（第9条の9第1項第1号又は第3号の事業を行うものを除く。）に関しては、その組合員の資格として定款に定められる事業を所管する大臣が共同で発する命令

二　火災共済協同組合及び第9条の9第1項第3号の事業を行う協同組合連合会に関しては、経済産業省令・内閣府令
三　次のイからハまでに掲げる指定紛争解決機関に関しては、それぞれイからハまでに定めるものとする。
　　イ　指定特定火災共済事業等紛争解決機関　経済産業省令・内閣府令
　　ロ　指定特定共済事業等紛争解決機関　手続実施基本契約の締結の相手方となるべき特定共済事業協同組合等の組合員の資格として定款に定められる事業を所管する大臣が共同で発する命令
　　ハ　指定信用事業等紛争解決機関　内閣府令

　第111条の2第1号中「又は第3号」を削り、同条第2号を削り、同条第3号中「イからハまで」を「イ及びロ」に改め、イを削り、ロをイとし、ハをロとし、同号を同条第2号とする。
―改正後の条文―
（主務省令）
第111条の2　（略）
　一　事業協同組合、事業協同小組合及び協同組合連合会（第9条の9第1項第1号の事業を行うものを除く。）に関しては、その組合員の資格として定款に定められる事業を所管する大臣が共同で発する命令
　二　次のイ及びロに掲げる指定紛争解決機関に関しては、それぞれイ及びロに定めるものとする。
　　イ　指定特定共済事業等紛争解決機関　手続実施基本契約の締結の相手方となるべき特定共済事業協同組合等の組合員の資格として定款に定められる事業を所管する大臣が共同で発する命令
　　ロ　指定信用事業等紛争解決機関　内閣府令

（財務大臣への資料提出等）
第111条の3　財務大臣は、その所掌に係る金融破綻処理制度及び金融危機管理に関し、火災共済協同組合に係る制度の企画又は立案をするため必要があると認めるときは、内閣総理大臣に対し、必要な資料の提出及び説明を求めることができる。

　第111条の3を削る。

第6章　罰　則（省略）

附　則
　この法律施行の期日は、公布の日から起算して1箇月を経過した日とする。但し、この法律中協同組合連合会に関する規定は、この法律施行後8箇月を経過した日から施行する。

　　附　則（平成24年9月12日法律第85号）抄
（施行期日）
第1条　この法律は、平成26年4月1日から施行する。
（旧火災共済協同組合の存続）
第2条　この法律による改正前の中小企業等協同組合法（以下「旧法」という。）の規定による火災共済協同組合であってこの法律の施行の際現に存するもの（以下「旧火災共済協同組合」という。）は、この法律の施行の日（以下「施行日」という。）以後は、この法律による改正後の中小企業等協同組合法（以下「新法」

という。）第9条の9第3項に規定する火災等共済組合として存続するものとする。
2　前項の場合において、旧火災共済協同組合の定款、規約、火災共済規程（旧法第27条の2第3項に規定する火災共済規程をいう。附則第21条において同じ。）、事業計画、組合員、出資1口及び持分を、それぞれ前項の規定により存続する火災等共済組合の定款、規約、火災共済規程（新法第9条の7の2第2項に規定する火災共済規程をいう。）、事業計画、組合員、出資1口及び持分とみなす。

（旧法第9条の9第1項第3号の事業を行う協同組合連合会に関する経過措置）
第3条　旧法第9条の9第1項第3号の事業を行う協同組合連合会であってこの法律の施行の際現に存するものは、新法第9条の9第1項第3号の事業を行う協同組合連合会とみなす。

（公正取引委員会への届出に関する経過措置）
第4条　附則第2条第1項の規定により存続する火災等共済組合は、その組合員に新法第7条第1項第1号イ又はロに掲げる者以外の事業者があるときは、施行日から30日以内に、その旨を公正取引委員会に届け出なければならない。
2　附則第2条第1項の規定により存続する火災等共済組合が前項の規定に違反して届出を怠り、又は虚偽の届出をしたときは、その火災等共済組合の理事は、30万円以下の罰金に処する。

（火災共済事業に係る特例）
第5条　中小企業等協同組合法の一部を改正する法律（昭和32年法律第186号）附則第2条の規定により同法による改正後の中小企業等協同組合法第9条の2第2項（同法第9条の9第4項において準用する場合を含む。）の規定を適用しないものとされた事業協同組合又は協同組合連合会であって、この法律の施行の際現に新法第9条の7の2第1項に規定する火災共済事業を行っているものについては、新法第9条の2第2項（新法第9条の9第5項において準用する場合を含む。）及び新法第9条の7の2（新法第9条の9第5項において準用する場合を含む。）の規定にかかわらず、なお従前の例による。

（指定特定火災共済事業等紛争解決機関との契約締結義務等に関する経過措置）
第6条　旧法第69条の2第6項第2号に規定する特定火災共済協同組合に該当する附則第2条第1項の規定により存続する火災等共済組合が施行日前に旧法第9条の7の3第1項各号に定める措置を講じたときは、当該火災等共済組合が施行日において新法第69条の2第6項第3号に規定する特定共済事業協同組合等に該当する場合に限り、当該火災等共済組合が新法第9条の9の2第1項各号に定める措置を講じたものとみなす。
2　旧法第69条の2第6項第2号に規定する特定火災共済協同組合に該当する附則第2条第1項の規定により存続する火災等共済組合が施行日前に旧法第69条の4第1項に規定する指定特定火災共済事業等紛争解決機関との間で締結した旧法第69条の2第6項第5号に規定する特定火災共済事業等に係る同条第1項第8号に規定する手続実施基本契約は、当該火災等共済組合が施行日において新法第69条の2第6項第3

号に規定する特定共済事業協同組合等に該当する場合に限り、当該火災等共済組合が附則第18条の規定により新法第69条の4に規定する指定特定共済事業等紛争解決機関となる者との間で締結した新法第69条の2第6項第6号に規定する特定共済事業等に係る同条第1項第8号に規定する手続実施基本契約とみなす。

（組合員名簿に関する経過措置）
第7条　旧火災共済協同組合の組合員名簿は、新法第10条の2第1項の組合員名簿とみなす。

（旧法の規定による火災共済協同組合の設立手続の効力）
第8条　旧法の規定による火災共済協同組合の設立について施行日前に行った創立総会の決議その他の手続は、施行日前にこれらの行為の効力が生じない場合には、その効力を失う。

（定款の記載等に関する経過措置）
第9条　旧火災共済協同組合の定款における旧法第33条第1項各号に掲げる事項の記載又は記録は、附則第2条第1項の規定により存続する火災等共済組合の定款における新法第33条第1項各号に掲げる事項の記載又は記録とみなす。

（役員等の行為に関する経過措置）
第10条　ある者が旧火災共済協同組合の役員、会計監査人、共済計理人又は清算人として施行日前にした又はすべきであった旧法に規定する行為については、当該行為をした又はすべきであった日に、それぞれその者が附則第2条第1項の規定により存続する火災等共済組合の役員、会計監査人、共済計理人又は清算人としてした又はすべきであった新法の相当規定に規定する行為とみなす。

（役員等の損害賠償責任に関する経過措置）
第11条　旧火災共済協同組合の役員、会計監査人又は清算人の施行日前の行為に基づく損害賠償責任については、なお従前の例による。

（決算関係書類の作成等に関する経過措置）
第12条　旧火災共済協同組合が旧法の規定に基づいて施行日前に作成した旧法第40条第2項に規定する決算関係書類、事業報告書、会計帳簿その他の会計又は経理に関する書類は、その作成の日に、附則第2条第1項の規定により存続する火災等共済組合が新法の相当規定に基づいて作成したものとみなす。

2　施行日前にその末日が到来した事業年度のうち最終のものに係る前項の会計又は経理に関する書類（会計帳簿を除く。）の作成、監査及び承認の方法については、なお従前の例による。

3　第1項の規定は、前項の規定により作成した会計又は経理に関する書類について準用する。

（総会の決議に関する経過措置）
第13条　施行日前に旧火災共済協同組合の総会（総代会を設けているときは、総代会。以下この条及び附則第15条第1項において同じ。）が旧法の規定に基づいてした役員の選任その他の事項に関する決議は、当該決議があった日に、附則第2条第1項の規定により存続する火災等共済組合の総会が新法の相当規定に基づいてした決議とみなす。

（剰余金の配当に関する経過措置）
第14条　附則第2条第1項の規定により存続する火災等共済組合が行う施行日前に到来した最終の決算期以前の決算期に係る剰余金の配当については、なお従前の例による。

（旧火災共済協同組合の組織に関する訴え等に関する経過措置）

第15条　施行日前に提起された、旧火災共済協同組合の創立総会の決議の不存在若しくは無効の確認若しくは取消しの訴え、設立の無効の訴え、総会の決議の不存在若しくは無効の確認若しくは取消しの訴え、出資1口の金額の減少の無効の訴え又は合併の無効の訴えについては、なお従前の例による。

2　施行日前に組合員が旧法第39条（旧法第40条の2第5項において準用する場合を含む。）又は旧法第69条において準用する会社法（平成17年法律第86号）第847条第1項の訴えの提起を請求した場合における当該訴えについては、なお従前の例による。

（行政庁の選任した清算人に関する経過措置）

第16条　この法律の施行の際現に旧法第68条第2項の規定により選任されている旧火災共済協同組合の清算人は、附則第2条第1項の規定により存続する火災等共済組合の新法の規定による清算人とみなす。

（財産処分の順序に関する経過措置）

第17条　施行日前に解散した旧法の規定による火災共済協同組合又は旧法第9条の9第1項第3号の事業を行う協同組合連合会の清算人が行うこれらの組合の財産の処分の順序については、なお従前の例による。

（紛争解決等業務を行う者の指定に関する経過措置）

第18条　この法律の施行の際現に旧法第69条の2第1項の規定により同条第6項第5号に規定する特定火災共済事業等又は同項第6号に規定する特定共済事業等に係る紛争解決等業務を行う者としての指定を受けている者は、新法第69条の2第1項の規定により同条第6項第6号に規定する特定共済事業等に係る紛争解決等業務を行う者としての指定を受けた者とみなす。

（登記に関する経過措置）

第19条　この法律の施行前に旧法第4章の規定により火災共済協同組合登記簿に登記された事項は、施行日において新法第4章の規定により事業協同組合登記簿に登記されたものとみなす。

（登記の手続に関する経過措置）

第20条　この法律の施行前に旧法第103条において準用する商業登記法（昭和38年法律第125号）の規定によってした処分、手続その他の行為は、新法第103条において準用する商業登記法の規定によってしたものとみなす。

（共済事業に係る監督上の処分に関する経過措置）

第21条　新法第106条の2第5項の規定は、附則第2条第1項の規定により存続する火災等共済組合が施行日前にした法令若しくは法令に基づいてする行政庁の処分若しくは定款、規約若しくは火災共済規程に定めた事項のうち特に重要なものに違反する行為又は公益を害する行為についても適用する。

（処分等の効力）

第22条　この法律の施行前に旧法（これに基づく命令を含む。）の規定によってした処分、手続その他の行為であって、新法（これに基づく命令を含む。以下この条において同じ。）の規定に相当の規定があるものは、この附則に別段の定めがあるものを除き、新法の相当の規定によってしたものとみなす。

（罰則に関する経過措置）

第23条　施行日前にした行為及びこの附則の規定によりなお従前の例によ

ることとされる場合における施行日以後にした行為に対する罰則の適用については、なお従前の例による。
（政令への委任）

第24条 この附則に定めるもののほか、この法律の施行に関し必要な経過措置は、政令で定める。

執　筆　者

吉　岡　誠　一（よしおか　せいいち）

元東京法務局民事行政部第一法人登記部門首席登記官
元富山地方法務局長

Ｑ＆Ａ法人登記の実務　事業協同組合

2013年11月18日　初版発行
2019年 7 月22日　初版第 2 刷発行

　　　　　著　者　吉　岡　誠　一
　　　　　発行者　和　田　　　裕

発行所　日本加除出版株式会社
本　社　郵便番号 171-8516
　　　　東京都豊島区南長崎 3 丁目16番 6 号
　　　　ＴＥＬ　(03) 3 9 5 3 - 5 7 5 7（代表）
　　　　　　　　(03) 3 9 5 2 - 5 7 5 9（編集）
　　　　ＦＡＸ　(03) 3 9 5 3 - 5 7 7 2
　　　　ＵＲＬ　www.kajo.co.jp
営業部　郵便番号 171-8516
　　　　東京都豊島区南長崎 3 丁目16番 6 号
　　　　ＴＥＬ　(03) 3 9 5 3 - 5 6 4 2
　　　　ＦＡＸ　(03) 3 9 5 3 - 2 0 6 1

組版　㈱アイワード／印刷・製本 (POD)　京葉流通倉庫㈱

落丁本・乱丁本は本社でお取替えいたします。
★定価はカバー等に表示してあります。
© Seiichi Yoshioka 2013
Printed in Japan
ISBN978-4-8178-4126-1

JCOPY 〈出版者著作権管理機構　委託出版物〉

本書を無断で複写複製（電子化を含む）することは、著作権法上の例外を除き、禁じられています。複写される場合は、そのつど事前に出版者著作権管理機構（JCOPY）の許諾を得てください。
また本書を代行業者等の第三者に依頼してスキャンやデジタル化することは、たとえ個人や家庭内での利用であっても一切認められておりません。

〈JCOPY〉 ＨＰ：https://www.jcopy.or.jp, e-mail：info@jcopy.or.jp
　　　　 電話：03-5244-5088, FAX：03-5244-5089

**各種登記申請手続の基礎知識を
豊富な書式例と丁寧な解説でフォロー！**

Q&A 法人登記の実務

NPO法人〈新版〉
吉岡誠一 著
2012年7月刊 A5判 328頁 本体3,000円＋税 978-4-8178-4000-4 商品番号：49101 略号：法実1

学校法人
吉岡誠一 監修 朝倉保彦 著
2011年10月刊 A5判 196頁 本体1,900円＋税 978-4-8178-3951-0 商品番号：49102 略号：法実2

社会福祉法人〈第2版〉
山中正登 著
2017年10月刊 A5判 356頁 本体3,200円＋税 978-4-8178-4433-0 商品番号：49103 略号：法実3

医療法人〈第2版〉
山中正登 著
2017年3月刊 A5判 332頁 本体2,900円＋税 978-4-8178-4380-7 商品番号：49104 略号：法実4

農事組合法人
吉岡誠一 著
2012年5月刊 A5判 284頁 本体2,700円＋税 978-4-8178-3987-9 商品番号：49105 略号：法実5

農業協同組合
山中正登 著
2013年3月刊 A5判 352頁 本体3,000円＋税 978-4-8178-4057-8 商品番号：49106 略号：法実6

事業協同組合
吉岡誠一 著
2013年11月刊 A5判 392頁 本体3,400円＋税 978-4-8178-4126-1 商品番号：49107 略号：法実7

水産業協同組合
山中正登 著
2014年1月刊 A5判 272頁 本体2,300円＋税 978-4-8178-4131-5 商品番号：49108 略号：法実8

宗教法人
吉岡誠一・辻本五十二 著
2014年6月刊 A5判 288頁 本体2,800円＋税 978-4-8178-4165-0 商品番号：49109 略号：法実9

日本加除出版
〒171-8516 東京都豊島区南長崎3丁目16番6号
TEL (03)3953-5642 FAX (03)3953-2061 （営業部）
http://www.kajo.co.jp/